앞으로는 지식사업만이 성공할 수 있다.

철학관 · 역술원을 개업할 때 꼭 알아야 할 필수 지침서

저자 백초 曺靈信

[래정비법 백초귀장술]

| 머리말 |

    필자는 철학관, 또는 역술원이라고도 하는 운명상담소를 현재 이십여 년 째 운영을 해오고 있다.
    지금, 처음 개업할 때를 생각해보면 정말 너무 몰라서 무모하기까지 했던 예전 일들이 떠올라 아찔할 뿐이다. 철학관, 운명상담소란 것에 대해 아무 것도 모르고 어디에서 그런 용기가 낫는지 그리고 보면 아무 것도 모르기 때문에 용기 백배였던 것 같다.
    다른 직종과 달리 운명상담소는 개업해서 잘 운영이 될 때까지 예상치 못했던 일들이 속출한다. 초심의 마음에는 사주팔자를 잘 풀어내는 역학 실력만 있으면 될 것으로 생각하고 전문적으로 개업을 시작 할 것이다. 하지만 그렇지 않다는 것을 깨닫게 될 때에는 이미 몇 년이 흐른 후 운영에 실패를 경험한 후에야 실감하게 된다.

　가만히 따져보면 자신들이 사주팔자를 배우게 된 동기를 보면 그것부터가 남다르다. 젊어서부터 자신이 해오던 사업이든 일이 잘 되었으면 아마도 사주팔자를 운운하는 역학에 관심이 없었을 것이다. 하던 일이 안되고 실패의 연속으로 산전수전 다 겪은 후에 삶에 회의를 느끼게 되고, 자신의 팔자에 대해 관심을 갖다가 역학에 입문하게 되는 것이 대부분이다.

　그렇다면 늦은 나이에 새로 공부하여 시작하는, 도전하는 철학관이나 역술원이라면 실패하지 말고 잘 되어야 한다. 그래야만 남은여생과 노후가 보장되지 않겠는가하고 각성해 본다. 이것이 현실이다. 그저 남의 운명만을 상담해주고 그저 그렇게 남들만큼 운영해 나가면 될 것 같은 충동심과 용기만 가지고는 위험하다. 늦게 시작한 만큼 또다시 좌절하게 되면 재기하기 힘들기 때문이다.

　그렇다고 무조건 겁부터 먹으면 그것 또한 옳지 못한 행동이다. 왜냐하면 이것처럼 투자비가 저렴하게 드는 사업도 없기 때문이다. 다른 사업처럼 물건을 사다가 팔아서 이익을 남기는 그런 사업이 아니라는 장점이 있다. 그런 사업들은 투자비가 상상을 초월한다. 냉정히 따져보면 역학을 배운 명리학자들은 위에서도 말한바와 같이 모든 걸 다 잃어버린 빈털터리가 대부분이다. 아마 거의 다 일 것이다.

그렇다면 투자비가 적게 드는 사업을 찾아야 할 것이다.

그렇다. 어려서부터 머리는 좋아 공부는 조금 한다하는 관록이 있으니 '제 까짓것 역학이 어려우면 얼마나 어려울 것이냐 남들도 다 하는데 나라고 못할 것이 없지' 하고 실력을 키웠으니 가진 것은 머릿속에 있는 역학실력뿐이다.

그렇다면 투자비에서 약한 자신은 투자비보다 자신의 머릿속에 있는 지식을 파는 일을 찾는 것이 급선무이다. 그것이 철학관, 역술원 운명상담소이고, 이 일밖에 할 일이 없다고 단정을 진 사람들이고, 지금 이 책을 읽는 독자들일 것이다. 철학관이나 역술원은 물건 투자비가 없다. 자신의 형편에 맞게 사무실하나 얻어서 책상, 책장, 소파 정도만 있어도 개업할 수는 것이 이 직종이기 때문이다.

잘 생각했다고 본다. 나름 현명한 선택을 한 것이다. 그렇다면 시행착오를 건너뛰기 위해서 경험자의 노하우를 참고하는 것이 당연한 필수이다. 그런데 우습게도 현실은 그렇지 못하다. 이런 것이 자신들(무수한 경험자)만이 갖고 있는 비법인양 쉬쉬하고 입 다물고 있다는 사실이다. 이런 현실 때문에 역학계가 발전이 더디고, 지탄의 대상이 되는 것이다. 하루속히 역학계가 명문대의 한 학과를 차지하고 명예와 권위를 높이기 위해서는 서로 공유하고 노력해야 한다.

앞으로의 세상은 지식사업만이 성공할 수 있는 길이라고

한다.

　아무리 최첨단 IT가 발달하는 세상에서라도 인간의 지식 안에서 만들어진 것이다.

　그리고 인간은 자연 속에서 살아가는 자연인이다. 하늘아래 땅의 지기를 받고 살아가는 동안은 우주의 이치와 흐름대로 살아갈 수 밖에 없다. 그렇기 때문에 가장 근본적인 역학의 지식들은 영원히 사라질 수 없고, 인간이라면 누구나 관심을 가져야 하는 학문이기에 발전할 수 밖에 없다고 필자는 자신한다.

　아무도 알려주지 않는 철학관, 운명상담소 경영비법을 새로 시작하시는 프로 역술인들에게 필자는 공유하려 한다. 모르고 가는 것보다 알고 가는 것이 훨씬 쉽기 때문이다. 이십여 년 동안 운영하면서 우여곡절 겪은 많은 시행착오들을 정리 해보았으니, 개업 준비하시는 분들에게 많은 도움이 되었으면 하는 바램이다.

2010年 12月 庚寅年 大雪節氣에

曹靈信 筆者

사람을 황홀경으로 이끄는 말

아득한 옛날 일들은 누가 전했을까?
천지가 형성되기 전을 어떻게 알았을까?
음양과 하늘은 근본이 무엇이며 어떻게 변화할까?
천지가 도는데 어디에 매어있으며,
하늘의 중심축은 어디에 있을까?
하늘은 아홉 겹인데 누가 관리할까?
낮과 밤을 누가 가를까?
어두워지고 밝아지는 것은 누가 하는 것일까?
이런 엄청난 힘을 처음에 설계한 이는 누구일까?
하늘을 괴는 여덟 개의 기둥은 어디에 있으며,
동남쪽이 왜 훼손되었을까?
구천의 하늘가는 어디에 있으며 어떻게 이어졌을까?
천지는 어디에서 만나며, 열두시간은 어떻게 나뉘어졌을까?

일월은 어디에 속해 있으며, 뭇별은 어떻게 벌려져 있을까?
왜 하늘 문을 닫으면 어두워지고 문을 열면 밝아질까?
달빛은 무슨 덕이 있어서 죽었다가 다시 살아날까?
각角과 항亢 두별이 뜨지 않을 때 빛의 영혼은 어디에 숨을까?
천명天命은 일정하지 않으니 무엇을 벌주며
무엇을 도와주는 것일까?

  이 글은『천문天問』이라는 중국 고전에 실린 장시長詩인데, 굴원이라는 전국시대 초楚나라 사람이 하늘에 대한 의문점을 170여개의 질문으로 사당祠堂의 한 벽면에 써놓았다고 한다.
  운명運命에 대해 이야기 할 때, 우리는 왜 똑같이 타고난 생명生命에 길고 짧은 차별이 존재할까? 또 어떻게 해서 빈부귀천貧富貴賤이 나눠지는가? 에 대해 수없이 반문해 보았을 것이다.
  이럴 때 흔히들 하늘의 뜻이다.
  자신의 전생업보前生業報이다. 라고들 말한다.
  이것에 대해『논어論語·안연』편에서는 "죽고 사는 것은 명命에 달려있고, 부귀富貴는 하늘에 달려있다"라 하여 생사生死나 귀천貴賤은 인간人間이 어찌할 수 없는 것임을 말하고 있다.
  우리 인간들은 하늘을 숭고한 존재로서 진심으로 바라지만 다다를 수 없는 지고무상至高無常의 존재라고 여기고 있다. 미혹迷惑함 속에서 신비스런 천天의 존재에 대해 인간은 그곳의 어떤 보이지 않는 강한 신력神力과 계시를 믿고 살아간다. 하늘이 인간사의 길흉吉凶을 결정한다고 생각한 인간들은 자신들의 행위行爲와 운명을 규정짓는 하늘의 절대 신神에게 어찌 보면 순종하며 살아간다고 믿고 있다.

그렇다면 하늘이란 어떤 곳일까?

이것을 알고자 한다면 먼저 우리 중생衆生이 어디에서 살고 있는 가부터 알아야겠다. 우리 중생들은 삼계三界 속을 살아가고 있는 것인데, 삼계三界라 하면 "중생衆生이 생사生死에 유전流轉하는 미迷의 세계世界"라고 말 할 수 있다. 즉 유정有情의 경계를 셋으로 나눈 것인데 삶과 죽음의 윤회輪回가 삼계三界 안에서 반복되는 전생前生, 현생現生, 내생來生을 말함이고, '삼유생사三有生死'라고도 말한다. 간단히 표현하자면 인간이 나고 죽는 과정의 연속을 말함이고 이것은 곧 '윤회설輪回說'이라고도 한다.

이 삼계三界를 다시 욕계, 색계, 무색계로 나눈다.

색계와 무색계는 그 선정삼매禪定三昧의 깊고 낮은 진전進展 과정에 따라 4선천四禪天과 4무색천四無色天으로 나누게 된다. 우리 중생들은 욕계欲界에 살아가고 있는데 욕계는 다시 6도六道로 구분된다. 6도六道는 지옥도, 아귀도, 축생도, 아수라도, 인간도, 천상도를 말함이고, 이곳은 우리중생이 각각 지은 업인業因에 따라 갈 수 있는 곳이다.

지금 현생現生은 인간도人間道에 속해있는 것이고, 천상도는 곧 하늘을 말함이다.

중국 고전『상서·태서』와『시경·용풍·백풍』에 보면, 창공 위에는 인간세계와 유사한 세계가 있다고 고대인들은 생각했다. 곤륜산보다 높이가 배가 되는 곳에 양풍산涼風山이란 곳이 있는데, 그곳에 가게 되면 장생불사長生不死를 한다고 한다. 또 이보다 배가 높은 곳에는 현포산縣圃山이란 곳이 있는데, 그곳에 가는 사람은 신령스러움을 지니게 되고 비와 바람을 부르는 능력能力을 갖게 된다고 한다. 다시 이보다 배가 더 높은 곳에 가면 천궁天宮에 이르게 되는데, 그곳에 오르는 사람은 신선神仙이 되어 천제天帝와 함께 살게 된다고 한다. 이 산山 하나를 오르게 될 때에는 '10선十善'을 닦았을 때만이 천도天道에 이른다고 전하고 있다.

이렇게 교묘하게 "할 수 없는 일을 하는 것이 하늘이요, 이를 수 없는 것을 이르게 하는 것은 명命이다"라고『맹자·만장상』에서도 운명運命의 곤혹스러움을 표현하고 있다.

이 모호한 모든 인간들의 운명運命이란 하늘이 정한 것으로, 생사生死와 부귀빈천富貴貧賤 등의 쾌가 이미 태어날 때부터 정해져있다는 말이라고 할 수 있다.

요즈음 신세대 말로 자신만의 일생운명프로그램을 태어날 때부터 갖고 태어나는 것이고, 일생一生의 흐름은 그 짜여진 프로그램 회로回路(운로運路)대로 살아가고 있는 것이다.

 프로 역술인들은 四柱원국의 운로運路를 보고 운명을 잘 판단하여 상담자에게 감명을 통변하여 주면 될 텐데 우리 사회의 상담문화의 현실은 그렇지 못하다.

상담자의 심리가 일단 상담실에 들어오면 입을 꼭 다물고 자기 마음속이라도 들킬까봐 숨죽이고 있다. 그러면서 프로 상담선생님이 그 사람이 왜왔는지를 맞추어 주기를 바라고 있다. 그리고 이 첫마디에서 딱 맞추어주면 그때부터 이 프로 상담선생님이 하는 말은 무조건 믿으려 한다. 이것이 현실이다.

그렇다면 상담자를 충족시켜주기 위해 프로 상담선생님은 그 사람이 왜왔는지, 지금 무슨 생각을 가지고 있는지를 맞추어줘야 한다. 이렇게 잘 맞추어줘야 신통하다고하고, 용하다고 소문이 난다. 소문이 나야만 상담자가 많을 것이고, 그래야만 운영이 잘 되고, 이익이 창출되고, 철학관, 역술원을 개업한 보람을 느낄 것이다.

궁극적으로 보면 이렇게 되려고 철학관을 개업한 것이

고, 개업을 했다면 용하다고 유명해지기 위해서 수많은 프로 역술인들은 보이지 않게 비법을 찾아다니며 노력할 것이 분명하다.

필자가 경험한 대로 기록해보자면 :

명리학을 토대로 四柱八字를 구성하여 그 사람의 성격과 그릇과 심리를 분석하고, 대운로大運路를 보고 運이 어떻게 흘러가는지 까지는 알 수 있다. 하지만 현실, 지금 당장 앞에 놓인 발등의 불은 명리학으로는 부족하다. 상담자는 당장 닥친 길흉사를 해결하고 싶어서 철학관이나 프로 상담선생님을 찾아온 것이다. 문제의 해결점을 먼저 맞춰주고, 문제의 해결점을 찾아주어야 한다. 프로 상담선생님은 神이 되어야 한다. 하지만 역부족이다. 이럴 때 같이 곁들여 병행해야하는 래정비법이 있다. 이치만 깨달으면 어렵지도 않고, 적중률도 높다. 상담자의 현 상황이 정확하게 짚어지면서 해결책, 답도 나온다. 그렇다고 많은 지식을 필요로 하지도 않는다. 외울 것도 많지 않다. 이것이 바로 백초귀장술이다. 그날 일진을 가지고 보는 법인데 귀장술 12신궁에 맞추어서 대입하는 법이다. 12신궁에 담긴 인자因子 하나하나 속에 담긴 뜻은 그 깊이가 무궁무진하다.

백초귀장술이야말로 철학관, 역술원 운명상담소를 개업하시는 분들이 필수로 꼭 배워야하는 래정비법이다. 명리학과 백초귀장술 이렇게 두 가지가 확실하게 실력이 된다면 지금 개업해도 큰 문제가 없다고 보면 된다. 전쟁터에 나가는 병사가 칼과 방패까지 단단히 무장되었다고 보면 된다. 한마디로 자신감이 생긴다. 적을 알면 이길 수 있다고 하지 않는가, 상담자의 마음을 알고 상담을 하기 때문에 무슨 말이든 자신있게 할 수 있는 것이다.

　　백초귀장술은 하늘에서 정해주는 그날,
　　묻는 그 사람의 근기根器에 맞게,
　　정확히 떨어진 업인業因에 의한 발현사發現事라고 한다.
　　그것을 간단하게 당일, 일진日辰과 시간時間을 가지고
　　판단하는 神의 답,
　　래정의 점술법占術法이다.

| 목 차 |

제1장 | 프로 역술인이 되려면: / 19

1. 적성과 자질 / 21
2. 공부하는 기간 / 24
3. 공부하는 비용(수강료) / 26
4. 어떤 역학부터 배워야할까? / 29
5. 어떻게 수입을 만들 것인가. / 32
   1) 사주공부를 가르치는 일 / 32
   2) 사주를 상담하는 일 / 33
   3) 인터넷으로 사주 상담하는 일 / 36
   4) 전화로 사주 상담하는 일 / 39
   5) 사주 까페나 이벤트에서 상담하는 일 / 40
   6) 가방 들고 찾아다니며 상담하는 일 / 44
   7) 수입이 얼마나 되나? / 45
6. 유명해지고 소문이 나려면. / 46
   1) 사무실의 위치 / 46
   2) 사무실의 선택사항 / 47
   3) 사무실의 홍보방법 / 49

제2장 | 역리학易理學의 기원과 사주통변 백서 / 53

1. 역리학의 기원 / 55
   1) 역리학의 진의眞意 / 55
   2) 역리학의 발전사 / 62
   3) 우리나라의 역리학 전래 / 82

2. 사주통변 요령백서 / 93
   ❋ 아주 간단히 핵심적으로 간명을 하는 방법 / 95
   1) 사주 명식 작성서의 종류 / 97
   2) 사주통변의 순서와 상세분석표 / 108
   3) 사주통변의 기술적인면 묘법 / 138
     (1) 用神으로 통변법 / 138
     (2) 定用정용用神으로 통변법 / 140
     (3) 十天干으로 용신 쓸 때 職業群 / 146
     (4) 六親이 겹칠 때 나타나는 化性分 / 160
     (5) 六親性格感情分析圖表 / 161

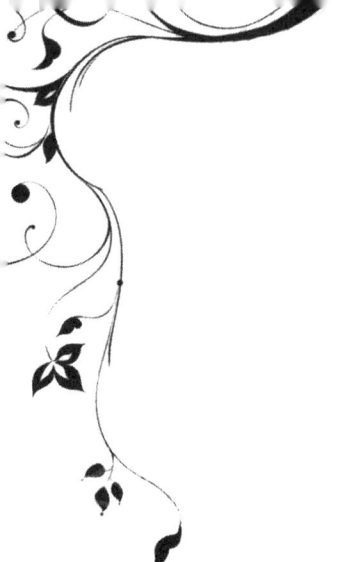

　(6) 희신喜神과 기신忌神이란 / 171
　(7) 用神을 잡을 때 마땅치 않을 경우 / 179
　(8) 격국을 잡을 때 반드시 强한 것으로
　　　잡아라. / 180
　(9) 12운성의 大運 대입법 / 186
　(10) 쌍둥이의 時間, 時柱 잡을 때 / 191

3. 통변 간명팔법看命八法 / 192
　1) 간명팔법看命八法 / 192
　2) 歲運 감정하는 법 / 201
　3) 새 사업을 성공시키는 법 / 210
　4) 개운하는 요령비법 / 218
　5) 비밀시 되는 민간 양법 / 233

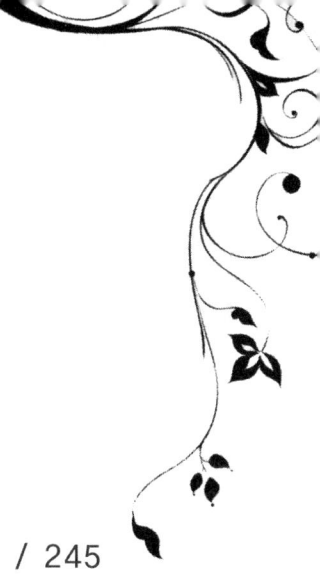

제3장 │ 상담자가 왜 왔는지 마음 알아보는 법 / 245

    1. 발등의 불, 현재 당면한 길흉사 판단법 / 247
    2. 백초귀장술에 대하여 / 254
    3. 백초귀장술로 래정법 보기 / 256
    4. 래정비법 요령백서 / 260
       1) 단시간점 래정법 / 260
       2) 전화번호로 상대방 마음 아는 법 / 264

제4장 │ 720시좌표로 풀이한 래정비법 / 273

제1장 프로 역술인이 되려면

제1장
프로 역술인이 되려면:

 1. 적성과 자질

　요즘같이 살아가기 힘든 때에 좋은 생업生業, 즉 일자리를 찾기란 매우 어려운 일이다.
　한 인생에 있어서 그 운명運命을 좌우하는 직업이 튼튼하고, 안정되었다면 편안하고 잘 사는 일생一生이 될 것이고, 직업이 불투명하고 불안정한 상태라면 일단 생활고에 직면하게 되면서 하루하루의 생활자체가 불안하며 고통스러울 것이다. 하지만 일자리는 자신의 욕망대로 취하려고 한다고 해서 구해지는 것이 아니다.
　우선은 타고난 사주팔자가 좌우할 것인 즉 공무원 할 사람,

법조계나 정계로 진출할 사람, 언론계나 방송계로 성공할 사람, 사업할 사람, 장사할 사람, 직장월급쟁이 할 사람, 아니면 예술인으로 살아갈 사람, 종교인으로 살아갈 운명들을 제마다 타고난 다는 것을 이미 이 책을 읽고 있는 독자들은 깨닫고 있으리라 믿는다.

이러한 운명이니 팔자니 논論하는 것이 냉철한 시각으로 직시해본다면 지금 전 세계적으로 겪고 있는 경제파국 속에서는 조금은 사치인 성 싶다.

누군들 좋은 일자리를 마다하겠는가. 제자리를 찾아가기와 제 밥그릇을 지켜내기가 쉽지 않은 것이 지금 우리 모두 앞에 놓인 현실이다.

수없이 실험해가는 生의 실패와 난관의 풍파를 거치면서 한 인생은 삶의 철학을 깨닫게 된다. 젊었을 때, 좋은 직장에서 한 성질 하던 폼 잡던 인생도 가슴엔 상처뿐이고, 감정과 인정이 무뎌진 닳고 닳은 삶으로 바뀌어져 있을 것이다. 이렇게 변한 인생을 한탄하며 비관할 것인가. 그렇다. 이런 실패한 경험을 가진 자들이 할 수 있는 일이 人生의 운명상담사이다. 먹어 본 사람만이 그 맛을 알 것이고, 겪어 본 사람만이 그 아픔을 더 실감나게 느끼고 표현해 낼 수 있는 것이다.

흔히들 자신이 역학이나 사주공부를 할 수 있는지를 팔자감명해달라고 묻는 사람들이 종종 있다. 이것은 자신의 근기根器

가 어느 정도 되느냐의 차이이고, 하겠다는(해내고 말겠다는) 각오覺悟와 작심作心의 크기와 부피가 크게 좌우한다. 여기에 조금 덧붙인다면 인연이 닿아야 한다는 점이다. 아무리 본인이 하고 싶어해도 인연이 닿지 않으면 공부가 지체되고, 방해가 많아 실력이 늘지 않고, 좋은 스승을 만나기가 어려운 것이 이 공부이다.

　서점에 좋은 역학서들이 많이 나와 있기 때문에 처음엔 쉽게 독학으로 시작하기는 쉬워도 프로역술가로서 타인의 운명을 감명해주는 위치까지 올라서기에는 그리 쉽지 않다.

　그 동안 필자와 인연因緣이 있어 전문가를 목표로 역술易術 공부를 하신 분이 족히 1천여 名이 되는데, 그 중에서 3분의 2정도는 여러 가지 장애로 인해 견디지 못하고 중도에 포기하였다. 그 이유를 들어보면 공부하는 기간이 길어서이고, 또한 배우는 수강료가 비싸다는 점에서 경제적인 고충이 가장 많았다. 대개 이것을 배워보겠다고 마음먹고 오기까지는 모든 것을 다 잃고 빈주머니인 상태일 때 작심하기 때문이다. 말하자면 산전수전 다 겪고 난 후, 빈주머니일 때, 최후에 마지막으로 선택하는 직업이기 때문이다. 그러고나서 제 밥그릇 찾기까지 또 다른 많은 시행착오를 겪게 된다. 어찌되었든 자신이 기어코 해내고 말겠다는 단단한 작심作心과 인내심忍耐心내지 사명감使命感을 가져야 만이 프로역술인의 자질을 가졌다고 볼 수 있는 것이다.

 ## 2. 공부하는 기간

　작심作心을 한 후後에 얼마나 배워야 전문 프로역술가로서 개업을 할 수 있느냐고 묻는 사람들이 많다. 이 부분은 다소 개인적 습득차이가 있겠지만 주변의 실전자實戰者들을 미루어 보건데 최소한 6개월 공부해서 개업하는 사람이 있는가하는 반면, 3年을 공부하고도 자신이 부족하다고 개업을 못하는 사람들도 있다. 6개월 동안 공부해서 개업하는 사람은 자신감이 제일먼저 좌우한다. 물론 6개월 공부로 易學공부가 마스트된 것은 절대 아니다. 철학관이나 역술운명상담소를 개업을 한 후에 지속적으로 좋은 스승을 찾아다니며 실력을 보충을 해야 할 것이다. 상담자들이 천층만층 제각기 다른 상황이기 때문에 상담을 하면서 그 四柱를 보고 깨달아지는 부분도 많고, 四柱자체를 실재實在 보면서 임상을 실전實戰하기 때문에 실력이 점점 늘어난다. 어찌 보면 3年동안 그냥 공부만 하는 사람보다 개업을 해서 실전에 임하면서 공부해나가는 사람이 차후에 실력은 월등하다고 볼 수 있다. 그렇다면 자신감을 가지고 도전하여 돈 벌어가면서 공부하는 쪽이 좀 더 현실적이라 하겠다. 하지만 남의 人生을 감명해서 그 사람에게 옳은 좌표와 충고를 주기 위해서는 역학실력이 탄탄하여서 정확하고 옳은 감명을 할 수 있어야 할 것이고, 그래야만이 또한 역술가의 프로 생명력이 길 것이다.

생명력이란 개업을 해서 실력이 인정되어 입에서 입으로 입소문이 나서 상담자가 끊이지 않는 것을 의미한다. 현실을 꼼꼼히 따져보면, 크든 작든 사무실을 운영하려면 유지비와 이득이 발생하여 타산이 맞아야 하겠고, 또 먹고 사는 일이 중요하다보니 생계가 유지되어야 만이 생명력이 길어지는 것이 당연한 이치이다. 적자운영이라면 지속적으로 버티기가 곤란하지 않은가.

易學의 공부는 끝이 없다고 본다. 프로역술인이 되어서라도 공부는 계속되어야 한다는 것이 바른 생각일 것이다. 연계된 學文(주역, 성명학, 관상학, 래정법, 구성학, 풍수학 등)에 도전을 하는 것이 바람직하다. 남의 인생을 논論한다는 것은 그 누구보다 지혜와 지식이 풍부해야하겠고, 현실과 미래에 대한 세상을 보는 통찰력이 앞서야하겠고, 곁들여 예리한 예지력까지 뛰어나다면 금상첨화이고, 이것이 잘 갖추어졌다면 세상에 이름이 나는 것은 시간문제이다.

3. 공부하는 비용(수강료)

　처음에는 본인이 적성에 맞는지 서점에 나가봐서 좋은 易學 서적들이 많으니 골라서 공부하면 된다. 책값은 일반 서적들 보다는 약간 비싼 편이다.

　1만원 代에서 십 만원 代까지 있다. 기본적으로 기초를 배울 때에는 책값이 저렴하여 부담이 적고, 점점 실력이 높아지고 깊이 들어갈수록 책값 역시 높아진다.

　저자들만의 갖고 있는 사주통변풀이 노하우가 담긴 책은 아무래도 비싼 편이다. 하지만 책만으로 혼자서 공부한다는 것은 어느 정도까지는 가능하겠지만 프로역술인으로써 타인을 運命 감명해줄 수 있는 실력이 되려면 좋은 스승을 찾아내어 개인지도를 받는 것이 시간적으로나 금전적으로 덜 손해를 본다. 무슨 말이냐 하면 조금 알만해 질 때 자꾸 책만 사 나르게 되고, 여기 저기 기웃거리게 된다. 분명히 말하지만 책은 책일 뿐이다. 아무리 비싼 책이라 해도 책에다가 한수라든지 비법이라든지 각자의 노하우라든지를 다 써놓을 수는 없는 것이다.

　실력이 늘다가 보면 주변에서 여기가 좋네, 저기가 괜찮네 거기가 좋더라 하면서 귀를 솔깃하게 하는 소리가 자꾸만 들린다. 이렇게 해서 여기저기 기웃거리다보면 시간은 시간대로 흘러가고, 돈은 돈대로 들어간다. 여기에서 헤매게 되면 나중에는 허탈해지고 정력, 열정에 회의를 느끼게 된다. 이 운명학, 역학공부는 역시 한 스승 밑에서 배알 다 빼놓고 뿌리를 뽑아야만 성공할 수 있다. 어느 한 가지 學文만을 가지고 한 우물을 파듯 깊이 파면 결국 얻고자하는 그 맥을 알 수 있다. 뜻이 결국 같기 때문이다. 한 사람의 人生이 이것으로 풀 때 이렇고, 저것으로 풀었을 때 다르게 나온다는 것은 있을 수 없는 일이다. 이 말을 좀 더 와 닿게 얘기한다면 「주역」, 「명리학」, 「자평학」, 「육효학」, 「기문둔갑」, 「백초귀장술」, 「육임학」, 「자미두수」, 「구성학」, 「관상학」, 「궁통보감」, 「적천수」, 「추명학」, 「물상론」, 「초씨역림」, 「손금」 등 말함인데 어느 한 가지만 통달을 하고 꿰뚫는다면 이거저거 잘하는 것보다 훨씬 낫다는 말이다. 한 가지 학문을 알만하게 하려면 10년 이상 꾸준히 임상하며 공부하여야 달인이라 할 수 있겠다. 이것 조금(1~2년)하다가 저것 3년 하다가 또 다른 것 공부하다보면 이것도 아니고 저것도 아니게 된다. 부디 한가지로 몰두하여 달인이 되시기를 바란다.

여기서 공부하는 수강료를 논論하자면 여기저기 점검하고 다니는 사람은 그만큼 비용이 많이 소비될 것이고 한 스승 밑에서 깊이 파는 것이 비용면에서도 덜 든다. 대개 개인지도를 받는 경우를 볼 때, 완전 마스트해주는 데까지 최소 300만원에서 1000만원까지 받는다. 月별로 계산하는 곳도 있는데 결국 마무리 할 때까지 합산해 보면 이 정도는 소비된다. 개중個中 비법

秘法이 있다고 질질 끌면서 비법은 안 가르쳐주고 시간만 끄는 금전만 밝히고 비양심적인 사람들이 있으니 좋은 스승을 만나는 것이 큰 관건이고 큰 문제이다. 부디 이 글을 읽으시는 독자들은 좋은 스승, 양심적인 스승, 실력 있는 스승과 인연이 되어 공부하시게 되기를 기원한다.

4. 어떤 역학부터 배워야할까?

「易學」역학을 공부한다는 것은 크게 보면 우주宇宙의 태초太初 삼라만물森羅萬物의 창조創造에서부터 시간時間과 공간空間의 변화함에 자연조화自然造化 속의 이치理致를 통찰通察하고 알아가는 것이고, 작게는 천지음양天地陰陽과 일월성신日月星辰의 혼돈混沌과 교합交合 속에서 한 인간人間에 천부적天賦的으로 타고나는 제각기 정해진 운명運命의 노정路程을 알고자 하는「운명학運命學」을 공부하는 것으로 나누어 볼 수 있다.

큰 범위로 우주의 삼라 만물의 자연조화와 음양오행이치를 기본적으로 이해하고자 한다면「周易學」부터 공부해야 옳다. 주역을 공부하다보면「육효학」이 연계되고,「초씨역림」이란 학문까지 공부하게 된다. 이 공부는 광범위 할 뿐만 아니라 어렵고 시간이 많이 소모된다. 6개월 가지고는 어림도 없고 사람의 능력에 따라 차이는 있겠지만 최소 1년 이상은 열공해야만이 조금 공부했다고 할 수 있다.

작은 범위에 한 사람의 운명運命을 감명하기 위해서는 기본적으로 四柱八字 네 기둥을 알아야한다. 四柱八字를 뽑기 위해서는 첫 번째 만세력을 토대로 정확히 뽑아야 한다. 만세력이란 지나온 그 옛날의 달력과 같은 것이고, 최근으로부터 전후前後 100여年의 달력을 한권으로 엮은 책이다. 한사람의 태어난 년

年과 월月과 일日과 시時를 알아야만 그 사람의 운명의 생사길 흉生死吉凶을 예측할 수 있기 때문이다.

한 인간人間이 타고난 년월일시年月日時를 토대로 정해진 四柱(네 기둥) 八字(여덟 글자)는 그 사람의 숙명적宿命的 프로그램이다. 그 사람의 성분性分이고, 적성適性이고, 체질體質이고, 또 그 정해진 프로그램대로 살아가는 것이다.

사주팔자를 알고 난 후에 이것을 가지고 운명의 생사길흉을 판단하는 공부로서 기본적인 것이 「四柱學」사주학 또는 「命理學」명리학이다. 여기에서 좀 더 깊이 공부하자면 「자평명리학」, 「적천수」, 「궁통보감」, 「추명학」이다.

이 공부가 잘 되어서 타인의 四柱감명을 자신있게 하게 되었을 때쯤이면 「성명학」이 필요함을 느끼게 되고, 이쯤에서 또 필요해지는 공부가 「래정법」이다. 「래정법」이란 찾아온 사람이 무엇을 물어보려고 왔는지 알아맞히는 것으로서 상대편 마음을 읽어내는 비법이기도 하다.

이 「래정법」에는 몇 가지가 운운되는데 「육임학」, 「백초귀장술」, 「팔자괘」, 「명반법」, 「일진법」, 「구성학」 등등을 들 수 있다.

「육임학」을 공부하자면 첫째 공부가 어렵고 시간이 많이 걸린다는 점과 비용(교재비, 수강료)이 비싸다는 단점이 있다. 이 공부에 100명 도전했다면 성공한 사람은 5%미만이다.

「백초귀장술」과 「팔자괘」는 단시점으로써 적중률도 높으면서 배우기도 쉽고, 간단하며, 시간도 아주 짧게 소요된다.

「구성학」은 현재 일본에서 많이 활용하는 점술법으로써 그때그때, 그날그날의 운세를 볼 때 유용하다. 래정을 보기도 하고, 때마다의 길흉을 판단하는데 적중률이 매우 높다.

이렇게 한 사람의 運命감명을 하기 위해서는 이것저것(학문)이 모두 필요함을 스스로 절실하게 느끼게 된다.

찾아온 사람의 얼굴의 생김새와 상태를 보고 판독하는 「관상학」을 공부하기도 하고, 이름이나 작명을 하기위해서는 「성명학」, 「작명법」을 배워야할 것이고, 이때 한문공부와 서예가 병행해지는 경우도 많다.

때때로 상담자가 얘기치 못한 질문들을 던지기 때문에 「풍수학」, 「비방법」, 「부적법」등 까지도 두루 섭렵해야만 프로역술가의 자질을 갖추었다고 볼 수 있다.

요즈음 사람들은 학벌이 높아 지식수준이 높을 뿐만 아니라 매스컴이 잘 발달되어있는 관계로 얻어들은 상식들이 풍부하기 때문에 어설프게 짧은 易學공부 실력으로는 매우 곤란하고 때로는 망신을 당하는 수도 종종 있다.

어느덧 철학관 개업을 준비하고 있다면 「통변술」서적으로 다른 사람의 통변하는 方法을 답습하는 것이 실속 있는 처세이다.

 5. 어떻게 수입을 만들 것인가.

　공부가 어느 정도 되었다면 생계유지를 위해 어떤 방법으로든 수입이 되어야 공부를 지속할 수 있을 것이다. 먹고 산다는 일이 가장 중요하기 때문이고, 어쩌면 그것을 해결하기 위해 공부를 하는 것이 궁극적 목적일 것이다. 생활고에 쫓기다보면 결국에는 포기하고 철학관의 문을 닫는 경우들을 필자는 주변에서 종종 보아왔다. 그렇게 되지 않기 위해서는 어떻게 하면 수입을 좀 더 많이 창출할 것인지에 대해 방법들을 연구해보아야 한다.

 1) 사주공부를 가르치는 일

　공부가 기초부터 탄탄하게 나름대로 정립定立이 되어있어야 한다. 자신이 易學 명리命理이론에 완벽하게 소화하고 있어야 남에게 가르칠 수가 있다. 처음 공부 시작했을 때부터 차곡차곡 정리한 자기만의 교재教材가 있어야만 자신감도 생기고 제자를 맞아드릴 자세가 되어있다고 볼 수 있다.
　특히 참고 자료로써 꼭 필요한 것은 자신의 주변 인물들로부터 실재實在 상담한 四柱풀이 명식命式(사주팔자풀이)이 많으면 많을수록 좋다. 전쟁터에 총알을 많이 지니고 출전하는 것에 비유할 수 있겠다. 주변의 별난 사람들이나 잘 아는 사람의 사주 명식은 성장기부터, 해가 바뀔 때마다 자신이 임상해 가며 연구하기에 아주 좋은 자료들이 된다.

요즈음은 구청이나 각 문화센터에서 생활역학이나 사주공부를 가르치는 곳이 많아졌다. 그곳은 수강료 면에서 아주 저렴하지만 프로역술인이 되기에는 많이 부족하다.

자신만의 공부실력이 있고, 진실하게 가르친다면 수강료를 월 20만원에서 월 50만원은 받을 수 있을 것이다. 이때의 교육기간은 1년 정도 잡아야 할 것이다. 차라리 6개월에 300만원에 마스트해주겠다고 하는 방법도 괜찮다. 나름대로 실력 있는 선생들이 많이 받는 경우를 보았는데 기간 안 定하고 마스트해주는데 천만 원 받는 곳도 있다.

2) 사주를 상담하는 일

다른 사람의 사주를 감명해주고 상담료를 받는다는 것은 기본이다. 하지만 처음에 돈을 받고 상담을 하려면 상당히 긴장이 되어 실수를 많이 하게 되고, 머릿속에서는 풀이가 잘 되어 뱅뱅 도는데 입에서는 소리가 잘 나오질 않는다. 실력이 있어도 처음 볼 때부터 잘 할수는 없는 것이다. 실수를 체크했다가 수정하고 거듭거듭 상담을 반복하다보면 실력은 늘 수밖에 없고,

자신만의 노하우가 생긴다. 그리고 지속적으로 「통변술」에 대한 서적으로 보충 공부를 해야만 할 것이다.

상담료는 간판이 정식적으로 걸렸다면 한명 감정료가 최하 3만원~10만원이다. 4인 가족을 기준으로 본다면 최하 5만원~30만원을 받는다. 많이 받고 적게 받는 것은 본인의 능력이다. 보통 일반적으로 철학관에서 받는 감정료는 一人 3만원이고, 4인 가족 보는데 5만 원정도 받고 있다. 궁합을 본다면 최하 5만원~10만원을 받고, 택일을 한다면 이것 또한 10만 원정도 받는다. 이때 가장 단위가 큰 것이 작명作名이다. 신생아 작명이 주류를 이루는데 한번 잘 짓는데 최하 10만원에서 50만원 받는 곳도 있다. 개명改名을 할 경우에는 5만원~30만 원정도 받는다. 상호商號를 짓기도 하는데 기업企業이나 큰 회사會社의 상호는 몇 백만 원에서 프로의 능력껏 받는다. 소규모 점포의 상호는 30만원에서 일백만원정도 받는다.

이렇게 상담의 종류는 여러 가지로 구분되어 있다. 하지만 이 상담료만 가지고 사무실 운영비와 감가상각비와 수지타산을 따져보면 턱없이 부족하다는 것을 알 수 있다. 이것만으로는 안 되고, 간간이 부적을 써야 만이 수입액이 창출된다. 상담료 이외에 목돈이 되는 것은 상담을 한 후에 삼재팔난으로 힘든 사람이나 나쁜 기운으로 흉한 일을 당한사람에게 액운을 없애주는 부적을 써주는 것을 겸해야만 사무실 운영하기가 훨씬 수월할 것이다.

　부적 쓰는 법은 별도로 부적 쓰는 책을 보고 읽고서 씀으로서 자신이 터득내지는 섭렵을 해야 한다. 이것의 노하우는 기도가 바탕이 된다. 쓰든 그리든 방법론에 대해서는 흔히들 시중에 출간되어있는 일반 부적 책을 보고 사용하게 되는데, 이 책들의 내용들은 아주 오래전부터 사용해오던 방법들이다. 요즘처럼 고도화된 귀신이나 악령들에게는 잘 안 통하는 경향이 있다. 예를 들어보면 남편의 바람기를 잡아달라고 해서 비용을 받고 부적을 만들어 주었는데, 3개월이 지나고 일년이 넘어도 남편의 바람기가 잡히질 않는다고 항의를 하는 경우가 있고, 또 다른 예로 요즘 현실적으로 가장 많이 겪는 일로써 부동산 매매부를 많이 사용하고 있는데, 일 년이 지나고 이년이 지나도 매매가 성사되질 않는 경우가 허다하다. 상담자에게 제때에 맞춰 원하는 대로, 소원 성취되도록 부적처방을 해주어서 그것들이 뜻대로 잘 이루어진다면 그 철학관이나 역술원은 빠른 시간 안에 용하다고 소문이 날 것이고 문전성시 하여 돈방석에 앉게 될 것이다.

　요즘 서점에 나와 있는 부적 책 중 괜찮은 책을 보면, 부적그림은 모두 거기서 거기이다. 어떤 책이 설명을 정석대로 잘 해놓았느냐의 차이인데 최근에 발간된 『신묘부주밀법총해』라는 다라니방편부가 그중 잘 되어있다고 호평을 받는다. 그 책에는 티벳이나 중국, 일본, 대만 등에서 비밀리 사용하던 밀법과 부적들을 모아서 총집결해 놓았으며, 효험력에서 좀 더 강도가 높은 부적뿐만이 아니라 처방법이라든가, 방편법들이 상세하게 기록되어 있다. 상담을 하는 일은 진단을 하는 부분이고, 진단을 해서 이상이 있는 곳을 발견했다면 그에 맞는 처방을 내려 치료를 해야만 이 옳은 순서일 것이다. 나쁘다고, 조심하라고 말만 해주고 나면 상담자는 심각해지고 기분이 들어올 때보다 더 나빠져서 돌아가게 될 것이고, 근심이 한 가지 더 생기는 꼴이 된다. 그러니 대처법에 대해서도 잘 알려줘야만 좋은 상담을 하는 것이리라.

3) 인터넷으로 사주 상담하는 일

처음에는 철학관을 개업해도 이름이나 소문이 나 있지 않기 때문에 찾아오는 사람도 적고, 상담 할 횟수가 많지 않다. 입소문이 나고, 상담경험과 실력을 쌓기 위해서는 개업開業 전前에 인터넷 카페나 블로그를 이용해 상담을 시작하여 자신의 이름을 알리고 인지도를 높이는 것도 좋은 방법이다.

개업을 한 이후에도 인터넷 상담을 병행하는 것 역시도 괜찮은 방법이다. 하지만 인터넷 사주운세 상담은 성행하고는 있지만 무료상담이 많다. 실제 처음 공부 시작한 초보역술인이 자신의 이름을 알리기 위하여 무료로 상담해주는 사람들이 많은 추세이다. 요즘처럼 빈주머니일 때 무료운세상담이란 말을 싫어할 사람은 아무도 없을 것이다. 이렇게 무료라고 해야만이 자신에게 상담자를 끌어 들일 수 있고, 접할 수 있기 때문에 일단은 무료라고 던져놓고 다음을 진행한다. 그렇다면 그런 무료상담은 아주 대충의 미흡한 것일 뿐이고, 곧 유료상담으로 유도하는 방식이다.

인터넷 유료상담료는 아주 저렴하다. 최하 1만원에서 3만 원 정도이다. 이 모든 것들이 정해진 금액이 아니라 상담선생만의 능력으로 이루어진다.

또 다른 방법으로, 자신의 상호를 걸고 홈페이지를 만들어서 사주상담 검색창에 띄우는 것인데 이 방법이 최근 인기가 있고 선호하며 앞을 길게 본다면 필수적이라고 까지 말하는 대세이다.

이 방법은 처음 개설할 때 준비자금이 필요하다.

홈페이지 제작비가 최하 50만원에서 200여만 원까지 소요되고, 여기에서 끝나는 것이 아니라 제작한 홈페이지를 인터넷상에 띄워야하는데 이 비용이 만만치가 않다.

주로 네이버나 네이트·다음·야후 등의 검색사이트를 이용하여 띄우게 되는데, 아무래도 맨 상단 윗줄이 유리하다. 맨 윗줄 5~6번째 자리는 월 사용료가 80만원에서 일백여만원을 지불해야만 한다. 운영이 잘되어서 그 이상의 수입을 창출하면 문제가 안 되겠지만 자칫하면 월 지출비도 못 건지는 일이 발생할 수도 있다. 줄이 하단으로 내려갈수록 가격도 점점 저렴하게 줄어드는데, 한마디로 말해서 클릭수가 많은 카테고리일수록 비싸고, 클릭수가 적은 곳은 그만큼 방문객도 적다는 말이고, 비용도 싸고 적게 든다는 말이다.

클릭수가 많은 카테고리를 많은 순서대로 나열해보면, 무료

사주→사주→사주팔자→사주풀이→무료운세→사주궁합→운세→인터넷사주→토정비결→사주카페→사주팔자잘보는곳→점집→철학관 등 이외에도 비슷한 용어들로 다양하게 많다.

이렇게 처음 개설비가 많이 들기 때문에 섣불리 대들기가 쉽지 않고, 무조건 맨 첫 자리에 있다고 해서 잘되는 것만도 아니다. 자신만의 독특하고 개성 있는 홈페이지가 중요하고, 매일매일 들어가서 관리하는 것이 매우 중요하게 작용한다.

예외로 비용을 최소를 들이고, 인터넷에 띄울 수 있는 방법으로 각 사이트의 카페나 블러그를 이용하는 것이 효율적이다. 이 방법이야말로 권장하고 싶은 사항이고 의외로 득이 되는 점이 많다. 하지만 꾸준한 관리와 노력이 필요하다. 이 카페나 블러그로 참여하는 상담자들에게는 상담료를 많이 받기가 어렵고 무료상담을 원한다. 그러니까 자신의 철학관이나 역술원을 널리 홍보하는 개념으로 생각하는 것이 옳을 것이다.

다른 유사사이트들을 직접 들어가서 참여해보고 시각적, 공간적 감각적 느낌을 직접 느껴보고 자신이 터득하는 수밖에 없는 부분이다.

이밖에 인터넷 상에서 저렴하게 홍보할 수 있는 방법이 지역정보 코너 광고부분이다. 이 방법은 홈페이지를 만들지 않아도 되는데, 각 사이트 회사에서 안내문을 만들어주고 사진 몇 장정도도 올려주고, 위치, 주소, 전화번호 등을 안내해준다. 특히 이것의 장점은 그 지역 사는 사람이 상담을 하고 싶어서 점집이나 철학관을 치게 되면 가까운 지역의 점집이나 철학관이 뜨게 되는 방법이다. 의외로 가까운 지역에서 찾는 사람들도 꽤 있다. 지역정보 광고 비용은 지역마다 차이는 있지만 월 10만원 미만 수준이다.

 4) 전화로 사주 상담하는 일

2000年이 되면서부터 四柱運命감정 전화 상담이 폭발적인 인기를 누리게 되었는데, 2009년 지금은 약간 인기가 떨어진 상태이다. 처음에 시작한 전화상담 운영자들이 비양심적인 횡포로 인해 과다한 전화요금에 전가했기 때문에 이미지가 많이 나빠져 있다. 하지만 전화상담의 장점은 직접 상담하러 가지 않고도 상담이 가능하다는 점으로 시간이 절약되고, 얼굴을 마주하지 않으니 할 말, 못할 말 자유롭게 한다는 점에서 첫 번째 장점이고, 얼굴이 알려지지 않아 비밀이 보장된다는, 자신의 프라이버시가 지켜진다는 두 번째 장점이 있다. 전화상담의 상담료는 최하 3만원에서 10만원까지 가능하다. 이것 역시 상담선생의 능력이고, 인기도로 가늠할 수 있다.

전화 상담선생의 경우 간혹 실력있는 선생도 있지만 반면에 아주 얄팍하고 짧은 易學실력으로 상담하는 사람이 많은 것 또한 현실이다.

여자(주부)들이 문화센터에서 몇 개월 배우고 사주프로그램을 PC에 깐 뒤, 그것을 보고 상담하는 사람도 늘어나고 있다. 여자들의 경우에는 집에서 시간과 공간을 구애받지 않고 집안일 해가면서 할 수 있는 적절한 부업이기 때문이다.

신문광고에 060이나 080으로 전화 상담을 하는 상담선생의 경우는 그쪽 광고주업체에 일정한 보증금을 내고 가입하여 실제 상담한 시간당 몇 대 몇으로 나누어 갖는 형태로 진행되어지고 있다. 하지만 요즈음은 특별한 경우를 빼놓고 상담선생을 모집하지 않아 들어가기가 어렵다.

자신이 단독으로 신문광고나 지역광고지에 내는 방법을 생각해 볼 수 있는데, 투자비만큼 대가가 적고 인기도도 낮다.

 5) 사주 까페나 이벤트에서 상담하는 일

사주 까페에서 근무하면서 상담을 하는 경우에는 공간이 편안하고 근무 환경이 좋다는 유리한 점이 있다. 근무시간이 보통 오후 2시에서부터 밤 10시까지인데 일자리가 그리 많지 않다는 단점이 있다. 본인이 개업하기 이전이나 친인척이 개업을 한다면 기대해 볼까 요즈음은 활성화가 되지 않고 있다. 대학가 주변이나 젊은 사람들이 많이 왕래하는 로데오거리에서나 볼 수 있는 풍경이다.

수입을 본다면 까페의 주인과 상담료를 반반씩 나누는 형식이다.

우리가 흔히 볼 수 있는 곳, 또 다른 형태의 길거리 점집, 곳곳에 사람이 왕래가 많은 곳이라면 길거리에 포장마차 식으로 사주이벤트를 하는 곳이 인기이다. 들어가기가 쉽다는 점, 눈에 띄는 가까운 곳에 있다는 점, 상담선생을 즉석에서 선택하여 상담할 수 있다는 점들이 모두 유리한 이점利點이다. 거기다가 현실적으로 상담금액 면에서 월등히 싸다는 점이 살아남는 비결로 예상된다.

이곳의 상담료는 한사람 四柱 보는데 3천원에서 5천원 정도 한다. 대신 10분정도의 정해진 짧은 시간으로 상품이 정해져 있다. 결혼운 따로, 금전운 따로, 취업운 따로, 재물운 따로, 부부운 따로, 자녀운 따로, 타로카드 등등 상품은 수십 가지가 된다. 상담자가 한가지 씩 추가로 더 질문을 하게 된다면 상담료는 점점 더해진다. 상담료를 점점 올리는 것 또한 상담선생의 능력이다. 1인이 한번 상담을 하게 되면 1만원에서 3만원까지도 올라간다.

근무시간은 대개 오후 2시부터 밤 12시까지이고, 어떤 곳은 새벽2시까지 하는 곳도 있다. 하지만 근무 환경은 열악하기 짝이 없다. 추울 때는 추위 때문에, 더울 때는 더위 때문에 고생을 해야 하고, 좁은 공간에서 간이 책상과 간이의자에 앉아 장시간을 지내야하는 단점이 있다.

  수입을 따져보면 3천원부터 받아 모은 상담료를 하루를 마감하는 시간에 이벤트를 주관하는 업체와 4:6이나 5:5로 나누어 가지는 식인데 돈은 그날 바로 계산해서 받는 일당제이다. 대학가나 종로2가 로데오거리의 경우, 운영이 활발히 잘 되는 곳인데 이곳 상담선생의 경우를 보면, 하루에 가지고 들어가는 돈이 최하 5만원에서 잘 되는 날에는 10만원 이상 가지고 간다고 한다. 이런 자리는 들어가기도 힘들뿐만 아니라 또한 능력부족으로 매출액이 안 오르면 바로 즉시 퇴출된다. 한 치의 여분이 없는 냉정한 곳이기도 하다.

  사주 까페나 사주이벤트에서 상담을 하는 경우에는 본인이 직접 사무실을 개업하여 상담을 할 때보다 비교적 정신적인 부담이 적다. 사주 까페나 사주이벤트에서 상담을 하는 경우에 조금의 실수라든지 상담자가 틀리다는 생각을 갖았을 경우 자신의 위상과 위신이 그리 크게 영향이 오지 않고 덜 손실을 보는데, 만약 이때 자신의 이름이 걸린 사무실이라면 타격이 곧바로 오게 된다. 그러기 때문에 易學실력이 충분해야하겠고 많은 상담을 통해 능숙한 통변술을 구사할 수 있어야 하겠다.

  개업 前에 사주 까페나 사주이벤트에서 많은 상담을 경험하는 것이 실력을 쌓는 좋은 일이기도 하다.

처음부터 잘하는 사람은 없겠지만 그래도 돈을 받고 남의 四柱를 감정하게 된다면 무슨 얘기부터 해야 할지 어떻게 말해야 할지 대책이 안서서 쩔쩔매게 되는데 이럴 때에 이런 마음가짐으로 임해야 실력이 늘고 경험을 쌓아갈 수 있다.

상담자는 자신의 運命에 대한 궁금증과 현재 겪고 있는 길흉사를 대처할 수 있는 어떤 방법론을 찾기 위해서 철학관을 찾아 왔기 때문에 심리적으로 위축되어 있고 긴장한 상태이다. 이럴 때 상담선생이 같이 긴장하고 있으면 안 된다. 프로답게 자신감을 가지고 상담에 임해야한다. 상담을 받는 자는 무장 해제된 상태에 있는 것이고, 상담을 해주는 프로의 입장은 무기를 소지한 상태이다. 상담선생이 기가 죽거나 주눅이 들 필요가 하나도 없다는 말이다. 상담자가 상담을 받으려고 오기까지는 수없이 많은 생각과 망설임이 있었을 것이다. 이런 사람에게 우선은 친절하고 공손하게 자리를 앉게 하여 긴장을 풀고 편안하게 마음을 갖도록 분위기를 만들어 주는 것도 프로의 능숙한 자세이다. 서로 편안한 상태에서 대화를 해가며 상담을 해야만 상담이 순조롭고 실수가 없게 된다. 둘 다 긴장하여 상담 받는 이가 입을 꾹 다물고 묵묵부답이면 상담은 한없이 힘겨워 진다. 처음 눈이 마주쳤을 때 가볍게 웃으면서 날씨에 대한 얘기나 옷차림의 얘기로 분위기를 부드럽게 만드는 것 또한 좋은 방법이기도 하겠다.

6) 가방 들고 찾아다니며 상담하는 일

　말 그대로 가방 안에 만세력하나 넣고 발품을 팔아 곳곳을 방문하면서 상담하는 일이다. 이것은 불러서 가는 것이 아니고 본인이 일정한 구역을 돌면서 사무실이나 상가 등을 무작위로 들어가 상담을 권유하는 방식이다. 무엇보다 자신감이 있어야 하겠고, 도전의식과 본인의 의지력이 뛰어나야 할 수 있는 일이기도하다.
　요즘처럼 바삐바삐 움직이는 세상에 마침 찾아온 상담선생이 반가운 사람이 있을 것이다. 이때 상담료도 잘 받을 수 있고, 잘 하면 즉석에서 부적을 권유하기도 쉽다. 아무래도 발품을 파는 정성이 있기도 하겠고, 주변 상황을 잘 파악해서 알 수가 있고, 실재 소비자를 찾았다는 이점이 일체했기 때문에 수입 면에서는 확실하다. 근무시간에도 그리 구애를 받지 않겠다. 낮 시간부터 오후 5경까지는 상가를 돌고, 이후 밤 시간이 되면 유흥업소 여자들이 많은 곳을 찾아간다. 유흥업소 여자들은 역시 끼들이 있어 점치기를 즐겨하기도 하지만, 밤 생활을 하는 관계로 시간이 없어서 점집이나 철학관에를 가지 못하던 차에 방문하게 되면 기다렸다는 듯이 상담도 순조롭게 의뢰하고, 잘하면 술도 공짜로 마실 수 있을 것이다. 하지만 이 일은 아무나 쉽게 할 수 있는 일은 아니다. 용기 있는 자들만의 선택이다.

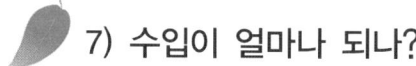 7) 수입이 얼마나 되나?

　이것은 본인의 능력에 달렸다. 철학관을 운영해서 적게는 먹고살기가 빠듯하게 어려운 사람이 있는가하면, 많게는 말하기도 힘든 천여만 원씩 버는 사람 또한 있다. 프로 역술인 자신의 운運과 노력과 근기根器대로 벌리는 것이고, 실력을 탄탄히 하고 배짱두둑하게 공격적 마케팅을 하는 사람은 그만큼 수입은 많아질 수밖에 없다. 무한대로 능력껏 벌 수 있는 사업이 이 일 또한 아니겠나 생각한다.

6. 유명해지고 소문이 나려면.

 ### 1) 사무실의 위치

　상담고객을 상대로 하거나 四柱공부를 가르치는 일을 하기위해서는 사무실의 위치가 매우 중요하다.

　상담위주로 할 경우라면 사람왕래가 빈번한 사거리라든가, 시장입구, 백화점 앞, 지하철입구, 유흥가밀집지역, 버스정류장 앞, 유동인구가 많은 신호등 앞 등 대로변에 자리 잡는 것이 유리하다. 처음 개업한다던가, 아는 사람이 많지 않을 경우엔 더욱 그렇다. 제일 중요한 것은 간판을 대로변에 걸어서 많은 사람들에게 알릴 수 있느냐가 관건이다.

　임대료가 두려워서 뒷골목에 자리를 잡게 되면 그만큼 상담고객이 덜 들어오기 때문에 운영의 악순환이 계속되고, 버티기가 어려워져 결국엔 사무실을 접거나 옮기게 되니, 처음에 이런 것을 고려하여 유동인구가 많은 곳에 자리 잡아야 한다는 것을 명심해야한다.

　요즘 사람들은 자가용을 많이 이용하기 때문에 건물에 주차시설이 되어있으면 더욱 좋겠지만 만약 없을 때엔 주변에 유료주차장이라도 있는 것이 필수이니 참고하여야 한다.

자가용이 아니면 대개의 사람들은 지하철이나 시내버스를 이용한다. 지하철역이 가까운 곳일수록 유리하다. 이때 전화상으로 위치를 설명해줄 때 간단히 설명할 수 있어야 한다. 설명이 복잡하고 길어지면 애로사항이 많고, 귀찮아서 찾아오기를 포기하는 사람도 종종 있다.

이것저것이 잘 맞지 않으면 차라리 처음에 집에서 시작하는 것도 괜찮다. 하지만 대로변에 자리 잡는 것보다 수입을 반으로 예상해야한다. 임대료 걱정 안하고 조금 벌면서 안정적으로 길게 갈수 있다는 장점은 있겠다. 이때도 집으로 찾아오는 길이 복잡하지 않고 지하철이나 버스정류장이 가까운 곳이 훨씬 유리하다는 것은 당연지사이다.

 2) 사무실의 선택사항

건물은 사무실이 밀집되어있는 대형 건물보다 작은 개인 상가건물이 적절하다. 막상 사무실을 얻기 위해 찾아다녀보면 애로사항이 하나둘씩 늘어난다.

대형건물에서는 철학관을 한다고 하면 임대 허락을 잘 하지 않는다. 거의 안한다고 보면 된다. 주변 임대 자들의 반대와 건물 위상이 깎인다고 여기고 있는 것이 현실이다. 그리고 대형건물은 간판을 마음대로 걸 수 없다는 불편한 조건도 있고, 관리비가 있어서 월 유지비도 더 많이 소요된다.

  작은 4~5층짜리 개인 건물이 임대하기가 훨씬 수월하다. 주인의 권한 하에 임대를 하기 때문에 설득만 잘 하면 얻을 수 있다. 이때 2층이 가장 무난하고, 좋은 층이다. 3층까지도 무난한데 4, 5층은 아무래도 발길이 한발 떨어진다. 상담고객이 아무래도 중년층이 많기 때문에 높은 층은 꺼려하기 때문에 불리하다.

  그렇다면 1층을 얻게 되면 더 좋지 않을까 생각할 수 있다. 묘하게도 그것은 그렇지 않다. 1층은 눈에 띄기도 좋고 광고 효과도 있지만 쉽게 들어오기가 꺼려진다는 점이다. 상담고객들은 은밀하게 남의 눈에 쉽게 띄지 않게끔 살짝 들어오고 싶어 한다는 점을 잊지 말아야 한다. 남에게 말 못할 자신의 비밀일 수도 있는 마음을 털어 놓으려 들어오는데 많은 눈길이 쏠리는 1층 대로변에 있는 철학관 문을 자연스럽게 밀고 들어오는 사람은 그리 많지 않다. 이것이 현실이다. 남의 눈을 의식한다. 자신의 근심걱정이 남에게 들킬까봐 하는 두려움도 있고, 아직까지 철학관을 미신으로 여겨 사람이 드나들면 안 되는 곳으로 터부시되고 있는 것 또한 사실이다.

  아무래도 이런 좋다는 자리라면(유동인구가 많은 대로변의 2층) 임대료가 만만치가 않다. 곳곳이 차이는 있지만 최하 월세가 50만원에서 일백만원까지 한다. 보증금은 월세의 10배이다. 아무래도 이 상담일도 돈 벌려고 하는 일이기 때문에 수입이 되어야만 보람도 있고, 공부도 지속할 수 있으니 본인에 능력에 맞는 적당한 사무실을 얻는 것이 매우 중요하다고 보겠다.

 3) 사무실의 홍보방법

 철학관이 잘 운영이 되려면 일단 찾아오는 사람이 많아야 한다. 사람들이 많이 찾아오게 하려면 입소문이든 광고의 효과를 빌리든 어떤 방법을 취해야 한다. 그냥 개업했다고 문만 열어놓고 있다고 해서 오는 것만은 아니다. 다른 업종과는 조금 다른 성격을 띠고 있다. 상담선생의 실력과 유명세, 인지도를 보고 찾아온다는 것이다. 그래서 일단 사무실 위치가 대로변이면 간판이 걸려 알려질 것이고, 좀 더 적극적으로 알리려면 현수막을 내거는 것도 좋은 방법이다.

 첫째로 홍보의 효과와 실력을 인정받을 수 있는 것은 책을 써서 홍보하는 일이다. 책을 내기만하면 효과는 있는데 이것은 본인의 실력이 있어야 하겠고, 글 쓰는 솜씨도 있어야 가능한 일이다. 또한 책 만드는 출판제작비가 만만치가 않게 투자된다.

둘째로 효과가 있는 것은 일간지 신문이나 월간잡지에 광고를 하는 방법이다. 내기만 하면 효과는 있는데 비용이 많이 든다. 일간지 신문 하단에 작은 박스하나에 一日 한번 내는데 드는 비용이 일백만원 이상이다. 월간잡지의 경우에도 그렇다. 한 페이지 칼럼으로 나가는데 월 200만원이다. 한번 투자해서 그 이상의 매출을 올릴 수 있는지를 본인이 잘 판단해서 광고를 내야 할 것이다.

이 일간지나 월간잡지의 효과는 단시短時이다. 일간지는 한 번 낸 것이 며칠씩 가지 않는다. 하루 읽어보고 바로 폐지로 변해 뒷전이 되 버리고 내일이면 새 신문이 나오기 때문에 광고효과가 一日 뿐이다. 그러니 광고를 매일매일 해야 만이 효과를 볼 수 있다는 말이다. 광고비가 만만치가 않다. 월간 잡지의 경우는 독자의 관심 속에 읽히는 기간이 한 달이다. 다음 달에 새 잡지가 나오면 역시 바로 잊혀지고 광고효과가 없다. 어떤 것이든 꾸준히 광고해야 만이 광고효과 투자대비가 된다는 애기이다.

세 번째로는 인터넷광고이다.

인터넷에 홈페이지를 만들어 꾸준히 글도 올리고, 무료상담도 하여 자신의 팬을 확보하면서 네이버나 네이트, 다음, 야후, 파란 등 포털 사이트에 등록하여 공격적으로 광고마케팅을 하는 것이다. 요즈음은 이것이 선택이 아니라 필수라고 해도 과언이 아니다.

이때 홈페이지를 제작하는 비용이 만만치가 않은데, 적게는 50만원에서 2백만원을 받는 곳도 있다. 홈페이지를 만들었다고 해서 그냥 인터넷 창에 노출되는 것 또한 아니다. 포털싸이트의 키워드광고부에 등록을 하여야하는데 사주라든지 운세라든지 많이 찾는 키워드는 비용이 많이 든다. 위쪽부터 10번째 안쪽에 자리 잡으려면 월 80만원에서 일백만원은 예상해야 한다. 아무래도 위쪽에 노출되는 것이 방문자가 많고 그만큼 유리하기 때문이다. 이런 비용이 역시 부담된다. 이렇게까지 하지 않더라도 홈페이지 없이 지역지도 광고란에 자신의 간판 상호만 올려도 광고효과가 있다. 가까운 곳의 철학관을 누르면 자신의 상호가 지도까지 노출되는 방법인데 주변지역 사람들이 이것보고 찾아온다. 이것의 광고비는 월 10만원 정도 하는데 이것도 아주 안하는 것보다 괜찮은 방법이다. 일단 누군가에게 알려야만 찾아오기 때문이다.

일단 돈이 안 들고, 인터넷에 자신을 알리는 방법으로 아주 좋은 것은 자신의 카페나 블러그를 만들어서 활성화시키는 방법이 최고 좋은 방법이다.

네 번째로는 벼룩시장이나 가로수, 교차로에 광고하는 방법이 있다. 광고비가 저렴하기는 하지만 수도권은 지역지역을 너무 세분화하여서 홍보효과가 제한이 있고 따져보면 비용이 많이 든다. 하지만 지방에서는 의외로 효과를 볼 수 있는데 이것도 장기간 꾸준히 광고하는 것이 제일 중요하다는 것을 잊지 말아야 한다. 무엇이든지 뿌린 만큼 거둔다는 이치를 떠올려야 할 것이다.

많은 대중들의 요즘 평가를 보면 지역광고지에 개재했을 때, 신뢰도가 약간 뒤떨어지는 감이 없지 않아 있다.

다섯 번째로 현수막과 전단지이다.

현수막은 구청의 도시디자인과 광고물디자인팀에 허가신청을 한 다음 일정금액을 지불하고 난 뒤, 지정된 장소에 걸면 된다. 일회 15일 거는데 한자리가 4~5만 원정도 한다. 유동인구가 많은 곳이라면 권장할 만하다.

전단지는 신문에 끼워 돌리는 방법과 본인이 직접 돌리는 방법이 있는데 안 돌리는 것보다는 낫겠지만 비용이 많이 드는 반면과 애쓴 만큼 효과는 적다. 신문에 끼우는 전단지는 음식점 전단지와 묶여서 한순간에 휴지통으로 들어가 버리고 만다.

제2장 역리학의 기원과 사주통변백서

제2장
역리학의 기원과 사주통변백서

 1. 역리학의 기원

 1) 역리학의 진의眞意

「易역」이란 정녕 天地간의 日月을 표징表徵하는 것이거니와, 우주宇宙가 아직 개탄開誕되기 이전인 혼돈의 時期에서 천지음양天地陰陽과 일월성신日月星辰이 아직 개벽되기 이전인 배운胚運의 시초始初 무렵에는 「역易」이 존재하지 않았다고 전해진다. 다만 그때에는 상허上虛가 무장武裝하고 꾸밈이 없었기에 人間과 금수禽獸는 물론 구름과 바람, 이슬과 초목草木까지도 존재하지 않았다. 이와 같은 무중력의 상태에서 오랜 영겁永劫이 지나옴에 따라 홀연히 일기一氣가 서리고, 엉기어 하나의 중력이 생겼으니 이것이 곧 <수水화火목木금金토土> 오행五行의 시작인 태역太易의 출현이다. 그러니까 아무것도 없는 무명無明에서 물질의 혼성으로 유명有明의 천지가 생겼음은 형상이 없는데서 형상이 있는 것을 낳았음을 의미 하고 있다.

따라서 太易이 물[水]을 낳고, 다음으로 태초太初가 불[火]를 낳고, 태시太始가 나무[木]를 낳고, 태소太素가 쇠[金]를 낳고, 끝으로 태극太極이 흙[土]를 낳았음을 의미한다.

이것이 五行의 기원基源이고, 易의 始初로서 宇宙의 자연원리自然原理에서 생겨난 것이다. 이렇게 생겨난 오행의 순서를 살펴보면 첫 번째가 수水요, 두 번째가 화火요, 세 번째가 목木이요, 네 번째가 금金이요, 다섯 번째가 토土이다.

그 제각기 담고 있는 속성을 보면, 물은 아래로 젖어들고, 불은 위로 타오르고, 나무는 굽은 것도 있고 곧은 것도 있으며, 쇠는 마음대로 변형되고, 흙은 식물을 길러주는 기운을 가지고 있다.

여기에 각각 순서에 따라 선천수를 정하였는데, 물의 水는 일一이요, 불의 火는 이二가 되고, 나무의 木은 삼三이 되었으며, 쇠의 金은 사四가 되었고, 흙의 土는 오五가 된 까닭이다.

다음으로 아래로 젖어드는 것은 짠맛이 되고, 위로 타오르는 것은 쓴맛이 되고, 굽고 곧은 것은 신맛이 되고, 마음대로 바뀌는 것은 매운 맛이 되고, 심은 곡식은 단맛이 되었다.

이런 연후에 맑고 밝고, 가벼운 것은 하늘[乾, 天]의 즉 양陽이 되고, 흐리고 어둡고 무거운 것은 땅[坤, 地]의 즉 음陰이 된 것이다. 이때에 비로소 모든 만물萬物의 음양陰陽이 생겨나고, 人間이 생겨나게 된 것이었다.

갓 태어난 인간들은 사람의 얼굴이나 몸의 형체가 제대로 이루어지지 않아 그저 금수와 다를 바가 없었으며, 나무 위에 집을 틀고 초근목피草根木皮로 생존하며 살았다.

세월이 흐름에 원시적 인간도 차츰 진화를 거듭하면서 완성된 인간의 면모를 갖추게 되니, 차츰 여러 사람들이 모여 사는 부족사회 형태가 생겨났다.

일찍이 中國 本土의 부족사회는 크기가 커지면서 나라를 이루는데, 역사歷史에 기록을 보면 하夏나라와 은殷나라를 거쳐 주周나라 문왕시절에 최초로 하늘의 구천현녀가 <천서天書>를 가지고 내려오게 되는데, 구전口傳에 보면, 이것은 자연계自然界의 수많은 형상形象들로부터 하늘의 상제上帝와 신명神明의 뜻을 알라함이었다. 이때 어느 것으로든 나타내는 상象을 취하여 상고시대의 점占을 치기 시작했다.

제일먼저 하늘의 상象을 취하여 점성술을 점占치게 된다, 두 번째로 거북점은 거북의 등을 불로 달군 쇠로 지진 뒤에 갈라진 균열과 소리를 듣고, 또는 갈라진 모습을 平하여 어떠한 일의 길흉을 예측하는 것이었고, 세 번째로 시초라는 풀의 줄기를 占대로 삼아 일정한 규칙대로 계산해서 상象을 만들어내는 것을 숫자를 얻어내어 시초점을 치는 방법이었다.

  은殷나라에서는 거북점을 숭상했는데, 周나라 이후에는 시초점의 정확성을 인정하며 점점 상象으로부터 수數의 관념으로 발전해 갔다.

  이와 같이 상수象數관념의 발달은 고대의 점복占卜이 신비적 직관에 의존하던 데에서 점점 철학화哲學化 되어가는 계기가 되면서 주周나라에 들어서서 占의 개념의 좁은 울타리를 벗어나 경전으로 묶어지게 되었다. 이것이 곧 「주역周易」이다.

  「역易」은 상고시대에는 '연산連山'이라 호칭하여 태호 복희씨의 易이라 처음으로 전해졌고, 복희씨는 백성을 다스릴 때에 위로는 하늘을 보아 천도天道를 관상觀象하고, 아래로는 땅을 살펴 지리地理를 관觀하여 만물萬物의 생정유합生情類合을 통달하여 팔괘八卦를 만들었다. 이것은 대우주大宇宙의 만물萬物에 음양오행陰陽五行이 도리인바, 봄에는 씨를 뿌리고, 여름에는 가꾸며, 가을에는 거두고, 겨울에는 감춰지는 것이 「역易」의 소관으로 믿어왔다. 그리고 이 「역易」의 풀이를 하늘의 뜻으로 받아들였으며, <천서天書>라고 믿었다. 즉 상고시대의 「역易」이 팔괘로 정리되고, 그것은 곧 <천서天書>이며, 그 후에는 '귀장歸藏'이라 이름하여 황제 헌원씨의 <용장묘결>이라 칭하여 전해졌다. 그 후 우왕에게는 후천팔괘로 다시 <천서天書>라 전해진다. 이 <천서天書>이자 비서秘書는 백성을 다스리는 정치철학과 행위규범의 초서가 되었고, 나라의 난세와 치세에 대처하는 비술서秘術書로서 비밀리에 그 다음에 진시황제에게 전해졌는데 이때에는 <금쇄옥약시>라고 칭하였다.

이 비술서秘術書는 천제의 뜻으로 상제나 신령이 전해준 것이라 공경히 받아들였다. 그리고 중국대륙中國大陸을 통일統一하는 정치전서政治戰書로 크게 활용하였고, 백성들의 삶을 풍요롭게 만들었다고 구전口傳에 전해지고 있다.

그뿐 아니라 진시황은 이 <천서天書>에다가 하늘을 북극성을 중심으로 오관五官으로 나누고, 오수五獸라하여 「청룡」, 「주작」, 「황룡」, 「백호」, 「현무」라 하여 오행五行의 색깔과 방향方向과 오계五季를 일치시켜서 오덕종시설五德終始說과 암응暗應시키면서 <금쇄옥약시>는 천인감응天人感應하는 신비로움을 나타내어 진시황을 놀라게 했고, 그로써 황실의 비서秘書로 비밀 시時했다고 사마천의 『사기·천관서天官書』에 전해진다.

그 후에 이 <금쇄옥약시>는 황석공 선사에게 전해졌고, 이것을 <황석공비서>라 불렀으며, 이것은 다시 장량에게 전해졌다고 한다. 다시 뒤에 노조천사에게 <전서옥전>으로 전해졌고, 다시 원천강에게, 그것을 다시 청우고사에게 전해졌고, 다음은 동방삭에게 전해지는데 이것을 <사복결>이라 불렀다. <사복결>은 다시 동화제군에게, 그리고 다시 노선생이라는 사람에게 비밀리에 전해지다가 행방이 묘연히 사라졌다고 중국기전中國紀傳,『절지천통絶地天通』이란 고사古史에서는 전하고 있었다.

이렇게 귀중한 진시황실의 비서秘書라는 <금쇄옥약시>에 귀장술歸藏術의 첫머리에는 이렇게 전하고 있었다.

"하늘은 머리이니, 지고무상의 존재이다." 하늘에는 인간세계와 유사한 세계가 있다고 생각했다. 가령 곤륜산보다 높이가 배가 되는 곳에 양풍산凉風山이란 곳이 있는데 여기에 오게 되면 장생불사를 한다고 한다. 또 이보다 배가 높은 곳에 현포산縣圃山이란 곳이 있는데, 여기에 오는 사람은 신령스러움을 지니게 되고 비와 바람을 부르는 능력을 갖게 된다고 한다. 다시 이보다 배가 더 높은 곳을 올라가면 천궁天宮에 들어가게 되는데, 여기에 오르는 사람은 신선神仙이 되어 천제天帝와 함께 살게 된다고 한다. 천제天帝는 우주만물을 통제하고, 하늘의 상象으로 왕조王祖의 흥망興亡과 왕王의 생사生死를 자연현상을 통해 상서로운 조짐을 보여주게 된다. 또한 인간人間의 길흉사吉凶事를 관장한다고(『한서』권30, 예문지)에 전하고 있다. 人間의 길흉화복은 모두 신神의 통제를 받는데 자연自然의 이치理致에 따라서 오행五行의 흐름과 계절季節의 바뀜으로 신神의 뜻, 의지를 나타낸다. 신神의 뜻을 「팔괘」로 드러내고 이를 연구한 점성가들은 팔괘의 숫자를 통해서 신神의 의지를 꿰뚫어볼 수 있었다. 이런 신비神秘는 신명神明의 표현형식이고, 그 괘로써 인간의 운명運命을 점쳐 볼 수 있고, 미래에 일어 날 수 있는 기이한 현상을 예측할 수 있다고 중국 고전『24사二十四史』와『율력지律曆志』,『귀책열전龜策列傳』에서 전하고 있다.

이처럼「易」은 동방東方 문화文化의 근원根源이 되며, 세월이 흐름에 따라 수많은 변천을 거치면서 차츰 발전하여 현재에 이르렀다.

「易」에는

- 해와 달의 음양조화陰陽造化로 이루어진 일월설日月說이 있고,
- 자연自然의 섭리, 해[日]를 거역하지 말라는 관측설觀測說이 있으며,
- 변화무쌍한 인간사人間事에 그때그때 보호색을 띠는 도마뱀을 비유한 석척설蜥蜴說 등이 있다.

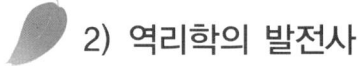
2) 역리학의 발전사

　복희씨가 「팔괘」를 만들었다고 함은 "天下를 다스릴 때 우러러 하늘의 象상을 보고, 그 드리워진 상象에서 길흉을 보이니 성인이 이를 본떳다." 이는 신명神明이 하늘의 상을 통해서 세상의 길흉을 현시하고 있으며, 성인이 곧 복희씨가 이를 관찰해서 神의 뜻을 파악한다는 데서 비롯된 말이다. 이때의 「팔괘」를 「선천팔괘」라 부르는데, 하늘과 땅의 위치가 정해지고, 산과 호수의 기운이 서로 통하며, 번개와 바람이 서로 견제하고, 물과 불이 서로 대립하면서 마주보는 두 괘끼리 서로 착괘를 이루고 있다. 이것으로 구부려 땅의 법法을 보며, 금수의 무늬와 땅에 맞는 사물을 관찰하여, 가까운 이는 몸에서 취하고, 멀리는 사물에서 취하여 신명神明의 덕德에 통通하고 만물의 실정을 분류하였다. 고 하며 「선천팔괘」라 전하고 있다.

　「팔괘」는 음효陰爻--와 양효陽爻—라는 두 개의 기본 부호로 구성된다. 이 두 부호를 세 차례 조합하면 8가지의 새로운 부호가 생기는데, 이것으로 만물의 실정을 분류하였다. 음효陰爻--와 양효陽爻—를 비교해보면 그 상징적 의미가 훨씬 풍부해졌으니, 인류의 추상적 사유적 개념에 있어서 일대 진보라고 볼 수 있다.

　그러나 또 다른 「팔괘」가 주나라의 문왕文王에 의해서 다시 탄생한다. 이것이「후천팔괘」곧 문왕팔괘도이다.「후천팔괘」의 주장을 보면, "하늘은 8괘를 통해 자연의 조화를 행한다. 만물은 진에서 나오고, 손에서 가지런히 되고, 리에서 모두 드러나고, 곤에서 크게 자라고, 태에서 결실을 맺고, 건에서 다투고, 감에서 되돌아가고, 간에서 다시 시작한다." 고 관점을 달리 내세웠다. 이「후천팔괘」는 문왕文王이 유리옥羑里獄에 갇혔을 때, 다시 둘씩 중복되게 이루어서 64괘를 만들었다고 전해진다. 이 음효陰爻--와 양효陽爻—라는 두 가지가 결합되어 萬物의 깊은 理致를 찾아내고 自然의 숨겨진 비밀을 밝혀내는「주역周易」은 만들어지게 되었다.

[복희선천팔괘방위도]

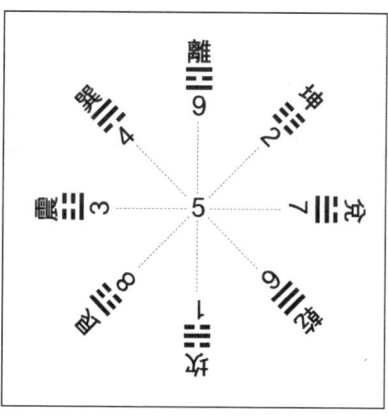

[문왕후천팔괘방위도]

「易」이 상고시대의 상수역象數易에서 주周나라때 「주역」으로 체계를 잡으면서 발달하게 되었는데 그 과정을 살펴보면 이러하다.

중국中國 상고시대 주나라 왕실에서는 서인筮人이라는 관직을 두어서 점술을 보게 하였다고 『상서·홍범』에 나타나있다.

처음에는 거북점을 치게 하였는데, 그 치는 방법을 보면 불이나 불에 달군 쇠로 거북의 껍질이나 기타 짐승 뼈를 지진 뒤에 갈라진 균열과 터지는 소리를 듣고 어떠한 일의 길흉을 예측하는 방법이었다. 이것을 5가지로 해석하였다.

그것은

    우雨 − 비가 내리는 것 같은 무늬,

    제霽 − 비가 막 개인 것 같은 무늬,

    몽蒙 − 흐릿하고 낮게 나는 균열의 소리,

    역驛 − 끊어졌다 이어졌다 하며 나는 균열소리,

    극克 − 가로세로로 뒤섞여 있는 무늬를 보고 판단을 하는 것인데, 점占을 칠 때는 임금은 몸체를 점치고, 대부는 색깔을 점치고, 사관史官은 균열의 너비를 점치고, 복인卜人은 균열을 점친다. 라고 『주례·占人』에서 말하고 있다.

문왕文王의 「후천팔괘」곧 주역의 탄생이었다.

「주역周易」은 경經과 전傳의 두 부분으로 구성되어 있다. 경經은 64괘와 괘효사로 이루어져 있고, 전傳은 경經을 해설한 것으로 10편으로 구성되어있어서 십익十翼이라고도 한다. 십익十翼은 「단전彖傳 上」, 「단전彖傳 下」, 「상전象傳 上」, 「상전象傳 下」, 「계사전繫辭傳 上」, 「계사전繫辭傳 下」, 「설괘전說卦傳」, 「서괘전序卦傳」, 「잡괘전雜卦傳」으로 구성되어 있다.

「주역周易」이란 괘효사를 통해 우주만물을 모두 해석하고 설명한다. 다시말해보면 64괘의 범주의 속성은 온 세계만물을 포괄하고 있다는 것이다.

예를 들면 「설괘전說卦傳」에서 논하기를 "건乾은 머리요 곤坤은 배요 진震은 발이요 손巽은 넓적다리요 감坎은 귀요 리離는 눈이요 간艮은 손이요 태兌는 입이라"고 전하고 있다.

사실상 역대의 많은 점술가들은 온 우주천체宇宙天體가 변화하는 규율을 확정할 수 있는 두 가지로 생각하고 있었다. 하나는 사물의 시공時空구조를 확정하는 수數이고, 두 번째는 사물의 속성을 분류하는 류類라는 개념이다.

[설괘전說卦傳에서 8괘로 분류한 만물]

	乾건	坤곤	震진	巽손	坎감	離리	艮간	兌태
자연	하늘	땅	우레	바람	물	불	산	못
인간	아버지	어머니	장남	장녀	중남	중녀	소남	소녀
동물	말	소	용	닭	돼지	꿩	개	양
방위	서북	서남	동	동남	북	남	동북	서
신체	머리	배	발	허벅지	귀	눈	손	입
속성	강건	유순	움직임	들어감	빠짐	걸림	그침	기쁨
계절	가을과 겨울 사이	여름과 가을 사이	봄	봄과 여름 사이	겨울	여름	겨울과 봄사이	가을

「계사전繫辭傳」에서 논하고 있는 것을 보면 상수개념의 <문왕괘> 혹은 <64六爻大課>가 등장하는데, 이 64괘효사에는 길흉회린吉凶悔吝을 나타내는 말과 함께 전설傳說과 신화神話와 격언格言 및 民歌 등이 포함되어 있다. 계사전에서 고대의 천문을 예보하기도 하는데 "이런 까닭에 하늘이 신비한 물건을 내니 성인이 이를 본받고, 천지가 바뀌어지니 성인이 이를 본뜨며, 하늘의 상象을 드리워 길흉을 보이니 성인이 이를 본뜬다"라고 하였다. 그래서 하늘이 어떤 상을 보이는 것에 대해 가볍게 생각하지 않고, 인간사의 길흉에 반영시켜 받아들이는 천명天命 사상이 나라를 세우는 주축이 되었다.

여기에서의 '하늘'이란 별도의 실체가 있다기보다는 민중民衆의 원망과 군왕群王의 덕행德行을 드러내기 위해 사용하는 것으로, 덕德이 있는 이는 하늘이 그와 함께 있어서 결국 天下를 소유하게 된다고 강조하였다. 이때가 기원전 8C~3C경, 전국시대이고, 공자에 의해서 「계사전」이 완성되었다.

이쯤에서 음양설陰陽說과 오행설五行說이 거론되는데 춘추전국시대 유명한 학자였던 음양가陰陽家 추연鄒衍을 살펴본다.

추연은 음양陰陽을 본래 하늘과 땅, 암컷과 수컷, 삶과 죽음 등등 한번 짝을 지어보고 나서는 세상의 모든 것들은 서로 대응對應하는 짝으로 구성되어있다고 생각하게 되었다. 그의 學文은 대단해 맹자나 제자백가 그 누구보다도 위풍당당했다. 음양陰陽관념이 철학화 되는 데는 오랜 역정이 필요했는데 노자의 「도덕경」학설이 하나의 전환점이 되었다. 그 예를 보면,

"도道는 일一을 낳고, 일一은 이二를 낳으며, 이二는 삼三을 낳고, 삼三은 만물을 낳는다. 만물은 음陰을 지고 양陽을 품으며, 빈 기운으로써 조화를 이룬다."라고 이원론적 사상을 주장하며 음양관념 철학을 발전시켰다.

고대의 학술을 분류하기 시작한 것은 한나라 「司馬談」(BC190~110)에서 부터이다. 사실상 춘추시대의 음양관념은 자연주의에서 점차 신비주의에로 변화되어 가고 있었다. 사마담이 음양가를 논하고, 한나라 초기에는 오행설이 성행하면서 이와 결합되었고, 천인합일사상의 근거이론이 되었다고 「좌전」에서는 전하고 있다.

[五行化된 自然속성]

자연	해 석					출처
오행	木	火	土	金	水	상서
오성	曲直곡직	炎上염상	稼穡가색	從革종혁	潤下윤하	상서
오미	신맛	쓴맛	단맛	매운맛	짠맛	여씨춘추
오색	청	적	황	백	흑	예기
오음	각	치	궁	상	우	예기
오충	鱗린	羽우	倮라	毛모	介개	예기
오취	누린내	타는냄새	향기	비린내	썩은내	예기
오곡	보리	메기장	찰기장	삼	콩	예기
오생	닭	양	소	개	돼지	예기
오성	세성	형혹	진성	태백	진성	설원
오장	간	심	비	폐	신	황제내경
오계	봄	여름	계하	가을	겨울	예기
오방	동	남	중	서	북	예기
오수	8	7	5	9	6	예기
오신	구망	축융	후토	욕수	현명	회남자
오제	대호	염제	황제	소호	전욱	예기
천간	甲乙	丙丁	戊己	庚辛	壬癸	예기
지지	寅卯	巳午	辰戌丑未	申酉	亥子	회남자

천명天命사상이 한 단계 발전한 것은 춘추시대의 대사상가 공자孔子에 의해서이다. 당시의 社會文化가 커다란 파장을 일으키던 歷史的 大변혁기였다. 孔子는 천명관天命觀을 바로잡는데 인도사상仁道思想의 도덕적道德的 규범을 상수역象數易과 가미하여 바로 세웠다. 孔子공자의 天命사상이 발전하여 天運사상으로 발전하는데,「좌전」의 기록에 의거하면, '주周나라 성聖왕이 天下를 다스릴 때 天神에게 周나라의 국운國運을 점쳐 물었는데, 주나라가 30대 700년을 전한 뒤에 쇠멸할 것이란 占을 얻었다.'라고 전하고 있다. 이는 왕조王祖의 흥망을 예측한 것으로 천운관天運觀의 시원始原이 되었다.

天運사상을 가장 크게 권장한 이는 맹자孟子였다. 공자孔子에서 맹자孟子와 자사子思에게 전해졌고, 그것은 순자荀子를 거쳐 한나라의 <동중서董仲舒>에게 전해지며 동중서에 의해 대성을 하였다. 동중서는 '같은 류類는 서로 감응한다.'는 사상을 강조하였다. 이즈음에 제자백가사상이 발전하였는데 귀곡자와 낙녹자는 <원리소식부>를 주장했는데 이것은 [명리학]의 근원이 되었다고「명리정종」에서 소개하고 있는 것을 알 수 있다.

중국「역경」의 역사를 공부하다보면 陰陽五行과 天干地支의 출현이 오묘해진다. 역사의 기록을 더듬어보면 이미 하, 은, 주나라의 황제시대에 태양과 행성의 운행법칙을 본뜬 음양은 물론 오행설이 나오고, 天干과 地支설이 나타난다.

가령 "염제가 8절후를 나누고, 헌원이 5부서를 세우고, 소호가 봉조라는 관직을 두어 시간을 맡게 하고, 전욱은 남정이란 직관을 두어 하늘을 맡게 하였다."라는 기록들은 모두 상고시대의 제왕들이 역을 제정하던 방식을 묘술한 것으로 보인다. 그중 가장 일찍 기록되어 있는 것은 황제의 易, 전욱의 易, 하나라 易, 은나라 易, 주나라 易 그리고 노나라 易 이렇게 '옛 6易'이라

[천간의 속성과 의미]

	천간의 속성과 의미
甲	만물이 껍질을 풀어헤치고 생겨나니, 양기가 움튼다.
乙	봄풀이 움트니, 음기가 아직 억세다.
丙	만물이 훤하게 드러나 보이고, 음기가 새로 일어나니 양기가 스러지기 시작한다.
丁	장성함이니(壯也), 사물의 몸이 다 장성해진다.
戊	무성함이니(茂也), 사물이 다 무성해진다.
己	만물이 형체를 굽혀서 숨는다.
庚	단단하고 억센 모양으로, 가을철 만물이 단단하게 결실을 맺음을 상징한다.
辛	새로움이니(新也), 가을철에 만물이 익음이다.
壬	임신함이니(姙也), 음양이 교합하여 임신함이다.
癸	셈이니(揆也), 도수를 세어서 낳는 것이다.

한다. 天干과 地支는 갑골문에서도 찾을 수 있을 만큼 그 연원이 오래되었다. 이런 학설들이 제자백가사상가들의 주장하던 원천들이었는데, 진나라의 진시황 때 <분서갱유>사건에 '옛 6易'이 모두 불살라져 없어졌다고 한다. 후대의 사서 속에 그 일부의 내용이 보일뿐이다.

[지지의 속성과 의미]

	지지의 속성과 의미
子	(孶也), 양기가 움트기 시작해서 아래에서 낳는다.
丑	(紐也), 찬 기운이 스스로 구부려 얽어맨다.
寅	(演也), 만물을 풀어내어 살린다.
卯	(冒也), 무릅쓰고 땅을 뚫고 나온다.
辰	(伸也), 만물이 모두 펴고서 나온다.
巳	(巳也), 양기가 베풀기를 멈춘다.
午	(忤也), 음기가 아래에서 올라와 양과 거스른다.
未	(味也), 나무가 미에서 늙으니 가지와 잎이 묵중해진다.
申	(身也), 사물이 몸체를 완성하니, 각기 펴고 묶어서 완성된 모습을 갖추게 된다.
酉	(秀也), 만물이 다 완성되어 빼어나게 된다.
戌	(恤也), 만물을 거두어들임은 불쌍히 여기기 때문이다.
亥	(核也), 사물이 완성되어 다 단단한 씨가 된다.

[오행의 속성과 의미]

	오행의 속성과 의미
木	亥에서 생겨나 卯에서 장성하며, 未에서 죽는다.
火	寅에서 생겨나 午에서 장성하며, 戌에서 죽는다.
土	午에서 생겨나 戌에서 장성하며, 寅에서 죽는다.
金	巳에서 생겨나 酉에서 장성하며, 丑에서 죽는다.
水	申에서 생겨나 子에서 장성하고, 辰에서 죽는다.

孔子 이후「계사전」을 토대로 한 경지가 높은 술사들의 행적으로 [황제내경]이 저술 되었고, [황도12궁], [28숙], [12지띠], [72절후], [60화갑] 등등이 고인들의 각종 법칙을 융회관통融會貫通시켜 易의 연구는 거듭되어왔다.

한대漢代 이후의 학자들이「계사전」중의 작괘법에다가 붙여서 신비스런 역학적 수리로 바꾼 것이 1년 12달을 태초력이다. 한무제 때의 등평鄧平과 낙하굉落下閎이 편찬한 태초력을 원봉元封 7년(104년) 11월 1일을 갑자일 한밤중으로 확정하는 중요한 임무를 하였다고(「한서」・율력지)에서 말하고 있다. 또한 한무제 王은 영륜伶倫으로 하여금 [12율려]를 짓고, 예수隸首에게 5행에 맞추어[산수]를 만들게 하였다. 여기에 [예기・월령], [여씨춘추・十二紀], [회남자・時則訓] 등의 월령제도가 점차적으로 사람들에게 일상적인 행위규범까지 규정을 하였다.

[開元占經개원점경에 기록된 28수의 상징과 의미]

방위	28수	계절	요일	대응	상징	의미
동방의 7수	角각	봄 (청룡)	木	용의 뿔	天門천문	전쟁·왕도
	亢항		金	용의 목	廟宇묘자	질병·政令
	氐저		土	용의 가슴	行宮행궁	역질·노역
	房방		日	용의 배	明堂명당	民情민정
	心심		月	용의 심장	帝王제왕	群王군왕
	尾미		火	용의 꼬리	後宮후궁	비·대신·왕후
	箕기		水	용의 똥	國庫국고	바람·外邦·오곡
북방의 7수	斗두	겨울 (현무)	木	뱀의 몸통	天關천관	천자의 수명
	牛우		金	뱀의 몸통	天鼓천고	희생·소
	女여		土	거북·뱀의 몸	天女	혼인
	虛허		日	거북이 몸	廟堂묘당	喪事상사
	危위		月	거북이 몸	廟堂묘당	집
	室실		火	거북이 몸	天宮천궁	動土동토
	壁벽		水	거북이 몸	天梁천량	動土동토

방위	28수	계절	요일	대응	상징	의미
서방의 7수	奎규	가을 (백호)	木	호랑이 꼬리	武庫무고	兵事병사
	婁루		金	호랑이 몸	宗廟종묘	군중·교사
	胃위		土	호랑이 몸	곡식창고	收藏수장
	昴묘		日	호랑이 몸	감옥	刑事형사
	畢필		月	호랑이 몸	변방	外邦외방
	觜자		火	호랑이 머리	보화	軍需군수
	參삼		水	호랑이 앞발	天市	斬刑참형
남방의 7수	井정	여름 (주작)	木	새의 머리	天池천지	內政내정
	鬼귀		金	새의 눈	天廟천묘	사망·神의계시
	柳유		土	새의 부리	天府천부	제사·草木
	星성		日	새의 목	天庫천고	의복·군사
	張장		月	새 모이 주머니	天廚천주	酒食주식·후대
	翼익		火	새의 날개	天樂府	遠客원객·악율
	軫진		水	새의 꼬리	天員府	生死·車事

 이후에 한나라의 경방京房이 BC70년~BC30년경, 周易과 六爻를 이론적으로 체계를 잡았다. 그것이 경방과 초연수의 「경초역」이다. 경방은 초연수의 제자이고, 초연수는 「초씨역림」의 저자이다.

경방이 주장하는 易의 변화는 초효에서 5효까지 변하면서 더 이상 변하지 않고, 다시 아래로 4효부터 초효까지 하나씩 변하며, 다시 2효로부터 위로 5효, 4효부터 아래로 초효까지 변해 본래 괘로 돌아가니 16괘의 변화라고 하였다. 여기에 5행의 이상 현상을 파악하려고 애를 썼는데, 오행의 이변은 인간의 행위에 대해 일종의 경고라 여기고, 그 재난을 막기 위해서는 그 이변이 담고 있는 의미부터 명확히 알아내기에 노력하며 BC77~BC37年의「역전易傳」과「홍범오행전洪範五行傳」에 오행의 이변을 해설해 놓았다.

　<동중서董仲舒>는 동일한 종류의 사물은 서로 감응하지만 다른 종류들 간에는 감응이 일어나지 않는다. 고 말하고 있는데 예를 들면 '말이 운다면 소는 따라 울지 않을 것이지만 다른 말은 그에 응해서 따라 운다는 이치이다.' 하늘은 사람의 조상이고, 서로간의 수리는 대응·일치하며, 같은 종류끼리는 서로 부르기 때문에 하늘에서 일어나는 천상의 변화는 인간에게 감응을 끼치며 사람의 행위는 또한 하늘에 영향을 미친다는 천인감응설로 발전되었다.

　<동중서董仲舒>는 천天의 형상形象을 의인화해서 天人관계를 강화시킴으로써, 제자백가들의 유학이론을 술법術法으로 만들어 버렸다. 여기에서 음양陰陽과 3재三才와 오행五行 등의 관념은 천인합일天人合一과 천인감응사상, 天人感應說의 중요

한 이론적 기초가 되었다.

[천인감응설天人感應說의 비유]

	하늘의 象 - 感	사람의 반응 - 應
각자리해설	하늘이 상서를 내림	제왕이 흥성한다.
	하늘이 재앙을 내림	제왕이 망한다.
	하늘이 궂은비를 내림	사람이 누워 잠든다.
	여름에 폭풍이 많음	君臣간에 禮예가 없다.
	가을에 벼락이 많음	王이 간언을 듣지 않는다.
	가을에 번개가 많음	王이 밝게 살피지 못한다.
	봄여름에 폭우가 많음	王이 총명하지 못하다.
	곡식이 여물지 않음	王이 사람을 받아들이지 못함
	하늘이 돌을 내림	가혹한 정치가 발생한다.
	가을이 따뜻하고 봄이 추움	노역이 과중하다.
	겨울이 따뜻하고 여름이 추움	선악이 분명치 못하다.
	바람이 오곡을 해침	위아래가 공경할 줄 모름
	겨울이 습하고 안개가 많음	형벌이 과중하다.

그래서 <동중서董仲舒>는 [천지인天地人], [음양陰陽], [목화토금수木火土金水]를 10가지의 천수天數라고 부르면서 이 수數를 이용해서 天下를 통일하였다.

[〈董仲舒동중서〉의 天人合一의 數수]

	하늘의 수리	인간의 수리
각 자 리 해 설	四時	四肢
	四時에 각각 3개월이 있음	四肢에 각각 3관절을 의미한다.
	四時에 모두 12개월이 있음	四肢에 모두 12관절을 의미한다.
	天道는 10달에 완성	인간은 10달 만에 출산한다.
	天數는 10으로 이루어짐	인간은 10진법을 사용한다.
	1년이 366일	인간의 뼈마디가 366개
	1년이 12개월	인간의 대골절이 12개
	五行오행	인간의 五臟오장은 5개
	天道에는 두 가지가 없음	동시에 눈으로 두 가지를 보지 못하고, 귀로 두 가지를 듣지 못하며, 손으로 두 가지를 하지 못한다.

고대의 점성술사들은 궁정의 정치에 긴밀하게 연관되어 있었다. 그래서 그들은 천문학天文學과 점성학占星學에 통달하여야 했을 뿐 아니라 정치政治 역사歷史 등의 여러 지식을 갖추고 있어서, 시국을 분석하고 동향을 파악해야만 했다. 그들의 일거수일투족은 국가적인 사업에 중대한 영향을 미쳤다.

AD618~907년경 당唐나라 당태종이 天下를 통일한 초기初期에 태사太史 이순풍李淳風(602~670)이 새로운 易을 만들었고, <行禪師>의「曆書」가 나왔고, 日月의 여러 현상들과 그 점성술적 의미에 대해 기록된「개원점경開元占經」이 나오게 되었다. 이 「개원점경開元占經」안에는 하늘을 4방四方, 4령四靈으로 나누고 그것을 다시 각기 7개의 별자리로 나눈, <28수二十八宿>의 상징과 의미가 기록되어 있고, 5수五獸가 청룡, 주작, 황룡, 백호, 현무라는 것과 十干支에 대해서도 기록되어 있다.

당나라 초기 때 나진인羅眞人이라는 현인이 있었는데, 그는 당시 역리를 확연히 통달하여 160세까지 살면서 세속에 아무런 구애됨 없이 무애인無礙人으로 신선처럼 살다갔다고 한다. 그가 역리학의 근본인 十干支을 학문으로서 세상에 유포하였다.

그 후 五行과 오성설五星說을 주장하는 五星學이 발전하였다.

[十干支의 다른 이름]

十干		十二支	
甲갑	閼逢알봉	子자	困敦곤돈
乙을	旃蒙전몽	丑축	赤備若적비약
丙병	柔兆유조	寅인	攝提格섭제격
丁정	强圉강어	卯묘	單閼선알
戊무	著雍저옹	辰진	執徐집서
己기	屠維도유	巳사	大荒落대황락
庚경	上章상장	午오	敦牂돈장
辛신	重光중광	未미	協洽협흡
壬임	玄黙현익	申신	涒灘군탄
癸계	昭陽소양	酉유	作噩작강
		戌술	閹茂엄무
		亥해	大淵獻대연헌

十干支는 10干과 12地支라는 두 종류로 분류하는데 전해오는 얘기로는 황제시대의 대신이었던 대요大橈에게 5행의 실정을 파악하고 북두칠성이 서있는 방향을 관찰해서 이허중李虛中에 의해 처음으로[六十甲子]를 만들었다는 기록이 (후한서・율력지)있다. 이허중李虛中선생에 의해 生年 年月日時로 四柱사주를 구성하는 체계가 잡혔고, 여기에서 年을 중심으로 보는 [당사주唐四柱]가 만들어졌다. 그러나 이때만 해도 [사주학]이 [관상학]보다 뒤떨어졌으며, 사주학자 역시 민중으로부터 대우를 받지 못하였다.

　당나라 말기末期와 송宋나라 초기(867~984)에 이르러 사주학자 진희이 先生이 나왔는데 [마의상서]마의상법, [자미두수]를 학문화시켰다. 이 時期에 진희이선생과 같은 스승 밑에서 주역을 사사받은 이가 있었는데 그가 天文占星에 밝은 대음양학자大陰陽學者 서자평徐子平(서거이)선생이 두각을 나타내기 시작하였고, 완전한 [四柱學]의 체계를 이루어졌으니, 소위 서자평 선생이야말로 [명리학]의 비조鼻祖라 할 수 있겠다.

　실로 복희씨 이후로「易」이 天下에 알려졌지만 이허중 선생 이전까지만 해도 生年중심으로 되었던 운명 판단법이었으므로 학문적 체계가 불완전하였다. 그러나 이허중선생의 年月日時의 생극제화生剋制化와 왕상휴수旺相休囚와 음양통변陰陽通辯으로써 인생의 길흉화복吉凶禍福과 영고성쇠榮枯盛衰를 판단케

하였던 것이다. 이때부터 [四柱學]은 더욱 발전을 거듭하여 서자평선생에 이르러서야 비로소 생일生日의 일간日干을 위주로 결국 용신用神과 육친六親을 분석하여 정확한 운명판단運命判斷의 학문적 길을 열어놓은 셈이 되었다. 이것이 <연해자평淵海子平>이고 [명리학]의 시조이다. 이때부터 신살身殺, 격국론, 시결론, 공망空亡이 나오기 시작하였다.

송宋나라 영현 소강절이(1011년~1077년)경 「황극경세皇極經世」와 「매화역수」를 통해 음양陰陽의 강유剛柔를 논하며 易의 진리를 밝혔다.

같은 시기에 서대승徐大升선생은 서자평선생의 일간을 중심으로 한 이론을 완성시킨 것은 물론 <연해자평淵海子平>이라는 명작名作의 뿌리가 된 <연해淵海>라는 책을 저술하였다.

원元나라 때에는 경도京圖라는 사람이 「적천수滴天髓」 원문을 저술하였다.

이후 명明나라에 주원장 때,(1368年~1644) 명나라 개국공신으로 유명한 유백온劉伯溫이 명리학의 보서寶書라 할 수 있는 만고萬古에 길이 빛날 「적천수滴天髓」를 저술하였다. 후에 적천수에 주석을 달아 예문지에 실면서 [삼명담滴天髓]이라 정리했다. 이때에 유백온 선생이[기문둔갑비급전서]도 저술하였고, 기문둔갑의 대가였다.

신봉이란 호를 가진 장남張楠이란 사람이 <연해자평淵海子

平>을 보완해서 연구한 뒤 [명리정종命理正宗]을 저술하였다. 같은 시기에 만육오萬育吾란 학자가 [삼명통회三命通會]를 저술하였는데 그 분량이 명리학 서적에서 가장 많은 분량이다.

청淸나라 (1636年~1912年) 초기에 초남 여춘대에 의해 [난강망欄江網]을 기초로 연구하여 주석을 달아 <궁통보감窮通寶鑑>을 저술하였다.

같은 시기에 진소암陳素菴이「적천수滴天髓 삼명담」에 주를 달아 1747년 <적천수집요滴天髓輯要>와 <명리약언命理約言>을 저술하였는데 그는 정승 벼슬까지 지낸 인품의 소유자였는데 1666년 사망하였다.

뒤이어 심효첨沈孝瞻 진사에 의해 <자평진전子平眞詮>을 저술하였다.

그 후 청나라 말기末期에 유백온의 적천수에 주석을 달아 1846년 임철초任鐵樵가 [적천수천미滴天髓闡微]를 저술하였는데, 근대 중화민국으로 발전하면서 1933년에 원수산袁樹珊이란 학자가 유백온의 적천수原文에 진소암의 적천수집요輯要와 임철초任鐵樵의 주석을 함께 넣어 [적천수천미滴天髓闡微]를 저술하였는데 [적천수滴天髓]의 진수眞數로써 최고이다.

같은 시기에 서락오徐樂吾라는 학자는 [적천수천미滴天髓闡微]에서 진소암의 주석을 삭제하고[적천수징의滴天髓徵義]를 편찬하였고, [궁통보감평주窮通寶鑑評註], [자평진전평주子平

眞詮評註]를 1936年에 저술하였는데 이것은 심효첨의 자평진전에 주석을 달아 발표한 것이고, 뒤이어 [자평수언子平粹言]을 저술하였다. 그야말로 서락오徐樂吾라는 학자는 자평명리학의 기강을 바로 세운 분이라 할 수 있다.

최근에 들어 원수산袁樹珊은 [명리탐원命理探原]을 저술하였고, 위천리韋千里가 [명학강의命學講義]와 [팔자제요八字提要]를 저술하였다.

다음으로 오준민吳俊民은 [명리신론命理新論]을 저술했고, 화제관주花堤館主는 [명학신의命學新義]라는 책을 저술하였는데, 이 책은 서양의 심리학자인 칼융박사의 이론을 대입하여 심리학의 영역에 확실한 업적을 쌓으신 분이다. 그리고 그의 저서를 바탕으로 심리학의 영역을 더욱 연구하여 발표한 이가 바로 하건충何建忠 선생이다.

하건충何建忠 선생은 [팔자심리학八字心理學]을 저술하여 人間의 心理를 사주팔자로써 정확히 추론할 수 있도록 기틀을 잡아주어 오늘에 이르고 있다.

3) 우리나라의 역리학 전래

우리나라에 역리학,「운명학運命學」이 처음 전래되었다는 확실한 문헌은 없어서 정확하게 추정하기에는 어려움이 없지 않으나 추측컨대, 일찍이 중원中原 땅에 교역을 해왔던 단군황조檀君皇祖 때부터 당시의 중국으로 유학儒學갔던 도학자道學者들이나 승려들에 의해서 「역서易書」가 들어왔다고 믿어진다.

그러나 정확히 밝힌다면 고려시대 때 중국으로 유학儒學갔던, 붓대롱 속에 목화씨를 숨겨 들여온 문익점文益漸에 의해서 「역서易書」가 처음 들어왔다는 설說이 전한다. 그러나 아쉽게도 고려시대와 조선시대의 <자평명리서>는 전해지지 않고 있다.

그 후 조선시대에 이르러서는 불교佛敎의 탄압과 유교儒敎의 숭상으로 사대부들과 일반 서생들까지도 중국 「역서易書」들을 가깝게 공부할 기회가 많아졌다. 특히 공부 좀 하는 학자라면 만학萬學도의 기초학문인 양, [주역], [역경], [사서삼경]을 공부하여 통달하지 않는 자가 없을 정도로 번성하였다. 이씨조선 초기에는 무학대사를 비롯하여 토정 이지함, 정북창, 하륜, 이서계, 남사고 등등 이름난 분들이 많이 출시하였다.

그 중에서도 유학자로 유명한 율곡栗谷 선생을 빼놓을 수 없겠다. 古書「사기史記」에 전하는 바에 의하면 300年 前, 이미 율곡선생은 복서卜書와 四柱, 周易, 天文에 이르기까지 깊이 통달하였다고 전하고 있다. 실제로 당시 8年 後에 왜적이 침범할 것을 미리 예측하고 크게 나라를 걱정한 율곡선생은 남몰래 이순신을 불러 임진왜란의 처방책을 알려주었던 것이다.

예로부터 나라에 비운悲運이나 위급한 상황이 발생하면 그 때마다 임금의 가까이에 역경에 통달한 세상을 이미 아는 자들이 있어서 국사國事를 도와왔다. 그들은 적게는 사람을 살리고 안전케 하여 목숨을 살리고, 크게는 적국으로부터 위험을 물리치게 한 구국의 은충隱忠들이며 선각자들이었다. 이것이야말로 하늘의 이치이며 인간의 길흉회린임을 역사歷史로서 고증考證하고 있다. 고려高麗가 망하고, 이조李朝가 개국할 때라든가, 임진왜란이나 한일합방, 6·25전쟁 당시만 해도 앞날을 훤히 아는 현사賢士와 지자智者가 전국 각처에 은닉隱匿해 있었다. 세월이 흐르고 일제식민지하를 거치면서 전통사회의 명맥은 혼탁해지고, 일제 탄압에 의해 민족적이던 것들은 모조리 미신으로 일반 서민들의 의식구조마저 병들면서 「역학易學」이 설 자리는 없었다. 그나마 조선시대의 토정 이지함 선생의 [토정비결]이 널리 보급되었지만 그것은 年柱를 위주로 보던 中國의 [당사주]를 토대로 하였던지라 적중률이 낮은 수준이라서 서민들 간에 서로 쉬쉬하며 남몰래 보는 정도였고, 易學의 의미로는 점점 쇠퇴해 갔다.

우리나라만의 특이한 현상은 기독교가 들어오면서부터 「역학易學」이란 것을 미신迷信으로 터부시한다는 현실이 문제이다. 진정으로 「역학易學」이 무엇인지 알고서 그렇게 생각한다면 억울하지나 않겠는데 무엇인지도 모르면서 무시를 한다는 것에 한탄스럽다. 자신이 어디에서 와서 어디로 가는 줄도 모르는 눈뜬장님 같은 人間들이다. 본인本人이 하늘 밑에 살고, 땅에 발을 딛고 사는 존재라는 것을 왜 모를까? 자신自身이 누구이며, 어떻게 살다가 언제쯤 어떻게 된다는 것을 알고 살아가면 훨씬 삶이 편안하고, 즐거웁고, 행복할 텐데……

「역학易學」은 신비한 학문도 아니고 미신迷信도 아니다. 미신의 사전적인 해설을 보면 '마음이 무엇에 홀려서 망령妄靈된 믿음에 집착하는 것이나, 종교적·과학적인 견지에서 망령되다고 생각되는 신앙'을 말한다. 그러나 현대의 일부 지성인들이라 자처하는 사람들 중에는 역학의 근본인 정수精髓를 바로 알지 못하고 무조건 비과학적인 미신으로 속단을 내리거나, 그저 혹세무민惑世誣民하는 점술占術 정도로 취급하는 것은 실로 안타까운 일이다. 더욱이 첨단이라는 미명美名으로 서양의 물질적인 과학문명을 무분별하게 받아들인 요즘의 현상을 보면, 물질적인 풍요는 누리게 되었는지 모르지만 기계문명의 혼탁함에 휩쓸려 방황하거나 인간성과 도덕성을 상실한 범죄가 난무하는 속에서 우리들은 늘 불안과 공포 속에서 살아가는 것이 아닌가?

그 이유는 서구의 개인주의적인 사고가 팽배하고, 동양의 정신적인 文明과 풍습은 망각하거나 무시한 탓이라고 할 수 있다.

이런 아쉬운 부분 때문에 다시 조선시대로 거슬러 올라가 본다. 우리들에게 친숙하게 잘 알려져 있는 이율곡선생이나 이퇴

계선생을 심층 분석해 보자면 이런 두 분의 學者들은 「역학易學」과는 전혀 관계없는 줄 알고 있다는 점이다. 그런데, 이러한 사실을 잘 모르는 사람들은 완전히 다른 學文체계로 잘못 인식하고 있으며 이를테면 퇴계나 율곡 같은 학자들의 논리는 아주 뛰어난 것이고 [명리학命理學]또는(상수학象數學)은 천한 것으로 인식하고 있는 것인데, 그들의 문집文集을 한번이라도 읽어본다면 그런 실수는 면할 수 있을 것이다. 두 學文이 같은 체계로 구성되어 있다는 것을 알게 되며, 두 學文 모두가 주역周易의 원리를 바탕으로 탄생하였으나, 다만 적용시키는 대상과 방법론이 다를 뿐, 둘은 상호 보완적이며 어느 한쪽의 學文을 이해한다면 다른 쪽은 자연히 알게 되는 學文인 것이다.

왜냐하면. 두 學文이 추구하는 목적은 하늘의 자연적自然的인 법칙法則을 깨달아 人間的인 욕심을 버리고, 자연自然과 일체一體가 되려는 自然의 거대한 흐름을 적극적으로 수용하려는 것이기 때문이다. 즉 우주의 自然과 질서정연한 이치와 변화원리를 깨닫고, 우리민족의 정신精神세계와 전통傳統문화를 근원적으로 파악하고 올바르게 이해하게 된다.

그러므로 두 學文은 상호 보완적일 수밖에 없는 것이며, 사주四柱를 올바르게 이해하기 위해서는 성리학性理學적인 공부가 필요하고 마찬가지로 성리학에서 가장 중요시 여기는 사단칠정四端七情을 끊고 성인聖人의 길에 접어들기 위해서는 <사주학

四柱學>의 방법론이 절대적으로 필요한 시점이다.

　그것은 <사주학四柱學>의 방법론이 自然에 존재하는 모든 것의 실체實體를 자세히 규명할 수 있는 수학적인 논리論理를 가지고 있기 때문이며, 현대現代의 學文에도 인문과학人文科學과 자연과학自然科學이 상호 보완적으로 공존하듯이,「주역학周易學」같은 형이상학적 이론을 형이하학적 계산이나 실험으로 증명하는 것은 완벽한 진리眞理를 얻어 득도 할 수 있는 지름길이기 때문이다.

　이러한,「역학易學」이 아무런 가치가 없거나 허무맹랑한 學文이었다면, 이미 그 옛날, 오래 전에 사장되어 없어졌을 것이다.「역학易學」이란 단순하게 길흉화복吉凶禍福만을 추구하는 점술의 차원을 넘어서「역학易學」을 통해 큰 줄기의 도도한 흐름을 지속하는 우리나라 전통 인간성을 自然과 더불어 순응順應하는 올바른 가치관과 도덕성을 지켜나가고 싶은 바램이다.

　일제 강점기에 우리의 정신문화精神文化를 여지없이 짓밟아 놓은 일제의 만행에 의해 서양문화西洋文化의 소산인 기독교에 의해 한때나마 미신으로 전락한 적도 있었으나,「역학易學」은 현재現在, 이 시점에서 본다면 많은 사람들이 연구하고 일반 대중들의 관심도 또한 부쩍 늘어가고 있는 실정인 것은 분명한 사실이다. 물론 지난 2000년 8월 25일자 한국일보 발표를 보면 서울 동국대학에서 정식 學文으로 인정받고 박사가 배출되었으며, 세계적인 미국 하버드대학에서도 우리나라의 역리학자易理學者를 초빙하여 역학과 개설의 가능성을 타진하고 발전해 나가고 있는 것 또한 사실이다.

그러므로 이제 곧 전국의 여러 명문대학에서 역학과 학생을 모집하게 될 것이고, 우수한 <命理學士>가 대량으로 탄생되고, 국가에서 실시하는 자격시험을 거친 학자學者들이 위상을 높이고, 運命상담하는 날이 곧 올 것이다. 그렇게만 된다면 <명리학命理學>은 진정한 대중의 學文으로 자리 매김이 될 것이라고 기대해 본다.

현대의 한국韓國에「역학서易學書」를 거론하자면 자강自彊 이석영李錫暎선생님부터 꼽을 수 있다. 그는 평안북도 삭주군 삭주면 남평리에서 1920년에 부농의 아들로 태어났다. 환경적으로 어려서부터 그의 조부의 영향을 많이 받았는데, 그의 조부는 이양보라고 이미 명리학에 조예가 깊은 사람이었다. 당시 한국의 시대적 배경은 일제탄압 이후와 6.25한국전쟁을 겪고 난 후의 혼란기에서 중국의 古典을 의지해가며 명리학을 해독하고 어려운 공부를 맞추는 쾌거를 이루어 냈다. 이석영李錫暎선생님은 드디어 명리학계의 동의보감이라 칭할 수 있는 전6권으로 된[사주첩경]을 저술하였다. 이 사주첩경의 최대 강점은 통변술에 도움이 많이 되는 실전해독능력을 한껏 끌어줄 수 있는 주축이 된다는 점을 높이 살 수 있다. 아깝게도 1983년에 생을 달리하셔서 지금은 고인이 되었지만 아직도 많은 후학도 입에 오르내리는 우리나라 명리학의 발전에 큰 위치를 차지하고 있다.

참고로 자강自彊 이석영李錫暎선생님의 명식을 거론하자면 庚申年, 壬午月, 壬子日, 己酉時 生이다.

다음으로 도계陶溪 박재완朴在玩선생님을 꼽는다. 도계는 1903년 대구에서 태어났다. 10세 전에는 곽면우 선생 門下에 입문하여 「四書三經」을 수학하였다. 곽면우는 舊 韓末 시절 영남 嶺南의 유명한 유학자이고, 독립운동가이며, 道學에 조예가 깊은 분이었다. 도계는 곽면우의 영향을 받아 독립운동을 하려고 중국으로 건너갔다가 그 곳에서 독립운동가 단체 내부의 파벌싸움을 목격하고 난 후에 심경의 변화가 왔다. 人間事에 환멸을 느끼고 당시 中國에서 命理學으로 명성이 높던 왕보 선생의 門下로 입문하여 <태을수>, <황극수>, <명리학>을 사사 받게 되었다. 그 후 귀국하여 1928년 26세가 되던 해에 금강산 돈오암을 거쳐 곳곳의 명산대찰에서 수도생활을 하였다. 그는 命理學은 이론을 거친 다음에 수십 년간 入山해서 자신의 內面世界를 들여다 보는 어떤 경지를 찾으려 했고, 그것을 알기위해서는 반드시 수련과정을 거쳐야 한다고 생각했다. 그러면서 마지막으로 한말은 "이 세상에 태어난 날짜도 정해져서 왔듯이 죽는 날짜도 정해져 있다."고 말하였고, 자신의 죽는 시간까지 알았다고 한다. 그때가 1992년으로 타계하였다.

그가 살아서 남긴 저술서로는 [명리요강命理要綱]과 [명리사전命理辭典]이 있고, 사후死後에 그의 제자들이 간행한 [명리실관]이란 저술서가 남아있다. [명리요강]은 명리학에 대한 핵심적인 원리를 요약한 책이고, [명리사전]은 그 원리들을 사례별로 풀어놓은 책이다. 또 [명리실관]은 도계가 生前에 직접 사람들을 상대하면서 사주를 본 실제 임상기록이다. 이책을 일명 '간명지看命誌'라고도 부른다.

참고로 도계陶溪 박재완朴在玩 선생님 명식을 거론하자면 癸卯年, 甲子月, 乙亥日, 丁亥時 生이다.

그 다음으로 제산霽山 박재현朴宰顯 선생님인데, 일명 귀신같이 잘 맞춘다는 부산 박도사로 더 잘 알려져 있다.

제산은 1935년 경남 함양군 서상면 극락산자락에 에서 태어났는데 그곳에는 地氣가 乙亥明堂의 기운을 받고 태어났다고 한다. 제산의 얼굴은 원숭이 형의 관상이었는데 어려서부터 한번 글자를 보면 단번에 외워버리는 천재성이 나타나 '서상에 신동이 나타났다고 소문이 퍼져나갔다고 한다. 제산은 이미 약관을 지나면서 지리산 등지에서 수련을 하여 대각대통大覺大通을 향한 웅지를 품고 평생을 명리견성을 위한 수도정진을 보여

준 이 時代의 命理學者이자 道人이다.

  1965~1971년까지는 가야산 해인사 등지에서 수련정진하였고, 1978년에 계룡산에서 수도정진 中 <선불가진수어록仙佛伽眞修語錄>을 편저했다. 1987年 에는 재야 道學人 33명을 규합해서 '진단학회眞丹學會'를 설립하기도 했고, 1994년에는 수련도관으로 자신이 태어난 함양군 서상면 옥상리에 '덕운정사德雲亭舍'를 건립하였다. 이것은 평생에 유불선儒佛禪을 넘나드는 방통한 학문적 탐구와 수련의 德이었음은 두말할 것이 없다. 후학들에게도 사생결단死生決斷, 불광불급不狂不及의 精神을 강조하고, 혹세무민惑世誣民의 우愚를 범하지 말라 당부하고 오직 工夫와 修行에 지극정성을 다하여 法을 온전히 보라며 작고하였다고 전한다. 그때가 2000년이었다.

  참고로 제산霽山 박재현朴宰顯 선생의 사주명식은 乙亥年, 戊子月, 丁卯日, 己酉時 生이다.

  다음으로 법조인이었던 백령관白靈觀선생이 지은 [사주정설四柱精說]등이 전傳하고 있다.

  일본日本에서는 '아베'라는 인물이 등장하여 일본의 [추명학]을 한 단계 끌어 올렸다. 그는 메이지 대학 출신으로 中·日 전쟁 때 종군기자로서 북경에 주재하게 되었는데, 그 때부터 중국의 四柱八字에 관한 문헌을 광범위하게 수집하였는데 그가 일본으로 돌아올 때 가져온 모든 역학문헌들의 량量은 무려 트럭 한 대 분량이었다고 한다.

그 후 일본에 와서 많은 저서를 저술하였는데「역학계易學界」에서는 아부태산阿部泰山, 아부희작阿部熹作의 [사주추명학전집四柱推命學全集]이 유명하며, 고목승高木乘의 [사주추명학四柱推命學]이 있다.

2. 사주통변 요령백서

　이글을 읽으시는 분이라면 이제까지 나름대로 <명리학> 공부가 잘 돼 있으리라 믿는다. 하지만 막상 상담자를 앞에 놓고 보면 무엇부터 봐야 할지 막막해진다. 처음 시작부터 잘 풀어나가야 능숙하게 자신감이 생기고 상대에게 좋은 인상을 남길 수 있다. 易學 실력도 중요하지만 프로역술가라면 상담통변술 역시 능숙해야 하겠고 자신만의 노하우를 개발하여 남달리 보는 노련함을 길러야 하겠다.

여기서 프로 역술가의 간명자세를 한마디 거론하고 싶다.

　<명리학>을 공부한 프로 역술가는 어찌보면 '명리학자命理學者'이지 사람의 운명運命을 예언하는 예언자는 아니고 점쟁이는 더욱 아니다. 한 사람의 운명을 상담하는 상담자의 입장에서 간명看命하는 마음이 기본자세이다.
　사람의 목숨을 다루는 의사는 의술분야에서 훌륭한 교수님 아래에서 전문적인 의학서적과 함께 수많은 임상과 경험적 시간을 소비하면서 사람의 人命에 대해서 연구를 하는 사람이라고 볼 수 있다. 그런데 사람이 아파서 병원엘 가면 의사는 환자에게 먼저 물어본다. 어디가 아픈지, 언제부터 아팠는지, 무엇

을 먹었는지, 아픈 증세가 어떠한지 등등을 꼼꼼하게 물어보면서 치료할 수 있는 적절한 자료들을 참고하여 치료를 시작한다. 그렇게 묻고 치료를 해도 오진誤診이 나오고 실수하는 경우도 종종 있다.

  그렇다면 한 사람의 運命을 간명看命하는 같은 입장에서 보면 명리학자命理學者인 프로 역술가들도 의사의 진료방법처럼 그 사람의 살아온 과정過程을 물어보아야 하는 것이 정상이다. 그래야만 힘든 삶을 벗어나고자 상담하러 찾아온 그들에게 올바른 간명을 해줄 수 있다. 한 사람의 生年月日을 가지고 四柱八字를 토대로 운명을 간명할 때, 그 사람의 태어난 곳과 장소와 환경과 가족관이 큰 영향을 미치기 때문이다. 같은 生年月日을 가지고 있는 사람들을 주변에서 많이 보는데, 현실상에서 보면 다른 삶을 살거나, 아주 반대적인 삶을 살아가는 것을 보면 알 수 있을 것이다. 그렇기 때문에 사주명식四柱命式을 적으면서 그 사람의 태어난 곳과 가족관계나 주변 상황 그리고 특히 大運의 운로運路 변화기變化期에서 그 大運이 어땠는지, 무슨 일이 있었는지 세심하게 관찰해가면서 간명을 해야 실수를 범하게 되지 않을 것이다.

아주 간단히 핵심적으로 간명을 하는 방법

명식지 종류에서 본인에게 잘 맞는 명식지를 한 가지 선택한 다음 그 빈칸을 채우면서 기록을 한다.

첫째: 사주팔자를 정확하게 기입한다. 특히 시주時柱를 주의해서 네 기둥을 구성한다.
둘째: 대운주기大運週期 年과 대운로大運路를 정확히 100세 大運까지 기록한다.
셋째: 干支간의 合沖관계를 잘 살핀다.
넷째: 五行의 부족과 태과를 간과하여 日干의 强弱강약의 정도를 측정한다.
다섯째: 용신用神을 찾는다. 이때 희신喜神과 기신忌神도 함께 찾아낸다.
여섯때: 육친관계를 살피면서 통변성을 붙인다.
일곱째: 日柱를 기준으로 하여 심리상태를 분석한다.
여덟째: 각 자리마다의 성격궁, 사회궁, 직업궁, 가족 궁, 배우자궁, 학업운, 미래운 등을 대입해 본다.
아홉째: 현재의 大運흐름이 어떻게 흘러가는지를 보 고, 그 사람이 당면한 일을 用神을 기준으로 하여 세운歲運의 정황과 비교하여 길흉吉凶을 판단한다.

富貴가 비록 四柱명식에서 定해진다고 하지만 일의 吉凶은 大運의 흐름에서 작용을 하니 '八字가 좋은 것은 運좋은 것만 못하다'는 말로 대신한다.

1) 사주 명식 작성서의 종류

첫째;

生　年　月　日				時柱	日柱	月柱	年柱
이름		男　女					
태생지		평달 윤달					
五行구성				육친	**我**	육친	육친
水　木　土　金　火							
				육친	육친	육친	육친
조후	용희 신		지장간				
보우	격국		12운성				
사령	신강 신약		12신살				
공망	過多	木多水及	각종신살 및 귀인				
체질	三災						
113	103	93	83	73	63	53	43	33	23	13	3
									丙辰	乙卯	甲寅
육친											
신살											
12운성											

둘째;

		男女 음/양 윤달	年　　月　　日　　時			
					用神	
					喜神	
					空亡	
8	7	6	5	4	3	2	1	대운

2020	2019	2018	2017	2016	2015	2014	2013	2012	2011	20
庚子	己亥	戊戌	丁酉	丙申	乙未	甲午	癸巳	壬辰	辛卯	庚

메모 :

연락처 :

		男女 음/양 윤달	年	月	日	時
						用神
						喜神
						空亡
	8	7	6	5	4	3	2	1	대운

10	2009	2008	2007	2006	2005	2004	2003	2002	2001	2000
寅	己丑	戊子	丁亥	丙戌	乙酉	甲申	癸未	壬午	辛巳	庚辰

12	11	10	9	8	7	6	5	4	3	2	1	2008
乙丑	甲子	癸亥	壬戌	辛酉	庚申	己未	戊午	丁巳	丙辰	乙卯	甲寅	월건 음력

방문일   년 월 일

셋째;

김현호	음 1981 年 03 月 02 日 12 時		
庚 午	甲 寅	壬 辰	辛 酉
丙己丁사	戊丙甲건	乙癸戊쇠	庚辛태
金	木	水	金
火	木	土	金

91	81	71	61	51	41	31	21	11	1
壬午	癸未	甲申	乙酉	丙戌	丁亥	戊子	己丑	庚寅	辛卯
사	묘	절	태	양	생	욕	관	록	왕

用神	

2009	己丑	丙寅/丁卯/戊辰/己巳/庚午/辛未/壬申/癸酉/甲戌/乙亥/丙子/丁丑
2010	庚寅	戊寅/己卯/庚辰/辛巳/壬午/癸未/甲申/乙酉/丙戌/丁亥/戊子/己丑
2011	辛卯	庚寅/辛卯/壬辰/癸巳/甲午/乙未/丙申/丁酉/戊戌/己亥/庚子/辛丑
2012	壬辰	壬寅/癸卯/甲辰/乙巳/丙午/丁未/戊申/己酉/庚戌/辛亥/壬子/癸丑
2013	癸巳	甲寅/乙卯/丙辰/丁巳/戊午/己未/庚申/辛酉/壬戌/癸亥/甲子/乙丑
2014	甲午	丙寅/丁卯/戊辰/己巳/庚午/辛未/壬申/癸酉/甲戌/乙亥/丙子/丁丑
2015	乙未	戊寅/己卯/庚辰/辛巳/壬午/癸未/甲申/乙酉/丙戌/丁亥/戊子/己丑
2016	丙申	庚寅/辛卯/壬辰/癸巳/甲午/乙未/丙申/丁酉/戊戌/己亥/庚子/辛丑
2017	丁酉	壬寅/癸卯/甲辰/乙巳/丙午/丁未/戊申/己酉/庚戌/辛亥/壬子/癸丑
2018	戊戌	甲寅/乙卯/丙辰/丁巳/戊午/己未/庚申/辛酉/壬戌/癸亥/甲子/乙丑
2019	己亥	丙寅/丁卯/戊辰/己巳/庚午/辛未/壬申/癸酉/甲戌/乙亥/丙子/丁丑
2020	庚子	戊寅/己卯/庚辰/辛巳/壬午/癸未/甲申/乙酉/丙戌/丁亥/戊子/己丑
2021	辛丑	庚寅/辛卯/壬辰/癸巳/甲午/乙未/丙申/丁酉/戊戌/己亥/庚子/辛丑
2022	壬寅	壬寅/癸卯/甲辰/乙巳/丙午/丁未/戊申/己酉/庚戌/辛亥/壬子/癸丑
2023	癸卯	甲寅/乙卯/丙辰/丁巳/戊午/己未/庚申/辛酉/壬戌/癸亥/甲子/乙丑
2024	甲辰	丙寅/丁卯/戊辰/己巳/庚午/辛未/壬申/癸酉/甲戌/乙亥/丙子/丁丑
2025	乙巳	戊寅/己卯/庚辰/辛巳/壬午/癸未/甲申/乙酉/丙戌/丁亥/戊子/己丑
2026	丙午	庚寅/辛卯/壬辰/癸巳/甲午/乙未/丙申/丁酉/戊戌/己亥/庚子/辛丑
2027	丁未	壬寅/癸卯/甲辰/乙巳/丙午/丁未/戊申/己酉/庚戌/辛亥/壬子/癸丑
2028	戊申	甲寅/乙卯/丙辰/丁巳/戊午/己未/庚申/辛酉/壬戌/癸亥/甲子/乙丑
2029	己酉	丙寅/丁卯/戊辰/己巳/庚午/辛未/壬申/癸酉/甲戌/乙亥/丙子/丁丑
2030	庚戌	戊寅/己卯/庚辰/辛巳/壬午/癸未/甲申/乙酉/丙戌/丁亥/戊子/己丑
2031	辛亥	庚寅/辛卯/壬辰/癸巳/甲午/乙未/丙申/丁酉/戊戌/己亥/庚子/辛丑
2032	壬子	壬寅/癸卯/甲辰/乙巳/丙午/丁未/戊申/己酉/庚戌/辛亥/壬子/癸丑
2033	癸丑	甲寅/乙卯/丙辰/丁巳/戊午/己未/庚申/辛酉/壬戌/癸亥/甲子/乙丑

넷째;

　이름

貴人						
天盤						
地盤	子	丑	寅	卯	辰	巳
局數	1	2	3	4	5	6
行年命						

메모 :

1981 年 03 月 28 日 12 時

午	未	申	酉	戌	亥
7	8	9	10	11	12

다섯째;

성명		男	女
생년월일		平	閏
감정일			

調候用神	
司 令	
格 局	
空 亡	

五行 過及	
木	
火	
土	
金	
水	

메모:

지장간	
12운성	
12신살	
귀인	

73	63	53
사	병	쇠

丑月	子月	亥月	戌月
12	11	10	9

43	33	23	13	3
왕	록	관	욕	생

酉月	申月	未月	午月	巳月	辰月	卯月	寅月
8	7	6	5	4	3	2	1

여섯째;

姓名

● 五行 過及

● 陰陽五行

| 年 | 月 | 日 | 時 | 平閏男女 |

時	日	月	年

93	83	73	63	53	43	33	23	13	3
									庚戌
									욕
									偏財
									망신살

2) 사주통변의 순서와 상세분석표

명식지에 상담자의 生年月日을 쓴 다음 만세력을 참조하여 四柱 네 기둥과 대운로大運路를 정확하게 기록한다. 大運의 나이 代를 넉넉하게 100세 大運까지 뽑는 것이 좋겠다. 이때 四柱와 대운로를 기록하면서 말없이 펜만 굴리고 있다면 상담자는 매우 답답하고 초조해 한다. 기록을 하면서 기본적인 멘트와 자연스럽게 주변상황을 몇 마디 오가는 것이 상담자를 안심시킬 수 있고, 집이 어느 쪽이냐, 라든지, 직장이 이 근처냐 라고 물으면 상담할 때 참고가 된다.

두 번째로 四柱명식지가 모두 채워졌으면 <u>부족하거나 없는 五行이 무엇인지, 태과한 五行이 무엇이며 그 五行이 어떤 역할을 하는지 특성</u>을 파악하고 분석한다.

세 번째로 <u>四柱 여덟 字의 글자별 인자因子분석과 그룹을 형성하고 있는 글자들의 계통系統별 특성, 즉 생왕묘지生旺墓支, 간합干合, 삼합三合, 방국方局</u> 등을 파악하고 분석한다.

네 번째로 <u>일간日干과 다른 干支의 통근通根과 투간透干 여부와 干支와 다른 干支와의 관계</u>를 파악하고 분석한다. 각 五行

별로 득령得令관계, 득지得地관계, 득세得勢의 여부를 살핀다. 여기까지는 五行과 인자因子의 특성, 干支끼리의 특성을 파악하고 분석한 것이다.

다섯 번째는 地支 네 글자끼리의 상충相沖관계와 형충파해刑沖破害관계를 한눈에 살필 수 있어야 한다.

여섯 번째 四柱 여덟 字의 글자별 육친六親과 각 六親과의 관계와 특성을 비교하여 파악하고 분석한다.

일곱 번째는 네 地支 밑의 지장간地藏干의 여부와 암장되어 있는 六親을 분석한다.

여덟 번째는 四柱의 격국용신格局用神이나 조후용신調候用神을 찾아내고 분석한다. 용신이란 해당 四柱에 꼭 필요한 쓰임새이고 사회활동이나 직업선택, 적성 등에 용이하게 쓰인다.

아홉 번째로 四柱 네 기둥 밑에 천을귀인天乙貴人, 공망空亡, 삼재三災, 양인陽刃, 12運星, 12신살神殺 등을 日干을 기준으로 꼼꼼히 파악하고 분석한다.

열 번째로 四柱에 타고난 원천적인 그릇의 크기와 복덕福德의 유무有無를 파악하고 분석한다. 여기에서 부모와의 복덕, 배우자 인연, 자식의 인연, 청소년기의 학업운, 사업, 직업관계, 금전 재물관계, 명예의 등급과 한계, 수명과 건강에 관한 특징을 파악한다.

마지막으로 大運과 세운歲運이 四柱에 미치는 영향과 특성을 파악하고 분석한다.

四柱와 大運과 歲運을 통합하여 분석하고, 상담자의 궁금 사항을 파악하여 해결책을 제시한다.

사주통변의 상세분석

(1) 四柱와 대운로大運路를 정확하게 기록한다.

★ 사주통변의 가장 중요한 것은 정확한 四柱 네 기둥과 대운로大運路를 작성 기록하는 것이다.

★ 상담자가 불러주는 生年月日時를 꼭 만세력을 보고 확인하여 적는다. 이때 실제나이, 띠, 生年, 음력, 양력, 생시生時, 胎生地태어난 곳 등을 확인하여 작성하는 습관을 기른다.

❋ 生年을 작성할 때 상담자가 불러준 나이를 무슨 띠냐고 또는 몇 年生이냐고 꼭 확인하고 작성한다. 특히 음력 12월생인 경우, 집에서 부르는 나이와 본인이 쓰는 나이가 다르고 띠도 다른 경우가 종종 있으니 출생년도를 정확히 대조하여 본다.

❋ 간혹 주민등록상의 생년월일을 말하는 사람이 있으니 주의해야한다.

❋ 상담자가 알려준 생일이 양력인지 음력인지를 확인한다. 요즘 젊은 사람들은 거의 양력생일을 쓰고 있다.

❋ 출생지, 태생지, 탯줄 자른 곳, 성장지 등을 참조하여야 한다. 그래야만 정확한 시주時柱를 뽑을 수가 있다. 그리고 50대 이후의 四柱는 태어난 장소에 따라서 많은 변화가 있다. 1960년

代 전라도 출신들은 정치적 상황과 지역의 인맥人脈이나 학맥學脈 때문에 군관軍官등의 관료직 보다는 의학계醫學界나 법조계法曹界에서 두각을 나타내는 성향이 있다. 기업체企業體에서도 S그룹 등의 대기업에서는 고위직에 오르기가 쉽지 않았다.

✽ 개인의 운명運命은 태어난 국가國家에 따라서도 크게 달라진다. 生日이 같더라도 북한과 남한 태생의 사회적 활동과 재산의 비교 등이 현저히 차이가 난다.

✽ 외국 태생자들은 현지시각을 적용하여 시주時柱를 산출한다.

✽ 월주月柱를 정확하게 세운다. 특히 절입節入시간을 정확히 확인하고, 사령司令도 정확히 한다.

✽ 시주時柱 작성시 표준시와 자연진시自然眞時 기준을 정확히 하고, 야자시夜子時와 조자시朝子時도 확실하게 구분해야 한다. 또한 섬머타임이 실시되었던 시기에 해당하는지를 정확하게 파악하는 것이 올바른 시주時柱를 뽑는 법이다.

― 時柱는 眞時를 적용하는 것을 원칙으로 한다. 태생지에 따라서 다르겠지만, 서울 태생이라면 현재 통용되는 시간에서 32분 정도 늦춘 시간을 쓴다.

― 야자시夜子時와 조자시朝子時도 구분없이 오늘밤 11시30분이 넘으면 다음날 日辰을 쓰는 것을 원칙으로 한다. 꼭

나눌 필요까지 없다.
- 썸머타임이 시행되는 해에 때어난 사람은 원래의 실시간으로 환산하여 작성한다.

＊ 時를 모를 경우에는 三柱만 가지고 그냥보거나 四柱를 통변하면서 정한다.
- 生時를 모르는 경우, 時柱를 제외한 三柱를 중심으로 통변하는 것을 원칙으로 한다. 三柱 중심의 통변에서 볼 때 時柱가 차지하는 부분이 자식, 성격, 지향하는 방향, 중년이후의 부부관계나 가정생활 등을 중점으로 파악하는 자리인 만큼, 지금까지 살아오면서 나타난 결과를 가지고 역으로 時柱를 추정해보는 방법이 확률적으로 정확하다.

출생시를 모를 때 추측하는 예전 방식 :

① 사주 구성이 양陽이 많은지 음陰이 많은지를 파악해서 쓰는 방법이다.
사주 여섯 자가 양이 많으면 子·寅·午·申·戌時를 쓰고, 사주 여섯 자가 음이 많으면 丑·卯·巳·未·酉·亥時를 쓴다. 이 방법은 음양의 조화를 고려한 원리인데 사주의 순양이나 순음인 경우도 많아서 적중률이 낮다.

② 부모의 사망死亡 시기를 가지고 판단하는 방법이다.
부父가 먼저 사망한 사람은 子·寅·午·申·戌時를 쓰고, 모母가 먼저 사망한 사람은 丑·卯·巳·未·酉·亥時를 쓴다는 원리인데 이 경우도 타당성이 약하다. 형제가 여럿인 경우를 보았을 때 형과 동생의 時가 다를 수 있기 때문이다.

③ 생김새의 체형을 보고 판단하는 방법이다.
키가 좀 작고 다부진 체형은 子·午·卯·酉時를 쓰고,
키가 크고 얼굴이 길고 귀가 큰 체형은 寅·申·巳·亥時를 쓰고,
얼굴이 둥글고 넓적한 체형은 辰·戌·丑·未時 출생으로 보는 원리인데, 이 원리가 적중률이 가장 높고 타당성이 있어 참고할 만하다.

④ 잠버릇으로 참조하여 판단하는 방법이다.
반듯하게 누워서 자는 체형은 子·午·卯·酉時를 쓰고,
옆으로 비스듬히 누어서 자는 체형은 寅·申·巳·亥時를 쓰고,
엎드려 자거나 웅크리고 자는 체형은 辰·戌·丑·未時 출생으로 보는 원리인데, 이 원리는 子·午·卯·酉는 각

오행의 중심 字로써 곧고 강직한 면이 나타나므로 잠자는 습관이 똑바로 누워 자는 것이라고 보는 이론인데 약간의 타당성은 있다.

― 生時를 모르는 경우, 흔히 적용하는 '父先亡, 母先亡'을 묻거나 '잠자는 습관', '부모의 나이', '머리의 가마위치' 등을 가지고 時를 추정하는 방법은 논리적으로나 확률적으로 볼 때 정확성이 떨어지고 미비한 점이 많으나 앞 장을 참조하여 종합적으로 유추판단해서 사용하는 것이 옳은 방법이다.

✽ 時의 경계가 불분명한 경우, 2가지 時柱를 세워 참고하되, 다가오는 시간에 중점을 두어 먼저 관찰한다. 예를 들어보면 오후 세시경인데 확실히는 모르겠다. 라고 해서 未時인지 申時인지 불분명할 때에는 앞으로 오는 시간을 더 중점을 두고 파악해 본다.

✽ 大運 작성이 정확한지 확인해 본다.
특히 대운수를 살펴보고, 현재 대운을 확인하고, 접목대운이라든가 합기대운이 언제쯤인지 살펴본다.
― 大運이 정확하게 쓰였는지 확인하는 방법은, 다섯 번째 大運 天干은 月干과 슴이 되고, 여섯 번째 大運의 地支와 月

支는 충이 되어야 맞으므로 이런 방법을 활용한다.
- 大運 수數를 정확히 파악하고, 현재의 大運 干支에 쉽게 알아볼 수 있도록 표기해 둔다. 辰戌丑未大運(접목대운)이 언제 지났는지 또 다가오는지 확인하고 통변에 참고로 한다.

※ 부족한 五行을 찾아보고, 육친관계, 지장간, 공망, 합충, 형충파해, 삼재, 12신살, 12운성, 천을귀인, 문창귀인, 원진, 양인 등을 사주명식지에 표기한다. 이것이 충분해야만이 상담자를 제압할 수 있는 기氣가 많아지는 것이다.

※ 만일 컴퓨터로 명조를 작성할 경우, 앞에 사항들을 자신이 쉽게 알아볼 수 있도록 체크해서 본다.

(2) 부족하거나 없는 五行·육친과 <u>태과한 五行·육친의 역할과 특성을 분석한다.</u>

※ 四柱원국에서 그 사주의 가장 특징적인 것을 빠르게 파악하여 통변하는 방법은 부족不足한 오행과 육친이나 태과太過한 오행과 육친을 적용하는 것이다. 이에 해당하는 오행과 육친은 운명의 결정적 열쇠역할을 하거나 화제로 작용한다.

✽ 부족不足한 오행과 육친의 작용을 분석한다.
- 전생부터 인연이 없거나 약한 것으로 간주한다. 그럼에도 불구하고 부족한 오행과 육친에 대한 미련을 버리지 못하고 끊임없이 생각을 많이 한다. 즉 부족한 오행과 육친은 일생의 화두에 해당한다고 통변하면 된다.
- 아쉬운 마음에 끝없이 채우려는 특성이 있다.
- 해당하는 오행과 육친에 대한 장점이 파괴되었거나, 가치관과 기준이 제대로 서 있지 못하고 관리도 제대로 못한다.
- 해당하는 오행과 육친에 대한 논리論理가 부족하거나 정신적인 결함이 있을 수 있다. 논리가 없다는 것은 막무가내, 무조건식이 될 수 있다. 편벽偏僻된 성품으로 나타나 적응력이 약弱하다.
- 운명의 끝없는 변수로 작용하며, 제한된 조건, 형식, 주어진 틀 안에서 쓸 수밖에 없다.
- 때로는 함정요소로 작용하여 매사가 지연되거나 지체되는 애로사항으로 나타난다.
- 인체적으로도 오장육부의 기능이 허약하거나 다른 장기에 미치는 영향이 나타난다.
- 사주 내에 없는 오행이나 육친을 파악할 때, 지장간에 있으면 있는 것으로 간주한다. 겉으로 드러나지 않았을 뿐이지 원국에는 가지고 있는 것이다. 단 조건부, 한시적, 제한적

으로 쓰인다.
- 원신源神(生해주는 五行)을 살핀다.

  木行이 없는데 水行이 많을 경우 자연스럽게 木行의 작용력이 나타나는 것이다.
- 없는 육친을 통변할 때에는 해당하는 육친의 자리를 꼭 참고하고 파악한다. 곤명坤命의 경우 남편인 관성官星이 없으면 日支에 있는 육친이나 신살, 십이운성들을 잘 살피고 통변한다.
- 없는 오행이나 육친의 경우, 대운로大運路에서의 유무有無와 경과여부를 잘 살펴 통변한다. 大運의 흐름에서, 없는 오행이나 육친이 보충될 경우 있는 것같이 작용을 하는데, 나타나는 작용력과 특성은 의외의 변수가 많으므로 잘 적용해야 한다. 즉 運에서 쓰고 나면 더 약해져 버리는 경우가 있다. 運의 초기에는 강하게 작용하는데 運이 끝나갈 무렵에는 처음과 다르게 약해지는 경향이 있다.
- 해당하는 오행과 육친으로 인한 결과는 그 사람의 취약점이 될 수 있고 아픈 상처가 될 수 있다.
- 없는 육친대신 다른 것이 발달하여 대타로 쓸 수 있는 경우가 가끔 있다. 그러나 이 경우도 세운歲運에서 오면 오히려 어색하거나 문제를 야기 시켜 부작용이 날 수도 있다. 大運에서 와도 干支로 오는지 뿌리가 없이 天干으로만 오

는지 등의 상태를 잘 파악하여 통변한다.
- 부족한 것과 없는 것을 극복했을 때는 큰 장점으로 작용할 수 있다. 있는 사람보다 훨씬 더 두각을 나타내고 발전할 수 있다.
- 부족한 오행이나 육친의 역할부족으로 인한 상대 오행과 육친에게 미치는 영향을 파악하고 분석한다.
- 水行이나 火行이 부족한 경우, 조후상태를 파악하는 것이 급선무이다.
- 五行중에서도 水, 火를 파악해야 한다.
온도와 습도를 본다는 것이다. 水, 火가 부족하거나 빠지면 조후가 시급함을 먼저 따져본다.

※ 태과하거나 혼잡한 五行과 육친의 작용을 분석한다.
- 전생前生부터 인연이 많은 것이고, 행동이나 성격에 강한 습성으로 나타난다.
- 어쩔 수 없이 그 육친의 특성에 끌려가거나 따라가는 행동을 하면서도 그런 자기 자신을 거부하거나 싫어한다.
- 해당하는 육친에 관한 인연이 자주 바뀌거나 활동에 변화가 많다. 재성이 많으면 재물의 변화가 많거나 男子의 경우 여자의 편력이 심하거나 활동공간에 변화가 많다.
- 혼잡한 육친은 정편正編의 좋은 이미지가 불순해지거나

단점으로 나타나기 쉽다. 길성吉星도 흉성凶星을 닮아가고 불순해지는 경향이 있다.
- 해당하는 육친의 가치관이 삐뚤어져 있어 감당하기 힘들고 상대 육친을 파극破剋하거나 도기盜氣하기도 한다.
- 태과하거나 혼잡한 육친은 해당하는 육친에 대한 비교평가를 많이 해보는 것이 좋다.
- 태과하거나 혼잡한 육친은 상대 육친의 有無에 따라 특성이 달라지고, 제화制化여부에 따라 많이 달라진다. 잘 제화시켜주는 육친은 그 사주에서 아주 귀한 역할을 하고 장점으로 나타난다. 즉 제화하는 육친운六親運이 오면 단점이 변해서 장점으로 나타난다.

※ 태과한 五行과 육친을 무조건 나쁘게 보지 말고, 주어진 상황을 받아들여 잘 극복하고 활용하면 그 육친의 능력을 빌려 잘 살 수 있으므로 그 방법과 해결책을 찾아 통변할 줄 알아야 한다.

※ 있어도 없는 것처럼 무력해진 五行과 육친과 없어도 있는 것처럼 보는 五行과 육친을 파악해야 한다.

※ 있어도 없는 것처럼 무력해진 五行과 육친을 파악하고 분

석한다.
- 四柱원국에 나타나 있으나 역할이나 기능이 크게 약해져서 있으나마나한 오행을 찾는다.
- 공망空亡, 합거合去, 기반羈絆(고삐에 묶여있는 모습), 沖이나 刑이 되어 크게 파극破剋된 五行은 있으나마나 하게 무력해진다.

❋ 없어도 있는 것처럼 보는 五行과 육친을 파악하고 분석한다.
- 공협拱挾(서로 껴안고 맞잡다)은 地支에 간격을 두지 않고 연이어 있을 때만 적용한다. 예를 들어 年支에 子가 있고, 月支에 寅이 있을 때 子와 寅사이에 丑이 있는 것처럼 간주한다.
- 공협은 밖에서 일어나는 외부적 환경에 활발히 반응하거나 육친의 역할을 뚜렷하게 하지는 않지만, 끼어들어 숨어서 정신적인 작용과 신살神殺로써의 역할을 나타낸다.
- 합화合化된 五行이나, 三合에서 반합半合이 간격을 두지 않고 연이어 있으면 나머지 글자를 불러들이는 작용을 말하는데, 예를 들면 子辰이 있으면 申을 항상 끌어들여 없어도 있는 것처럼 작용한다.
- 도충盜沖이란 허공에 있는 沖되는 기운을 끌어당겨 작용

함을 의미한다. 주로 水나 火에 해당한다. 예를 들면 대체적으로 水나 火가 地支에 3개 이상 몰려있을 때 허공에 있는 沖되는 기운을 끌어 당겨 작용한다.

(3) 四柱원국八字의 글자별 인자因子분석과 그룹을 형성하고 있는 글자들의 계통별 특성 즉, 生旺墓支, 干合, 三合, 方局 등을 파악하고 분석한다.

※ 干支의 각 글자들이 갖고 있는 한난조습寒暖燥濕을 파악하고 분석한다.

※ 干支의 각 글자들이 갖고 있는 時間性과 운동성運動性을 파악하고 분석한다.

※ 각 地支가 갖고 있는 시간적인 특성과 계절적인 특성과 동물들의 특성에서 나오는 인자因子들의 통변내용을 파악하고 분석한다.

※ 寅申巳亥, 子午卯酉, 辰戌丑未 등 계통별로 묶어서 특성을 파악하고 분석한다.

※ 寅卯辰, 巳午未, 申酉戌, 亥子丑의 방합국方合局에 대한 특성을 파악하고 분석한다.

— 方合局은 세력(힘)이 뭉쳐져 있는 것으로 태과한 五行이나 육친으로 비슷하게 나타날 수도 있다.

- 方合局은 평생을 두고 작용하는 중요한 역할을 하는 기본 바탕 그룹이다.

  전생前生부터 습성처럼 쌓아온 행동양식과 정서적 성품을 나타낸다. 또는 환경으로 습관적으로 쌓아온 삶의 바탕이 될 수 있고, 이것이 나아가서는 그 사람에게 어떤 문제가 생겼을 때 그 문제를 해결하는데 많은 영향을 미친다.
- 예를 들어 亥子丑이 방합국으로 인성에 해당하면 학문탐구나 전문적 연구직에 잘 맞는다. 또는 종교나 정신적인 활동이 삶의 바탕이나 도구 또는 생활방식으로 작용한다.
- 申酉戌 방합국이면 金局을 이루었는데, 특성을 보면 계절적으로 가을이라 쌀쌀하고, 차갑고, 수收, 의義, 혁革, 살기殺氣, 결실結實, 매듭, 마무리를 지을 줄 아는 특성을 지닌 삶으로 분석한다. 예를 들어보면 살기殺氣를 동원해서 개혁을 하거나 마무리하려는 특성이 잠재되어 있다.
- 寅卯辰 방합국이면 木局을 이루었는데, 특성은 어질고, 솟구치는 기운, 생명력으로 시작을 잘하고 밀고나가는 힘은 있지만 안정되지 못하고, 흔들리는 특성이 있다. 결단력도 약하고 매듭도 약하다. 그러나 인품은 온화하고 인정이 많고 매사가 긍정적이고 진취적이고 희망적이다.
- 巳午未 방합국이면 火局을 이루었는데, 특성은 태양을 의미하며, 뜨거운 여름, 광선, 타오르는 큰불, 폭발하는 성분

을 갖고 있는데, 세상을 골고루 비추는 공명정대하고 분명한 성품이고, 애매모호한 것을 싫어하고 명확한 것을 좋아하고 의욕적이며 파괴력도 있다. 포용력도 강하고 공격적이기도 하지만 화려한 대신 속은 빈 강정이다. 명랑 쾌활한 성격에 매사가 분명하고, 예의범절이 바르고, 명예욕이 강한반면 단점은 실천과 인내심이 부족하여 성급한 성격도 있고, 목적달성을 위해 폭력도 행할 수 있는 특성이 있다.

위와 같이 각 方合局들에 이러한 것이 습관과 정서적으로 습성으로 있는 것이다. 살아가거나 문제해결방식이 자신도 모르게 이렇게 움직이고 있다. 그래서 그룹별 또는 계통별로 구분해서 어떤 성분으로 무엇이 어떻게 차지하고 있는지에 따라 四柱해석의 상당히 중요한 요소로 작용하고 있다.

※ 亥卯未, 寅午戌, 巳酉丑, 申子辰 등 삼합이 갖는 목적과 특성을 파악하고 분석하는 것이 중요하다.
인간이 자신의 사주 안에 三合이나 方合이 있는 경우, 눈만 뜨면 꿈꾸는 게 삼합의 운동성이고, 나아갈 방향성만 떠올린다. 三合을 육친으로 대응해서도 해석해 봐야한다.

※ 三合은 사회적 목적을 달성하기 위해서 뭉쳐진 것이다.
- 三合된 육친에 대한 통변은 한마디로 요약해서 자나 깨나 끊임없이 추구하는 사회적인 활동성과 운동성, 그리고 방향성을 계획하고자 한다. 이것이 天干으로 투간透干되었다면 더욱 강하게 작용하며 나타난다.

※ 대세를 이룬 강력한 세력의 五行이 무엇인지 파악하고 분석한다.
- 나타나 있는 글자가 어떻게 그룹을 짓고 있고, 무엇이 대세를 장악하고 있는가를 파악하여 통변하면 절대 틀리는 일이 없다.
- 四柱원국에 세력이 강한 것은 버릴 수 없으니 그대로 취하여 사용하되, 四柱를 주도하고 이끌어 나가는 것으로 통변하면 된다.
- 단, 격국格局이나 신약신강身弱身強을 가리고 용신用神을 취하는 것은 사주통변을 세밀하게 하기 위한 일부분으로서 취하는 것이지 전부는 아님을 명심해야 한다.

(4) **日干과 다른 干支의 통근通根과 투간透干 여부, 干支와 다른 干支와의 관계를 파악하고 분석한다. (오행별, 득령별, 득지得地와 득세得勢의 여부)**
※ 日干과 다른 干支의 통근과 투간 여부는 그 사람에 정신적

精神的인 경향과 습성, 추구하는 방식과 겉으로 드러나는 사회활동社會活動 방향, 공간성空間性, 물상론적物象論的인 것을 통변할 수 있다.

＊ 天干의 그룹형성과 청탁淸濁상태를 파악하고 분석한다.
合으로 묶이거나 변질되거나 尅으로 제어된 상태를 보고 알 수 있다.

＊ 天干과 地支와의 관계를 파악하고 분석한다.
— 육친관계에 너무 치우치지 말고, 地支와의 관계에서 방국方局, 三合, 십이운성의 상태를 파악한다.
육친통변은 한 육친에 대해 일괄적으로 통변하지 말고 干支의 특성을 파악하고 분석하여 통변한다. 예를 들면 같은 상관傷官이라도 甲－午의 경우와 辛－亥의 경우를 달리 보아야 한다.

＊ 日支와 타 地支와의 관계를 方局, 三合, 刑沖破害, 空亡, 神殺관계 등을 분석한다.

＊ 12신살神殺의 각 神殺별로 특성을 파악하고 분석한다.
— 역마살驛馬殺, 망신살亡身殺, 장성살將星殺, 지살地殺, 화개살華蓋殺, 겁살劫殺, 육해살六害殺, 천살天殺, 재살災殺,

월살月殺, 년살年殺, 반안살攀鞍殺 등을 파악하여 해당 육친의 환경과 활동성을 통변한다.

※ 합과 형충刑沖등이 섞여있을 때의 특성을 잘 파악하고 분석하여 통변한다.

(5) 六親과 육친과의 관계와 특성을 비교하여 파악하고 분석한다.

※ 육친의 그룹별 상태를 파악하고 분석한다.
- 육친이 그룹별로 어떻게 연결되어 있는지를 파악한다. 예를 들어 재성財星이 있으면 원신源神이 되는 식상食傷이 있는지를 찾고, 이끌고 지켜주는 관성官星이 있는지를 찾아보고, 재성의 정신精神, 즉 머리와 뿌리를 잘 파악하고 분석하여 통변한다.

※ 편중되거나 없는 육친이 상대적인 육친과 어떠한 특성이 나타나는가를 육친의 다소多少를 보고 파악하고 분석한다.
- 육친의 다소多少는 직업적인 것과 사회적인 면을 연결해서 분석하고 통변한다.
- 재관인식財官印食 중에 많은 육친에 비해 상대적으로 적은 육친의 상태를 파악하고 분석한다.

예를 들어 재성財星이 많은데 식상食傷이 적은 사람, 관성官星이 적은 사람, 비겁比劫이 적은 사람 등으로 구분하여 분석한다.

— 태과太過한 육친은 희용신喜用神이 아니더라도 버리거나 이길 수 없는 조건에 해당하므로 그 특성을 잘 파악하고 분석하여 통변한다. 만약 황토가 많은 지역에서 사는 사람이라면, 집을 지을 때 좋든 싫든 간에 황토로 집을 지어야 쉬울 것이고, 황토를 이용한 사업을 하는 것이 우선이고, 또 그런 경우가 많다.

✱ 年月日時에 놓여있는 육친을 위치별 입장에서의 특성을 각각 파악하고 분석한다.

✱ 특히 凶神에 속하는 살성殺星, 상관傷官, 효살梟殺, 인살刃殺 등의 행방을 살피고, 해당육친이 무엇인가를 꼭 파악해야 한다.

✱ 상담자의 나이와 성별, 직업에 따라 각자의 상황에 따른 六親의 통변을 다르게 한다.

(6) 四柱의 격국용신(쓰임새, 사회활동)을 파악하고 분석한다.

[용신用神이란 말은 파자를 해보면 쓸用 字와 귀신神 字로 이루어져 있다. '用'이란 글자의 의미를 보면 /사용使用/소용所

用/애용愛用/무용無用 등으로 쓴다는 뜻을 담고 있고, 神은 중요하다는 뜻으로 받아들이면 된다.

神은 다만 중요하다는 것으로 받아들이지 말고 너무나 신기해서 그로인해 변화함을 헤아릴 수 없다는 것이다. 四柱八字에 여덟 글자만 가지고 한 사람의 과거, 현재, 미래를 알 수 있다는 것은 참으로 신기한 일이 아닐 수 없다. 문제는 과거, 현재, 미래의 일들을 알아내기 위해서는 필요한 用神을 찾아내야만 잘 활용할 수 있다는 말이다.

用神을 올바로 찾아내지 못하면 그동안 命理공부했던 것, 모든 이론들이 쓸모없이 가치가 없어진다. 아무짝에도 쓸모없는 이론을 가지고 분석을 해본들 올바르고 정확한 四柱통변이 나올 리가 만무이다. 굳게 닫힌 금고를 열려고 하는데 열쇠가 없으면 열리지가 않는 이치와 같다. 用神은 즉 '황금열쇠'이다. 用神을 잘못 찾아내면 해당 四柱의 당사자가 어떤 사람이며, 어떤 일을 해야하는 사람이고, 그릇의 크기가 얼마나 되는지, 현재 어떠한 상황이고, 언제 좋아질 것인지, 언제쯤 재물운이 들어오는지, 부부가 백년해로를 잘 할 것인지, 성공운은 언제 들어오는지, 자식은 잘 풀릴 것인지, 직장은 계속 잘 다닐 수 있는지, 시험에는 합격할 수 있는지 등등을 판단하기가 어렵게 된다. 정확한 用神이 산출되어야만 이 모든 인간사의 길흉사吉凶事를 올바르게 판정하고 알아낼 수 있는 것이다. 한마디로 말한다면

四柱 여덟자를 가지고 人間의 吉凶禍福을 판단하고 분석하는데 문제해결의 열쇠인 '用神'이 꼭 필요하다는 말이다.]

※ <u>月支를 중심으로 한 격국용신格局用神을 정하고 용신의 특성을 파악하고 분석한다.</u>
- 격국용신은 해당 四柱의 사회성, 대인관계, 직업을 파악하고 사주그릇의 크기, 명命의 고저高低와 청탁清濁을 파악하는데 가장 탁월하다. 특히 학생들의 진로와 적성을 비롯한 진학의 통변에 아주 중요하게 활용할 수 있다.

※ <u>그 중에서도 성격成格과 파격破格을 파악하고, 만약 파격이라면 파격의 정도의 크기를 분석한다.</u>

※ <u>四柱八字 中 격격의 用神은 격격을 살려주는 글자로써 해당 四柱에서 가장 필요한 글자로 용신用神을 정한다.</u>
- 이때에 특히 주의할 점은 日干의 강약强弱과 大運의 행로行路는 최대한 배제한다. 즉, 용희신用喜神은 운運을 의식하지 말고 四柱원국 자체에서만 찾아봐야 옳은 용신을 찾을 수 있다. 大運을 먼저 보려하면 四柱파악이 잘 안 된다. 大運은 접어두고 四柱자체에서 끄집어내려고 하는 기본자세로 습관을 갖는 것이 중요하다.

※ 四柱의 격이 이중격二重格에 해당한다면 이중격의 특성을 파악하고 분석하여 사회활동에 나타나는 선후先後를 구분하여 통변한다.

※ 格이 분명하거나 대세를 이룬 육친이 없는 짬뽕 사주로 분류가 된다면 관인국官印局, 식상국食傷局으로 단순화시켜 파악하거나 분석하는 것이 좋다. 또는 억부적抑扶的인 특성을 파악하고 분석하여 통변한다.
- 月支를 기준으로 어떠한 육친이 주도권을 잡고 움직이는 것을 살핀다.

  四柱원국에서 대세를 장악하고 있거나 그룹을 이룬 局이 그 四柱의 사회성을 끌고 나가는 경향이 강하다고 보면 된다. 이것이 格局用神을 대신해서 格用神으로 활용할 수 있는 방법이다.

(7) 天乙貴人 · 空亡 · 三災 · 12運星 · 12神殺 · 陽刃 등을 日干을 기준으로 꼼꼼히 파악하고 분석한다.

※ 어떤 글자가 貴人등의 吉神이 되고, 어떤 글자가 나쁜 뜻을 가진 흉살凶殺이 되는지를 파악하여 실제로 日干에게 어떤 영향을 끼치는지 경험한 자료를 활용하여 실증하여 본다. 특히 나타나지 않고 숨어서 작용하는 변화를 꼼꼼히 고려해서 판단한다.

✼ 천을귀인
- 어느 六親이 어느 자리에 있느냐에 따라서 역할이 많이 달라질 수 있다. 貴人이 있는데 그 貴人의 상태(空亡, 合沖)를 분석하여 貴人이라도 다 똑같은 역할을 하지 않음을 인지하고 통변한다.

✼ 空亡에 관한 특성을 파악하고 분석한다.
- 五行, 六親, 神殺, 위치별 空亡의 특성을 파악하고 분석한다.
- 세운歲運에서 空亡 運이 왔을 때 일어나는 일들, 사건, 사고의 근접다발성을 꼼꼼히 살피어 분석하여야 한다. 또 탈공脫空 했을 때 일어날 수 있는 일들도 파악하고 분석해야 한다.
- 空亡의 세밀한 분석은 각자 통변집을 통해 자료를 참고하기 바란다.

✼ 三災에 관한 歲年의 변화와 특성을 파악하고 분석한다.
- 12運星과 三合의 특성을 제대로 공부했다면 三災정도는 저절로 알 수 있으므로 12운성과 三災의 구성에 관한 이론적인 근거를 파악하고 통변한다.
- 三災를 계절개념과 시간개념으로 바꾸어서 통변하거나,

다시 四柱에서 중요한 역할을 하는 글자와 연결시켜 통변하는 요령도 실전에 활용해 본다.
- 三災에 해당하는 運에는 보편적으로 좋지 못한 일이 많이 발생하지만, 어떤 때에는 복삼재福三災라고 해서 역逆으로 예상외의 길경사吉慶事가 생기는 수도 있다. 복삼재福三災의 논리에 대해 파악하고 분석하여 통변한다. 복삼재福三災에 해당하는 사주는 대체적으로 편중偏重된 四柱에서 많이 볼 수있다.
- 三災에 해당하는 運에는 吉한 六親이라도 불안과 동요 속에 기복起復을 가지고 작용하며, 그 능력도 주도권이 약한 상태에서 나타난다. 특히 用神이 三災일 때 더욱 그러하다.

(8) 四柱에 타고난 원천적인 그릇의 크기와 복덕福德의 유무有無를 파악하고 분석한다.

※ <u>父母부모의 복덕福德과 배우자 인연과 자식의 인연 등을 파악하고 분석한다.</u>
- 年月柱의 재성財星이나 인성印星의 기운으로 소년시절의 父母德과 父母福을 파악하고 분석한다.
- 만약 年月柱에 강한 겁재가 자리 잡고 있다면, 父母가 유력하다하더라도 자신은 혜택을 보지 못하거나 객지로 출타하게 되고 또는 가족과 떨어져 독립된 환경에서 사는 경우

가 많다.
- 처와 자식의 인연의 有無라든가, 德의 有無라든가, 자식의 다소多少를 눈여겨본다. 그 四柱에 직접적으로 가장 궁금해 하는 것들이 六親 간의 인연이기 때문이다.

* 청소년기의 學業運, 적성, 직업진로(사업 또는 직장, 재물 또는 명예의 등급과 한계점)을 파악하고 분석한다.
- 학업운學業運은 격국용신格局用神의 짜임새와 두 번째 大運과 年月柱에 어느 六親이 있는지 등을 참고하여 적성과 전공 진로進路의 성향을 파악하고 분석한다.
- 전공과 연결시켜 직업職業과 재물財物의 수단과 方法, 경로 등을 파악하고 분석한다.
- 재물과 명예의 상한선을 간파하고 분석한 후에 大運을 살펴 실현 가능성을 통변한다.

* 수명壽命의 장단長短과 건강에 관한 특징을 파악하고 분석한다.

(9) 大運과 歲運이 四柱에 미치는 영향과 특성을 파악하고 분석한다.
* 四柱원국의 기본적인 인자因子 間을 정확히 파악하고 분

석해야하는 통변通辯이 가장 중요하고 어려운 것이다. 일단 四柱를 통달通達하면 大運과 세운歲運은 쉽게 분석할 수 있다.

※ 1. 부족한 오행을 갖추는가를 본다.
   2. 조후를 만족시키는가를 본다.
   3. 형충회합刑冲會合으로 깨지는 오행인지를 본다.
   4. 형충회합刑冲會合으로 살아나는 오행인지를 본다.
   5. 격국格局을 成하는가 破하는가를 본다
     大運은 체이며, 用입니다.

※ 大運은 四柱의 연속으로 보충작용을 하며, 月柱에서 적용되는 계절의 변화로 空亡 등의 통변은 크게 작용하지 않는다.
- 大運은 인생의 운로雲路에서 10년씩을 구분해 놓은 큰 흐름을 알 수 있는 프로그램이다.
- <u>각각 해당되는 나이 代에 10年동안 四柱원국에 주는 계절이요, 주거지나 환경으로 파악하고 四柱를 관리하는 위탁관리자로 통변한다.</u>
- <u>세운歲運은 그런 환경에서 일어나는 기후변화나 사건事件, 사고事苦, 현상現想 등으로 파악하고 분석한다.</u>

※ <u>辰戌丑未 大運과 合氣合氣대운과 여섯 번째 地冲大運과</u>

막 지나간 大運, 그리고 앞으로 다가올 大運의 특성 순서順으로 파악하고 분석한다.

접목대운接木大運이 辰戌丑未大運일 때:
이 大運에는 계절의 환절기와 같고,
도로의 인터체인지와 같아서 人生의 대변화를 가져오는 시점 時點이다. 즉, 결혼이나 이혼, 직업변동이나, 신상에 있어서 커다란 변화가 발생한다.

＊ 大運이 교체되는 時期는 아무리 좋은 運일 지라도 항상 변화가 많고 예측하기 힘든 일들이 많이 벌어지는 때이므로 세밀한 추론을 예상해야하고, 四柱의 주인공은 항상 근신하는 자세로 주의해야 한다고 이른다.

＊ 大運, 세운歲運의 天干은 日干을 비롯한 四柱원국의 天干과 대조하고, 地支는 四柱의 地支와 대비하여 보는 것도 요령이다.
  - 天干은 아울러 원국의 天干과의 合이나, 生剋관계에서 볼 때는 職業, 事業 등의 성패나, 外部에서 발생하는 事件 등, 社會的인 면과 精神的인 면을 살펴본다.
  - 地支로는 집안이나, 일터의 환경변화와 물질적인 것이나

육체적인 것 또는 內部的인 事件, 사고를 주로 살핀다.

＊ 합기대운合氣大運이라 함은 5번째 大運天干으로서 매우 중요한 시기이다.

이 時期는 누구나, 四柱 月干과 合이 되는데, 보통 40~50대에 해당되는데 이 運에는 예상치 못했던 많은 변화가 많이 온다.

天干의 合이 되는 大運은 주로 직장이나 사업 등의 사회적인 일과 외부적인 일에 변화가 일어나니 추명통변에 활용하면 좋다.

＊ 이때 각 해당되는 大運의 六親이 어떤 역할로 작용하는지 파악하고 분석한다.

＊ 大運이 좋고, 歲運이 나쁘면 그 작용력은 약弱하며, 반대로 大運이 나쁘고 세운歲運이 좋으면 세운의 좋은 작용은 크게 나타나지 않는다. 그러니까 大運의 운기雲氣가 歲運을 지배한다고 보면 되겠다.

(10) 大運과 세운歲運이 四柱에 미치는 영향과 특성을 파악하고 분석한다.

四柱와 大運과 歲運을 통합하여 분석하고, 상담자의 궁금 사항을 파악하여 해결책을 제시한다.

❋ 四柱원국이 잘 짜여져 있는 경우에는 大運이나 歲運 중에 어느 하나만 좋아도 運을 잘 활용할 수 있지만, 四柱원국이 나쁜 명식은 大運이나 歲運 중 하나만 나빠도 쉽게 運에 휘둘리고 고통과 재난을 당하기 쉽다.

❋ 四柱원국과 大運과 歲運에서 이루어지는 合沖의 변화와 특성을 파악하고 분석한다.
- 大運의 영향력은 沖하는 작용이 가장 먼저 나타나고, 合하고 生하는 순서로 작용력이 미친다.
- 合沖이 있을 때 통변은 合만 있으면 合만 하고, 沖만 있으면 沖만 하고, 만약 合沖이 같이 있으면 먼저 沖하고 결국에 合의 오행으로 작용한다고 생각하고 해석하면 좋다. 말하자면 沖 다음 合 다음 生의 순서로 풀면 문제가 없겠다.

 3) 사주통변의 기술적인면 묘법

(1) 용신用神으로 통변하는 법

먼저 첫째로 억부용신抑扶用神을 찾는다.
    둘째로 조후용신調候用神을 찾는다.

세 번째 병약용신病藥用神을 생각해라.

❋ 用神을 정할 때:

	조 건	필요한 용신
身強四柱일 때	印星이 많은 경우	財星을 용신으로 본다.
	比劫이 많은 경우	官星을 용신으로 본다.
	印 劫이 섞인 경우	食傷을 용신으로 본다.
	印星이 너무 많은 경우	印星을 용신으로 본다.
	比劫이 너무 많은 경우	比劫을 용신으로 본다.
	食傷이 많은 경우	印星을 제1용신으로 쓴다.
	官星이 많은 경우	印星을 제1용신으로 쓴다.
	財星이 많은 경우	比劫을 제1용신으로 쓴다.
	食財가 많은 경우	印劫을 겸용해서 사용한다.
	食財官이 많은 경우	印劫을 겸용해서 사용한다.
	食財官 너무 많은 경우	食財官이 용신이 되기도한다
	食傷이 너무 많은 경우	食傷이 용신이 되기도 한다.
	財星이 너무 많은 경우	財星이 용신이 되기도 한다.
	官星이 너무 많은 경우	官星이 용신이 되기도 한다.

❋ 병약용신病藥用神이란:

四柱네기둥과 여덟 자의 구성에서 어느 한쪽으로 五行이 많이 치중되어 있는 경우를 말한다. 이것을 病든 형세로 판단한다. 이 응용방법은 청나라 때 명리학자 '진소암'선생의 연구내용인데 그 내용을 보면 "病이 있으면 약藥을 처방해 복용해야 한다."고 문헌에 나타나 있다.

병약病藥은 무엇보다 日干이 중요하다. 日干은 그 사람의 주체이기 때문에 日干이 병들면 매우 심각한 것이다. 무엇이든 많거나 지나치면 병이 된다. 또한 지나치게 없어도 病이 발생한다는 것이다. 예를 들면 四柱에 한 가지 五行이 4~5개가 편중되어 있다면 너무 많이 편중되어 있으므로 태과한 五行이 病든 것이 된다.

(2) 定用용신으로 통변법

❋ 정용定用할 때의 주의사항
- 寅申巳亥는 그 속의 암장暗藏으로 정용定用이 가능 하다.
- 辰戌丑未는 暗藏定用이 불가하고 그 자체를 정용한다.
- 無根者는 不用원칙이나 신왕호설시에 상식은 無根 이라도 定用이 가능하고, 통관通觀시에도 無根者 定用이 가능 하다.
- 用神이 沖을 당하였거나 剋상자는 不用이나 월령이 나 合

으로 구함이 있으면 定用으로 쓴다.
- 女命은 用神보다 官殺의 향방이 우선하고, 다음으로 食傷이고, 세 번째가 用神이다.

❋ 用神의 허虛와 실失일 때:
- 用神이라 해서 만사형통이란 없다.
  왜냐하면 六親과는 달리 用神運에 상부喪夫하거나 상처喪妻 당할 수 있다.
- 用神은 고대 봉건주의 제도 下에 사회 환경 속에서 성립되어 男尊女卑의 思想이 짙고, 빈부貧富보다는 귀천貴賤을 중요시하였다.
- 用神을 정확하게 알았다고 해서 과연 추명통변에 도 잘한다고 단언할 수 있겠는지, 또는 用神을 모르면 추명통변이 절대 不可한 것인지 의문이 된다.
- 그렇지는 않다. 앞의 用神의 意味에서 밝힌 대로 用神은 吉凶을 판단하는 기준이고, 刑沖破害 合生 剋 六親 神殺 12운성 등을 종합하여 판단하는 것이기 때문에 用神이 절대적인 것이 될 수 없다. 그렇다고 用神을 몰라서는 더더욱 안 될 것이다.

※ 用神의 주용처는:
- 用神은 운로運路의 길흉성패를 좌우한다.
- 用神은 수요장단壽夭長短의 생사시기生死時期를 결정한다.
- 用神은 格局의 부귀빈천富貴貧賤의 심천深淺을 측정할 수 있다.
- 用神은 가정적인 運보다 사회적 財官運의 利, 不利를 판단하는데 주용한다.

※ 用神의 묘용처:
- 十六親用神에 의한 성격추리론性格趨利論
① **正印用神者**
품행이 단정하고 침착하며 모범적이고, 상당히 총명 하다. 이지적이며 고상하게 행동하려하며, 이해력이 빠르고 상식적이고 편파적이지 않다. 점잖고 선비스 타일이다. 도량은 넓으나 수완은 부족하다.
② **偏印用神者**
활달하고 재치 있고, 어딜 가든지 인기가 있다. 순간적인 아이디어가 잘 떠오르고 순발력이 뛰어나다. 주도치밀하고 섬세하며 총명과 다재다능하고, 수완과 눈치가 빠르고 머리가 잘 돌아간다. 반면에 변덕이 심하고, 유시무종有始無終 중봉重逢이

면 야비하다.

※ 運이 印星用神 運이면 父母, 祖上. 先生으로부터 뭔가를 이어 받는 현상이 생긴다. 문서에 관한 좋은 일이 있고, 文書, 契約, 賣買, 上章, 資格證, 許可 등과 관련된 일이 생긴다. 직업에 관한 전환점이 될 소지가 많고, 새로운 일을 추진한다. 건물 신축이나 자기 집으로 이사할 일도 생기고, 질병, 관재, 소송 건이 해결된다.

③ 正官用神者

지식이 풍부하고 언행이 단정한 아주 정확한 인격자 이다. 법대로 곧이곧대로 하는 공명정대한 괜찮은 사람이다. 도량은 넓으나 융통성과 수완이 부족한 것이 흠이다.

④ 偏官用神者

민첩하고 자신감이 강하고 우두머리 기질이 强하다. 호탕하고, 영웅적, 의협심, 義理에 희생하는 者이나 실속은 없다. 머리가 잘 돌아가고 권모술수權謀術數를 쓸 수 있는 사람이다.

※ 運에서 관성운이 오면 명예, 취직, 주변의 추대가 있고, 주변에 사람이 모인다. 관청과 좋은 일이 생기거나 男子라면 자식에게 좋은 일이 있다.

⑤ 傷官用神者

총명하고 재치 있고, 언변이 좋고 임기응변에 뛰어나다. 예리하고 권력과 정치세력에 대해 바른 말을 잘하고, 시비를 잘 따지며, 비판을 잘한다. 상관중봉傷官重逢이면 유아독존이거나 잔인하다.

⑥ 食神用神者

온후하고 다정다감하며 원만한 성격에 호감이 좋은 인상이다. 이해심 많고, 사교성도 좋고 재주, 재능이 좋다. 女子라면 살림을 잘하고 음식솜씨도 좋고 주변과 화목하다. 男子가 食神이 用神이면 福이있는 사람이다. 다봉多逢이면 완고하고 고지식하다.

＊ 食神運이 오면 건강이 좋아지고 男子의 경우 처가의 도움이 있을 수 있다. 몸도 불고, 재물도 늘어난다. 기억력도 좋아지고, 새로운 투자를 하게 된다.

⑦ 비견用神者

매사를 원만하게 평화적으로 타협하려한다. 협동적이고, 人情과 아량이 많고, 友情적이다. 중봉重逢이면 모가 나고 독선적이고, 人和부족이 된다.

⑧ 劫財用神者

솔직하고 담백한 스타일로 양보심이 많다. 자신감이 없어 보일만큼 양보를 잘한다. 안전위주의 행동을 한다. 의리와 신용을 중요시 한다. 하지만 중봉重逢으로 과다하면 투기성과 호기심이 많고 대담한 모험성도 내재되어있다.

＊ 比劫을 용신으로 쓰는 사람에게 比劫運이 오면 일단 자신

감이 넘치고, 생기가 있고 활발해진다. 독립하려고도 하고 동업을 하기도 한다.

⑨ 正財用神者

정직하고 성실하고 부지런하다. 검소하고 가정적이며 人情 많은 효성孝誠이 지극한 사람이다. 책임감이 투철한 사람으로 사업보다는 안정적인 일을 찾는다. 재복財福이 있는 사람이다.

⑩ 偏財用神者

개척정신開拓精神이 强하고 책임감이 투철하며 검소한 면도 있고, 재치가 있으며 배포도 크다. 한마디로 재복財福도 상당히 있으며 풍류기질도 있다. 민첩하고 수완도 좋아 가끔 횡재수도 있다. 사회적인융통성이 비범하다. 돈 잘 벌고 잘 쓰고 事業의 귀재라는 소리를 듣는다.

예외로 女子관계에 문제가 있을 수 있고, 正財는 돈이 저축되지만, 偏財는 돈이 남아나지 않는다.

＊ 運에서 財星運이 오면 투자나 財産이 불어나며, 실질적인 財産이 늘어나고 의외의 財物이 들어온다. 男女에게는 결혼운 結婚運이며, 배우자로 인한 경사가 생기고, 여행갈 運도 있고, 해외출행이 가능하다.

十天干으로 用神 쓸 때 이런 것이 좋다.

1) 甲木 用神일 경우

① 직업군職業群

신문사, 방송국, 언론계, 교육직, 교육사업, 학술계, 법관, 의약업, 한의원, 행정관, 측후소, 기상대, 천문학, 목재상, 가구상, 화원, 농림업, 철도청, 도로공사, 독서실, 표구업, 매표소, 간판업, 광고업, 서적출판, 문구점, 지물포, 직물업, 미곡상, 나무계통일, 보일러, 연료계통. 등

위의 職業이나 분야가 적성에 잘 맞으며 學校진로 선택을 이쪽으로 하여야 평생 직업 변동 없을 것이다. 만약 喜神이 水일 경우에는 수산업이나, 물에 관련된 직업도 좋고, 火가 喜神일 경우에는 언론계나 강사직, 불에 관련된 직업이 좋다.

② 吉方向

— 인묘진寅卯辰方向, 즉 東方이 가장 吉하다.

— 喜神이 水일 경우에는 北方도 좋다.

— 喜神이 火일 경우에는 南方도 좋다.

③ 因緣있는 者

— 甲生, 乙生, 寅生, 卯生의 배우자나 동업자가 인연자이다. 도움이 된다.

喜神이 水일 경우에는 壬生, 癸生, 亥生, 子生과도 인연이 좋다.

喜神이 火일 경우에는 丙生, 丁生, 巳生, 午生과도 인연이 좋다.

2) 乙木 用神일 경우
① 직업군職業群

의상디자이너, 의류업, 한복디자이너, 패션업계통, 교육직, 유아교육과, 약학과, 한의대, 보건전문대, 간호학과, 가수, 악기사, 화류계, 역술가, 점술가, 산림청, 목공예품점, 제지공장, 양복점, 가구점, 서점, 문구사, 의류, 커피전문점, 식당일체, 식육점, 청과물, 야채류, 곡물상, 식물원, 꽃집, 분재업, 목축업, 접대업. 등

위의 職業이나 분야가 적성에 잘 맞으며 學校진로 선택을 이쪽으로 하여야 평생 직업 변동 없을 것이다. 만약 喜神이 水일 경우에는 수산업이나, 물에 관련된 직업도 좋고, 火가 喜神일 경우에는 언론계나 강사직, 불에 관련된 직업이 좋다.

② 吉方向
- 인묘진寅卯辰方向, 즉 東方이 가장 吉하다.
- 喜神이 水일 경우에는 北方도 좋다.
- 喜神이 火일 경우에는 南方도 좋다.

③ 因緣있는 者
- 甲生, 乙生, 寅生, 卯生의 배우자나 동업자가 인연자이다. 평생 도움이 된다.

喜神이 水일 경우에는 壬生, 癸生, 亥生, 子生과도 인연이 좋다.

神이 火일 경우에는 丙生, 丁生, 巳生, 午生과도 인연이 좋다.

3) 丙火 用神일 경우
① 직업군職業群

법관, 정치인, 검찰계, 경찰계, 고위층 관직, 정보요원, 금융계, 의약계, 재정공무원, 세무사, 통신사업, 성악가, 아나운서, 방송국계열, 서예가, 예술인, 화학공장, 제련소, 고무제조업, 타이어상회, 석유공장, 주유소, 극장, 사진관, 백화점, 양품점, 미장원, 미용사, 온열기구, 용접공, 공업일체, 조명기구, 방사선, 화학약품, 연료, 필름, 간판, 가스, 악기상, 폭발물, 전자제품, 미용재료, 조류업, 주단포목, 건축업, 사채업자 등인데 財旺이나 官旺이면 의사, 침구사, 간호사, 역술가, 점술인, 유불선도 수도인, 종교인, 박수무당 등

위의 職業이나 분야가 적성에 잘 맞으며 學校진로 선택을 이쪽으로 하여야 평생 직업 변동 없을 것이다. 만약 喜神이 木일 경우에는 나무에 관련된 직업도 좋고, 土가 喜神일 경우에는 건축계나 흙에 관련된 직업이 좋다.

② 吉方向
- 사오미巳午未方向, 즉 南方이 가장 吉하다.
- 喜神이 木일 경우에는 東方도 좋다.
- 喜神이 土일 경우에는 南西間方도 좋다.

③ 因緣있는 者
- 丙生, 丁生, 巳生, 午生의 배우자나 동업자가 인연자이다. 도움이 된다.

喜神이 木일 경우에는 甲生, 乙生, 寅生, 卯生과도 인연이 좋다.

喜神이 金일 경우에는 庚生, 辛生, 申生, 酉生과도 인연이 좋다.

4) 丁火 用神일 경우
① 직업군職業群

財官을 보면 법관, 검찰 고위직, 경찰, 정치인, 판사, 검사, 변호사, 의사, 약사, 철학가, 서예가, 문화관, 예식장, 극장, 언론기관, 신문사. 광고업, 화장품공장, 화장품계열, 정신과병원, 철학가, 조명기구, 전기용품공장, 염색공장, 안경점, 사진관, X선과 전공, 방사선과, 레이저광선무기, 악세사리, 학용품, 디스플레이어, 패션아트

印星이나 財星을 만나면 인쇄업, 문구업, 컴퓨터제조업, 서점, 복사기업이 좋다.

金局을 이룬 者라면 철학가, 역술인, 활인역자, 박수무당, 종교인이고,

女命이 水가 부족하면 횟집, 수산물, 해물장사가 좋다.

위의 職業이나 분야가 적성에 잘 맞으며 學校진로 선택을 이쪽으로 하여야 평생 직업 변동 없을 것이다. 만약 喜神이 木일 경우에는 나무에 관련된 직업도 좋고, 土가 喜神일 경우에는 건축계나 흙에 관련된 직업이 좋다.

② 吉方向
- 사오미巳午未方向, 즉 南方이 가장 吉하다.
- 喜神이 木일 경우에는 東方도 좋다.
- 喜神이 土일 경우에는 南西間方도 좋다.

③ 因緣있는 者
- 丙生, 丁生, 巳生, 午生의 배우자나 동업자가 인연자이다. 도움이 된다.

喜神이 木일 경우에는 甲生, 乙生, 寅生, 卯生과도 인연이 좋다.

喜神이 金일 경우에는 庚生, 辛生, 申生, 酉生과도 인연이

좋다.

5) 戊土 用神일 경우
① 직업군職業群

정치계, 국회진출, 법조계, 법원직원, 정보부, 검찰직, 경찰공무원, 형무소, 단체장, 체육부, 예술사업부, 사찰경영, 교회경영, 도서관, 교도관, 계리사, 변호사, 운동선수, 운동기구전문점, 헬스클럽, 스포츠타운, 공예인, 장인, 금은보석상, 골동품상, 도자기업, 호텔업, 숙박업, 관광산업, 등산장비, 컴퓨터업, 전자계산기, 극장업, 각종시계, 학원경영, 침구, 포구, 건축업, 채석장업, 공동묘지관리, 田畓사업.

위의 職業이나 분야가 적성에 잘 맞으며 學校진로 선택을 이쪽으로 하여야 평생 직업 변동 없을 것이다. 만약 喜神이 火일 경우에는 불에 관련된 직업도 좋고, 金이 喜神일 경우에는 철강계통이나 쇠에 관련된 직업이 좋다.

② 吉方向
- 西南間方向, 즉 서쪽과 남쪽사이方이 가장 吉하다.
- 喜神이 金일 경우에는 서쪽이 좋다.
- 喜神이 火일 경우에는 남쪽이 좋다.

③ 因緣있는 者

- 戊己生이나 辰戌丑未 生을 배우자나 동업자로 인연이 깊어 평생 도움이 된다.

喜神이 金일 경우에는 庚生, 辛生, 申生, 酉生과도 인연이 좋다.

喜神이 火일 경우에는 丙生, 丁生, 巳生, 午生과도 인연이 좋다.

6) 己土 用神일 경우
① 직업군職業群

학술계, 교육연구가, 정치계, 법조계, 의약술사, 공무원, 교사, 문학계, 작가, 도학수련인, 운명철학가, 역술인, 전자전산업, 컴퓨터소프트계통, 통신사업, 전화통신원, 음악가, 사찰관리, 교회관리, 민속신앙연구, 여행사, 관광사업, 예식장, 방직회사, 토건회사, 건축설계사, 토목기사, 전원관리사, 양복재단사, 의류디자이너, 양품점, 식료품업, 정육점, 음료업, 청과업, 싸롱, 요리사, 식당, 다방, 커피전문점, 사주카페.

위의 職業이나 분야가 적성에 잘 맞으며 學校진로 선택을 이쪽으로 하여야 평생 직업 변동 없을 것이다. 만약 喜神이 火일 경우에는 불에 관련된 직업도 좋고,

金이 喜神일 경우에는 철강계통이나 쇠에 관련된 직업이 좋

다. 아무래도 四柱구성이 身旺하면서 淸하면 고위층이 되는 큰 그릇이고, 身弱하면 그릇이 작을 수밖에 없다. 팔자대로 타고난 대로 사는 것이다.

② 吉方向
- 西南間方向, 즉 서쪽과 남쪽사이方이 가장 吉하다.
- 喜神이 金일 경우에는 서쪽이 좋다.
- 喜神이 火일 경우에는 남쪽이 좋다.

③ 因緣있는 者
- 戊己生이나 辰戌丑未 生을 배우자나 동업자로 인연이 깊어 평생 도움이 된다.
喜神이 金일 경우에는 庚生, 辛生, 申生, 酉生과도 인연이 좋다.
喜神이 火일 경우에는 丙生, 丁生, 巳生, 午生과도 인연이 좋다.

7) 庚金 用神일 경우
① 직업군職業群
무역업, 재정공무원, 은행금융계열, 법률가, 정치가, 고위장관급, 검찰계, 법조계, 경찰계, 외교관, 고위군장성급, 조폐공사, 철

도청, 의학계, 의학공학연구, 항공회사, 비행기관련업, 금은보석상, 운명철학가. 교육자, 학자, 道人, 도로공사, 관광사업, 여행사, 골프장, 약사, 침구사, 치공사, 통신사업, 수도공사, 철도역무원, 은행원, 조선소, 무기武機業, 자동차관련업, 차량등록소, 주차장, 전화국, 우체부, 체신국공무원, 중장비, 전선계통, 운전기사, 농기구관리, 미장원, 인쇄업, 경리직, 철공소, 대장간, 양조업, 수산업, 음식업, 식료품업, 식당, 다방.

위의 職業이나 분야가 적성에 잘 맞으며 學校진로 선택을 이쪽으로 하여야 평생 직업 변동 없을 것이다.

만약 喜神이 土일 경우에는 흙에 관련된 직업도 좋고,

水가 喜神일 경우에는 한강관리사업부, 유람선, 선박사업, 수산계통이나 물에 관련된 직업이 좋다.

아무래도 四柱구성이 身旺하면서 淸하면 고위층이 되는 큰 그릇이고, 身弱하면 그릇이 작을 수밖에 없다. 팔자대로 타고난 대로 사는 것이다.

② 吉方向

- 신유술申酉戌方向, 즉 西方이 가장 吉하다.
- 喜神이 土일 경우에는 西北間方이 좋다.
- 喜神이 水일 경우에는 亥方, 북쪽이 좋은 방향이다.

③ 因緣있는 者

庚辛生, 申酉生을 배우자나 동업자로 만나면 인연이 좋다. 喜神이 土일 경우에는 戊生, 己生, 辰生, 戌生, 丑生, 未生과 인연이 좋다.

喜神이 水일 경우에는 壬生, 癸生, 亥生, 子生과 인연이 좋다.

8) 辛金 用神일 경우
① 직업군職業群

의학계, 병원계열, 금융은행계열, 의사, 병리학연구, 세균검사, 병원균배양소, 검열기관, 금은보석상, 미술가, 화가, 명필가, 서화가, 직업군인, 항공기관련업, 비행기조종사, 컴퓨터관련업, 통신사업, 프로그램개발, 게임전문가, 총포류, 침구사, 물리치료사, 이발사, 미용사, 당구장, 게임방, PC방, 노래방, 주점, 양조장, 접대업, 요리업, 전통요리연구가, 된장간장고추장전문가, 다방.

위의 職業이나 분야가 적성에 잘 맞으며 學校진로 선택을 이쪽으로 하여야 평생 직업 변동 없을 것이다.

만약 喜神이 土일 경우에는 흙에 관련된 직업도 좋고,

水가 喜神일 경우에는 한강관리사업부, 유람선, 선박사업, 수산계통이나 물에 관련된 직업이 좋다.

아무래도 四柱구성이 身旺하면서 淸하면 고위층이 되는 큰 그릇이고, 身弱하면 그릇이 작을 수밖에 없다. 팔자대로 타고난 대로 사는 것이다.

② 吉方向
- 신유술申酉戌方向, 즉 西方이 가장 吉하다.
- 喜神이 土일 경우에는 西北間方이 좋다.
- 喜神이 水일 경우에는 亥方, 북쪽이 좋은 방향이다.

③ 因緣있는 者
庚辛生, 申酉生을 배우자나 동업자로 만나면 인연이 좋다. 喜神이 土일 경우에는 戊生, 己生, 辰生, 戌生, 丑生, 未生과 인연이 좋다.

喜神이 水일 경우에는 壬生, 癸生, 亥生, 子生과 인연이 좋다.

9) 壬水 用神일 경우
① 직업군職業群
법률가, 정치가, 외교관, 교수, 학자, 무역업, 의학계, 역학연구자, 철학자, 수산업협동조합, 교육사업, 학원경영, 종교계, 운명철학가, 검사, 판사, 고관, 의사, 선생님, 상담사, 간호사, 요리사, 약사, 수자원공사, 한강개발관리소, 수력발전소, 수도공사, 등대지기, 스쿠버다이버, 조종선수, 요트선수나 강사, 수상스키, 양조장, 양어장, 목욕탕, 수족관, 제지공장, 섬유공장, 포목점, 한복

집, 수산업관련업, 선박사업, 유람선, 산부인과, 소아과병원, 간호사, 유치원, 어린이집, 소방서, 원양어선 선장, 어부, 생선장사, 해초류장사, 건어물상회, 횟집, 소금장사, 얼음장사, 숙박업, 음식업, 식당, 주점,

위의 職業이나 분야가 적성에 잘 맞으며 學校진로 선택을 이쪽으로 하여야 평생 직업 변동 없을 것이다.

만약 喜神이 金일 경우에는 쇠에 관련된 직업도 좋고,

木이 喜神일 경우에는 교육사업 쪽이 유리하고 아예 교육학과를 선택하는 것이 좋다. 木의 나무계통의 관련업도 무방하다.

아무래도 四柱구성이 身旺하면서 淸하면 고위층이 되는 큰 그릇이고, 身弱하면 그릇이 작을 수밖에 없다. 팔자대로 타고난 대로 사는 것이다.

② 吉方向
 - 해자축亥子丑方向, 즉 北方이 가장 大吉하다.
 - 喜神이 木일 경우에는 동쪽東方이 좋다.
 - 喜神이 金일 경우에는 서쪽西方도 좋다.

③ 因緣있는 者

壬癸生, 亥子生을 배우자나 동업자로 만나면 인연이 좋다. 喜神이 金일 경우에는 庚生, 辛生, 申生, 酉生과도 인연이 좋다.

喜神이 木일 경우에는 甲生, 乙生, 寅生, 卯生과 인연이 좋다.

10) 癸水 用神일 경우
① 직업군職業群

무역업, 유통업, 의약계열, 법관, 학자, 교수, 극작가, 소설가, 예술가, 신문사, 종교인, 승려, 도인, 동양철학자, 운명철학가, 관광사업, 호텔업, 숙박업, 원자력발전소, 수력발전소, 수자원공사, 저수지, 해수욕장, 목욕탕, 양어장, 요리사, 산부인과, 소아과 병원, 유치원, 어린이집, 소방서, 종묘원, 저술가, 서예가, 필방, 전문장인, 순경, 역술계, 포목점, 선원, 미장원, 이발소, 주점, 커피, 식당, 대형슈퍼, 애견사, 패션디자이너, 웹디자이너, 광고기획사, 네일아트, 디스플레이, 세탁소, 밀매음업, 전자제품, 중고 수리점, 고물상.

위의 職業이나 분야가 적성에 잘 맞으며 學校진로 선택을 이쪽으로 하여야 평생 직업 변동 없을 것이다.

만약 喜神이 金일 경우에는 쇠에 관련된 직업도 좋고,

木이 喜神일 경우에는 교육사업 쪽이 유리하고 아예 교육학과, 유아교육을 선택하는 것이 좋다. 木의 나무계통의 식물원이나 꽃집, 꽃꽂이 강사, 관련업도 무방하다. 아무래도 四柱구성이 身旺하면서 淸하면 고위층이 되는 큰 그릇이고, 身弱하면 그릇이 작을 수밖에 없다. 팔자대로 타고난 대로 사는 것이다.

② 吉方向
- 해자축亥子丑方向, 즉 北方이 가장 大吉하다.
- 喜神이 金일 경우에는 서쪽西方도 좋다.
- 喜神이 木일 경우에는 동쪽東方이 좋다.

③ 因緣있는 者
壬癸生, 亥子生을 배우자나 동업자로 만나면 인연이 좋다.
喜神이 金일 경우에는 庚生, 辛生, 申生, 酉生과도 인연이 좋다.
喜神이 木일 경우에는 甲生, 乙生, 寅生, 卯生과 인연이 좋다.

※ 직업군을 잡을 때 用神을 바로 잡은 후에, 用神쪽으로 學科 진로를 잡아주고, 職業도 그 쪽 계열에서 선택해야 탈이 없다. 즉, 吉凶事도 물론이고, 운세, 사업, 금전, 시험, 승진, 매매, 당선 등도 마찬가지이다.
用神운이 오면 일단 吉하면서 만사가 소원성취쪽으로 향한다고 보면 정확하다. 이때 용희신이 天干보다는 地支에 있어야 四柱에 吉하고 몸에 직접 체감됨을 느낄 수 있다. 天干에 뜬 用神은 머릿속으로 생각만하는 바램이 되는 수가 많고, 地支에 있다함은 실제 내 몸 옆에서 일어나고 있으며, 지장간에 암장되어 失실할 확률이 적은 것이라고 보면 된다.

다른 한 가지를 예로 보면 忌神일 경우에, 극상極相하면 유익하므로 天干에 떠 있는 것이 더욱 좋고, 반대로 지장간에 忌神이 있으면 운세행로運勢行路가 凶하게 풀려간다는 말이다.

(4) 六親이 겹쳐질 때 나타나는 화성분化性分

- 어떤 성분이 日支나 月支, 時干에 겹쳐있을 경우에 그 성분이 부정하는 것으로 변화하게 된다. 즉 같은 성분이 겹치게 되면 자신의 기본적인 성분을 극剋하는 것으로 나타나게 된다. 말하자면 정관이 겹치면 상관의 성분이 발생하게 되고, 상관은 법을 무시하려는 심리적인 작용이 활발하게 작용하게 된다는 의미이다. 길신吉神이라도 겹쳐지거나 많아지면 흉凶으로 변화한다.

六親	겹치는 성분	변화하는 性分 해설
比肩	比肩	偏官➤ 강권과 억제, 개혁, 투쟁 성급함
劫財	劫財	正官➤ 도덕과 보수, 명예와 인격, 모범적 법
食神	食神	偏印➤ 사기와 위선, 병난과 이별, 기회주의
傷官	傷官	正印➤ 지혜와 자애, 학문, 지식욕심, 인정심
正官	正官	傷官➤ 방해및 모사, 언변특출, 사업승부욕强
偏官	偏官	食神➤ 온화와 예의, 사물연구력, 처세술 吉
正財	正財	劫財➤ 강압과 교만, 폭력, 투쟁, 파괴, 약탈
偏財	偏財	比肩➤ 독립과 의지투철, 자존심强, 청렴결백
正印	正印	正財➤ 관용과 축재, 근면과 성실, 명예와 義
偏印	偏印	偏財➤ 투기와 낭비, 사업귀재, 허황일확천금

(5) 육친성격감정분석도표 六親性格感情分析圖表

◎ 比肩의 성격감정 표현력 ◎

性格감정 (月支基準)		時比肩	日比肩	月比肩	年比肩
강력한 주체성으로 자존심이 강하고 남에게 지기 싫어한다. 독립정신이 투철하고, 공정분배하며, 결단성이 있고 의지를 굽힐 줄 모른다. 남의 의견은 수긍하지 못하고 자기 멋대로 추진하고, 입바른 말 잘하고, 아부하기 싫어하고, 솔직담백하고, 책임완수 잘하는 깔끔한 성격의 소유자.		신경질병 있게 되고, 주거변동이 심하다. 상속자는 양자가 되며, 사생자식이 있게 된다. 자식인연이 희박하다.	독신별거수가 염탐한다, 부부각방 쓰게 되고, 상부 상처에 이별 수라. 늦게 만나고, 결혼 늦게 함이 좋다.	성품성질이 곧고, 생활고에 굴곡이 많다. 형제는 많으나 동기간에 우애 없다. 빚을 지고 사는 팔자이고 빈 몸뿐이다.	조상공덕으로 출생하나 응석받이로 자라나며, 양반이나 빈가출생이다. 일찍 객지생활하고, 형제간은 잘 산다.
社會觀 / 月支平	表現觀 / 月干平	각 자리 比肩의 가족과의 심성자세			
자기편한대로 사회생활한다. 일하고 싶으면 일하고, 쉬고 싶으면—	솔직은 하지만 직설적이고 통명스런 표현력, 계교가 부족	子息입장	我	兄弟관계	父
		친구같은 자녀, 자기일은 자기가 알아서함	자신의 생각대로 산다.	때로는 다투고, 때로는 협력하는 무난한 형	친구같은 아버지 /자신이 알아서 통제함
未來官 / 時支平	宗敎觀 / 時干平	子息觀	配偶者	兄弟觀	母
되는대로 살아가는 무관심한 미래관.	神을 믿느니, 내 자신을 더 믿는다.	자녀가 알아서 하겠지 하고 어쩔 수 없다는 식이다.	친구같은 배우자 편안하기도 하고 마찰도 많다.	친구 같은 형제자매	친구같은 어머니 봉사심이 미약하다.

◎ 劫財의 성격감정 표현력 ◎

性格감정(月支基準)	時劫財	日劫財	月劫財	年劫財
강력한 경쟁심과 승부심이 유달리 심하다. 자신이 최고라는 자신감 때문에 겉과 속이 다르고, 욕심이 많고, 남에게 지기 싫어한다. 재물보다는 의리를 중요시하는 경향이고, 불평불만과 갈등심이 많다. 배우자를 억압하고 색정사, 금전욕심도 매우 강하다.	자식복이 無德이고, 사생자식 두는팔자, 마음은 정직하나 알아주는 이 없고, 신용잃고, 왕따, 인기하락, 말년 고생위기	결혼운이 늦고, 부부간 이별수, 서로 이기려하니 미워하고 질투한다. 수술과 큰흉터 없으면 각방쓰고 이별한다.	인덕없고, 귀인 없으니 동업사업하지마라, 재산파재, 손재수로 생활고가 기복 심할팔자, 투쟁투기심 발동주의	부모이별 일찍하고, 이복형제, 혈통혼 잡하기 쉽고, 동기간에 부정하고, 구설 투쟁 몸다치고, 조업사업은 파산위기 도태

社會觀 / 月支平	表現觀 / 月干平	각 자리 劫財의 가족과의 심성자세			
무리하게 도전하고 신용잃어 큰 성공 어렵다. 중도좌절포기현상 발생함	시비를 거는 식으로 반감을 가지고 말하는 천성, 누구를 걸고 넘어진다.	子息입장	我	兄弟관계	父
		자녀에게 부양할 의무부족하다.	승부심이 강해 남을 항상 이기려한다.	외부세력에 의해 위기상황이 닥치면 협력 가능	경쟁적인 父親/ 지기 싫어 대항한다.

未來官 / 時支平	宗敎觀 / 時干平	子息觀	配偶者	兄弟觀	母
남에게 빼앗길까 두려워 꼭꼭 숨겨두고, 末年에 적당히 기대어 살아감	종교에 무관심하며, 스스로 교주에게 경쟁심 유발	자녀가 돈 달라고 할까봐 두렵다. 거절한다.	은근히 경쟁자 같은 배우자, 반발하고 저항한다.	투쟁하는 형제관계, 늘 먹을 것을 놓고 다투는 형상	경쟁적인 母親/ 남이 보면 돕고, 남이 외면하면 자신도 인정 외면

◎ 食神의 성격감정 표현력 ◎

性格감정(月支基準)	時食神	日食神	月食神	年食神
매사 깊이 생각하는 습관과 한가지를 보면 깊이 파고드는 성격, 예의범절을 잘 지키고, 도량이 넓으며 낙천적이고 풍류를 즐김, 문에 기예에 능하고 처세술이 좋고, 원만한 활동에 현실적으로 생활을 즐긴다. 식도락가, 뭐든 잘 먹고 뚱뚱체질에 사치를 즐기기도 한다.	말년까지 일 福타고났고, 아들딸은 여럿이고, 남자에겐 자식 근심이고 여자에겐 효자 녀둔다. 늦게까지 건강 유지하고 長壽	자신에 대해 치밀하게 궁리하며, 사려가 깊고 부부지간도 유정해도 상부상처 위험, 금전재물 福있어도 늘 자녀근심 걱정 뿐	공부에는 취미없고 일찍부터 사업관심많다. 신체건강하고, 효성심이 지극하고, 만혼에 만자하고, 의식주가 풍요롭다.	조상들은 양반이나 문필무병 인물교육집안이다. 상업으로 번창 가세성성하여 자녀교육 열성, 지혜총명 표창집안내력이다.

社會觀 / 月支平	表現觀 / 月干平	각 자리 食神의 가족과의 심성자세			
외길로 가는 장인정신 소유자. 한 분야에 전문가로 능력발휘하고 연구한다.	생각해가면서느릿하게 대화, 싫은 사람에게 감정을 속이지 못하고 그대로 표현한다.	子息입장	我	兄弟관계	父
		아들 딸들이 원할 때만 들어준다. 강요하지 않는다.	뭐든 보면 꼼꼼히 연구하는 성격	자식같은 형제관계 내가 돌봐줘야하는 형제라ー	내가 돌봐줘야하는 아버지/궁리하는 통제력

未來官 / 時支平	宗教觀 / 時干平	子息觀	配偶者	兄弟觀	母
미래를 위해서 묵묵히 끈기를 가지고 노력을 한다.	종교를 분석하고 관찰한다. 경건한 신앙심은 없다.	매우 귀여워한없이 보살펴 주고 싶다.	자식같은 배우자/ 건강에 대해서 연구한다.	형제들이 내 능력을 필요로 함 재물이든 지혜든지	내가 돌봐줘야하는 어머니/적선할 때 분석한다.

◎ 傷官의 성격감정 표현력 ◎

性格감정(月支基準)	時傷官	日傷官	月傷官	年傷官
강자에게는 반항하고, 약자에게는 도움을 주는 동정심, 자비심은 있으나 거만, 오만 안하무인격이다. 총명, 영리, 동작민첩, 다예다능, 자존심도 강, 승부욕도 강, 허영심도 강, 사치 화려한 것 좋아한다. 마음에 드는 사람에겐 다 줌. 대체로 말이 많다. 화술에 능.	공들인 자식들이 어리석고 불효자가 된다. 말년가서 신용잃고, 질병, 중풍, 잔병치레로 노후가 두렵다. 독거노인	다재다능, 능수완으로 재주특출, 재물 수입생기나 관재수가 따라 곧 실물 직업이 장애가 있고, 남편과 이별수	부친혈육과 일찍 이별하고 인연없다. 평생육친골육과 불화하고, 女子는 남편극상하는 팔자. 예능소질有, 잦은 가출습성	조상에 家門 붕괴되고 祖上음덕없다. 무식 가문에 잔기술가업, 청년망자조상자손훼방, 일생 福깨트리고, 초년고생 다발사

社會觀 / 月支平	表現觀 / 月干平	각 자리 傷官의 가족과의 심성자세			
세상일에 두려움없이 도전, 다양한 명함가지고, 순발력, 직관력 발휘하여 명성얻고자	사교적인 표현력, 표현의 달인, 이기적인 성분에 사욕적 기민성내제	子息입장	我	兄弟관계	父
		자녀에 대한 생각이 애뜻해서 뭐든 다 해주려고 한다.	혼자있는 것을 싫어함. 강력한 활동성, 리더소질	귀여운 형제자매 兄弟 애착심이 강하다	보살펴 드리고픈 유정한 아버지/ 대화하는 통제력

未來官 / 時支平	宗敎觀 / 時干平	子息觀	配偶者	兄弟觀	母
천천히 미래를 긍정적, 낙관적으로 준비하는 여유, 미래의 명성얻고자 활동	종교에 대한 지식이 풍부하여 전도사, 포교사이다. 信心은 弱	귀엽고 어여쁜 자녀. 무조건 사랑이다.	귀여운 배우자/ 몸을 치장하고 가꾼다.	형제 일에 앞장서서 발벗고 뛰어다닌다.	귀여운 어머니/ 인정 넘치는 자애심

◎ 偏財의 성격감정 표현력 ◎

性格감정(月支基準)	時偏財	日偏財	月偏財	年偏財
무슨일이든 두려움없이 앞장서서 질주하는 성격, 내맘대로 부당한 재산취득, 풍류 즐기고 女 재물탐익 욕심多, 의로운 일과 애정관계에 돈을 물쓰듯함, 돈버는 수완 좋고, 억척스럽고, 씀씀이 헤픔, 도박, 투기, 횡재수에 요행바람, 天干편재 强이면 본처보다 첩을 더 사랑한다.	통이커서 부당한 재산이득 취함, 처덕으로 출세성공하며, 자수성가하여, 末年에는 의식주가 풍족, 임종까지 부귀행복하다.	자유연애결혼 성사에 처갓집과 불화하고, 풍류기가 심하고 낭비가 심해 가정불화가 잦다. 이중살림, 삼각관계 다 반사이다.	돈버는 수단 좋고, 빼짱 좋고 잘살아도 외유내빈 확실, 물질 경시하고 선심공세하며, 주색, 도박으로 패가망신수,	年干 편재 부친객사하며, 祖上代엔 부자였고, 父母代에 몰락하며, 유년시절부친과 반목하여 구박덩이 신세이다.

社會觀/月支平	表現觀/月干平	각 자리 偏財의 가족과의 심성자세			
내맘대로, 세상에 대해서 어려움이 없다. 일사불란으로 결과물.	강압적인 표현력/거두절미, 지시하는 말투로 감독관이吉	子息입장	我	兄弟관계	父
		머슴 같은 자녀	남의 말 신경 안 쓰고, 내 생각대로 질주한다.	머슴 같은 형제자매/ 난폭한 형제인식	자식에게 최선을 다해 희생하는 아버지

未來官/時支平	宗敎觀/時干平	子息觀	配偶者	兄弟觀	母
미래에 대해 과감하게 계획, 추진, 새로운 도전 낙천적인 천성	종교를 자기 멋대로 판단한다/무관심이고 神에경건하지 않다	자녀를 마음대로 관리, 통제한다.	머슴같은 배우자/ 몸을 연장처럼 다룸	형제들을 수족부리듯 다룬다. 나를 무서워한다	나를 부려먹는 비정한 어머니/ 걸인에게 냉정하다

◎ 正財의 성격감정 표현력 ◎

性格감정(月支基準)	時正財	日正財	月正財	年正財
세상을 늘 주의 긴장하며, 분명하고 정확성, 성실성을 고집하며 산다. 사업보다 직장생활이 천직이고, 시간을 잘 지키고, 검소, 절약, 저축, 효도, 충성, 법대로, 고지식, 정당한 재물을 바란다. 의식주 해결과 애정문제 해결 깔끔하다.	남달리 성실하기에 中年부터 부귀하며, 가족이 화목한 편이다. 고지곧대로 수전노습성으로 末年에는 크게 재산늘고 家內번창.	妻의 목소리가 家勢를 이끌고 알뜰살림재산분다. 妻家 쪽에서게 되면 살림됨이 인색하고, 시부모는 인정없고, 알부자로 이름난다.	남녀자손 창대 장수효자 이어지고, 애처가에 수전노이다. 자수성가, 독립정신 투철하여 경제 利益에 계산이 분명하다.	祖上이 만석지기, 양반혈통, 부호가 出生이다. 祖上德을 많이 보며, 장남 노릇하게 되고, 유년시절부터 고생없고 순탄함

社會觀/月支平	表現觀/月干平	각 자리 正財의 가족과의 심성자세			
		子息입장	我	兄弟관계	父
세상의 모든 이치가 금전으로 연결/ 결과물을 소유하고자 함	세밀하고 구체적 꼼꼼한 표현력/ 시시콜콜 따져댄다.	통장 같은 자녀 / 갈등에 씨앗.	치밀하고 이해타산빠르게 현실적 적응	금고 같은 형제자매/	돈주머니 같은 아버지/ 부친을 통제한다

未來官/時支平	宗敎觀/時干平	子息觀	配偶者	兄弟觀	母
치밀한, 구체적으로 미래를 대비함. 노후대책 준비철저히 함.	신앙심은 중요치 않고, 이해타산이 먼저이다.	자녀의 일마다 간섭, 관찰, 통제한다.	돈 줄 같은 배우자/ 필요할 때만 돌봄	형제에게 돈을 얻어 쓰려함, 계산은 분명히함	계산적인 어머니/ 자애심은몰인정, 타산적이다.

◎ 偏官의 성격감정 표현력 ◎

性格감정(月支基準)		時偏官	日偏官	月偏官	年偏官
강력한 난폭성이 내제되어있는 예의를 무시하고 함부로 날뛴다. 조급, 편굴, 흉폭, 겁이없어 본인에게도 해를 한다. 형제를 박탈하고 타향살이, 권모술수에 능함, 야당성기질과 의협심이 강하고 스케일이 크다. 남에게 굽신거리기 싫어하고, 무시, 멸시, 남이용, 이기적, 성격이 급함.		자식인연은 좋다, 입신출세 자식 있고, 항상 자식걱정으로 마음고생, 末年에는 불치병 발생으로 신병고생수.	총명하고 영리한 배우자 만남, 배우자간 변태사랑, 형제간에 반목불화, 직업전공 살리기 어렵고, 수술 신체장애 부상사	신체건강, 힘도 세고, 무관출신, 일찍 객지주 거전전, 고학경험, 전공직업 성취불가, 병약골골 평생 藥과 同生관계	祖上德은 전혀없고, 족보상에 수치심있고, 차남으로 태어난다. 모든 사업 몰락하고, 동기간에 흩어지며, 신상질병고생한다.
社會觀 / 月支平	表現觀 / 月干平	각 자리 偏官의 가족과의 심성자세			
세상살이가 버겁게만 느껴진다. 자신은 열심히하것만 결과물은 남차지이다	대인관계에서 공포증에 가까운 두려움 때문에 표현력이 부족, 말문이막힘	子息입장	我	兄弟관계	父
		두려움과 무서운 자녀/	자신을 생각하지 않고, 늘 봉사하고 희생하는 관점	무섭고 두려운 형제자매/요구에 거절도 못하는 입장	가혹한 아버지/ 사정없이 매로 때리는 두려운 자
未來官 / 時支平	宗敎觀 / 時干平	子息觀	配偶者	兄弟觀	母
두려운 미래관/ 미래에 희망이 보이지 않는다. 회피하는 경향.	두려운 종교관/ 神이기에 무조건 복종하는 마음	자녀와 인연이 적으니 떨어져 사는 것이 좋다.	두렵고 공포스런 배우자/ 몸을 두려워함	난폭하고 무서운 형제자매/	무섭고 두려운 모친/도움을 요청하면 앞뒤 안 따짐.

◎ 正官의 성격감정 표현력 ◎

性格감정(月支基準)	時正官	日正官	月正官	年正官
자신을 늘 반성하는, 올곧은 양반형상, 명예소중, 질서존중, 부모효도, 충성심, 준법정신, 도덕성, 형제간 우애심, 모범생, 우등생, 존경받음, 관료사상, 공익정신, 상명하복 충성심과 명예와 신의를 중요시, 공명심과 이해심이 풍부, 정직, 성실성 군자, 이상적인성품	末年 늦게까지 벼슬관직 배경없이 출세하며, 돈이 없어 가난하나 청빈하고, 末年에는 청수하고, 독신자식 學文훌륭 성공한다	배우자인연 원앙이고, 서로돕고 다정다감,인연 깊다.명예욕이 대단하며,부부간에 맞벌이고, 妻家도 혈통 좋고, 외로운 사람	공관료직이면 대길하고, 명예욕에 욕심있고, 양반선비행세 갖춘 사람. 봉사정신 투철하고, 객지의탁 싫어하고 장사는 禁	정승지낸 혈통있는 祖上 귀족家門, 선비양반집안으로 學文으로 이름나고, 공부하길 좋아하는 내력, 장남자손으로 대물림

社會觀/月支平	表現觀/月干平	각 자리 正官의 가족과의 심성자세			
		子息입장	我	兄弟관계	父
세상사에 늘 주의하고 불이익을 안 당하려 잘 적응하고, 성실하게 행동.	이성적으로 전후사정 살피면서 얘기한다/합리적, 객관적, 공공이익도모	깐깐한 자녀 / 상전 같은 자녀	자신을 반성하고 남을 의식하고 늘긴장하는 마음	형제간에 편안하지 않고 꾸중할 것만 같은 느낌 든다	엄격한 아버지/뭐든 부친의 승인을 받아야 가능 검열

未來官/時支平	宗敎觀/時干平	子息觀	配偶者	兄弟觀	母
합리적인 미래관/계획을 세우고 장기적 구상을 과거자료 토대로 行	준수하는 종교관/ 공인된 종교를 신봉한다.	무슨일을 해도 자녀의 눈치를 보게 된다	조심스럽고 엄한 배우자/신체에 신경쓴다	엄격하고 부담스러운 형제관/ 어렵다	잔꾀가 안 통하는 엄격한 모친/베푸는 자애심

◎ 偏印의 성격감정 표현력 ◎

性格감정(月支基準)		時偏印	日偏印	月偏印	年偏印
늘 혼자서 골똘히 생각하는 고독한 사람이다. 낮에는 자고 밤에 행동하는 올빼미형, 신비스러운 것을 좋아하고, 변덕스럽고, 눈치가 빠름, 임기응변, 기회포착, 계략 요령 잘부림, 용두사미, 겉과 속이다름, 신경예민, 예술에 다재다능, 기회 잘 포착, 효신살, 도식, 친선을 원하나 솔직하지 못함.		팔자에 자식 없고, 늦게두며, 양자두는 인연이라, 말년에는 다병하고, 늙어지면 고독하고, 자식들이 흩어지고, 생식기에 질환 고생	천생배필인 연 부족하여 착한인연 어렵겠다. 모난 성질성격 조급하여 병도 많고, 매사불성, 부부금슬 불화하여 각방 쓴다	부모중에 혈통혼잡으로 무자자손아니면 자식늦다. 사업시작 잘도되나 실패연속 돈 생겨도 못지키고, 손재수, 부모 부양의무	벼슬못한 학식없는 선대조상, 절손경험, 부모님이 가난하여 조상조업 못이루고, 자손들을 멀리하여 자식들이 떠나고, 신상해롭다
社會觀/月支平	表現觀/月干平	각 자리 偏印의 가족과의 심성자세			
		子息입장	我	兄弟관계	父
세상살이가 피곤하다생각/ 부정부패적인 사회관을 환멸한다	현실에 떨어진 신비적인 의심스런 표현을 한다.	자녀는 자신을 피곤하게 하는 존재정도	늘 혼자서 골똘히 생각하는 고독한 자	무정한 형제자매/ 부탁하면 귀찮아함	마지못해 들어주는/무정한 아버지
未來官/時支平	宗敎觀/時干平	子息觀	配偶者	兄弟觀	母
자신의 미래에 대해 회의감 느낌, 부정적인 미래관	신비하고 현묘한 경지에 체험, 인식, 탁월한 감각적 관력소유	무정한 자녀	잔소리심하고,부정적인 배우자/ 몸을 신비롭게 돌본다	위급 할적에는 도움을 주고 안 그럴때는 무관심	무정한 어머니/ 도와줄 때는 따져 보고 베푼다

◎ 正印의 성격감정 표현력 ◎

性格감정(月支基準)	時正印	日正印	月正印	年正印
이해심과 인정이 많다. 현모양처감이고 자비심, 지혜, 총명, 학술적 학예에 해박함, 지식욕심이 多, 선량하고 명랑하며 여유롭고, 의리를 중요시하며 사리에 밝다. 신체가 풍만하고, 건강하며, 질병이 적다. 男子-신사적 女子-숙녀의 기품 갖춤, 솔선수범, 자존심 강, 행동바름, 재물인색, 이기적, 게으른 면	자손이 귀한 집안혈통, 자손 늦어 손주代에 양자두게생기고, 그래도 내혈육은 늦게라도 자식보며, 학문예술, 學者자손, 敎育후손 훌륭하다	처가 양반규수라 부부인연 예의있고, 배우자집안 학자가문이라, 재물재산 욕심없는데 자손인연 늦어진다. 자기혈족이상으로 불쌍함	한쪽부모 선망하고, 한쪽부모 모시면서 후배양성 힘쓴다. 오래살고 신체건강하며, 의사 교육자 자손 많이 본다, 자손이 늦으면 게으름	선대조상 선비, 양반 가문출생이다. 의술 도술, 예술 교육직업, 글잘하던 學者家門, 外家모친 德을 보고 외가집안 훌륭하다.

社會觀/月支平	表現觀/月干平	각 자리 正印의 가족과의 심성자세			
		子息입장	我	兄弟관계	父
사회생활하는동안항상 귀인이 돕는다. 후원자, 상사, 연장자가 도와준다.	부드럽게 남의 말수용하는 표현력, 오지랖이 넓다.	자녀를 의지하고자 늘 수용/같이 있고 싶다	이해심이 많은 자	자상하게 살펴주는 형제자매/형제德	한없이 자상한 아버지

未來官/時支平	宗敎觀/時干平	子息觀	配偶者	兄弟觀	母
편안한 안식처, 휴식을 취하고자 순응하며, 전원생활, 귀향을 계획	뛰어난 직관력으로 思量과분별이필요없어 大覺을 이룰 수 있는자	자상한 자녀	느릿한 자상한 배우자/ 탁월한 직관력소유타고남	무슨일 이든 내 일처럼 나서서 몸소 처리해 줌	편안하고 자상한어머니/ 인정있게 자비심을 베푼다.

(6) 喜神과 忌神이 大運 歲運에 미치는 영향

※ <u>희신과 기신이란?</u>

― 정의하자면 희신喜神은 用神을 生하는 五行을 말한다. 반대로 用神을 剋하는 五行을 기신忌神이라고 한다.

예를 들면 사주원국에 用神이 火라면 火를 生하는 木이 희신이 되고, 火를 剋하는 水는 忌神이 된다.

단 忌神이 있더라도 沖, 空亡이면 작용을 안 하는 것으로 본다.

忌神이 많고, 제화制化하든가 하면 이것을 구신仇神이라고 한다.

※ <u>한신閑神 이란?</u>

― 한신閑神이란 用神, 忌神이외의 五行을 뜻한다.

喜神은 用神을 相生하는 五行이고, 忌神은 用神을 剋하는 五行이다. 甲木이 用神이라면 水는 喜神이고, 金은 忌神인데, 이때 火土를 閑神이라고 한다. 그런데 한신閑神이 중요한 역할을 할 때가 있다. 大運과 歲運이 用神을 破剋하고 喜神이 用神을 보호하지 못할 때, 閑神이 나타나서 大運과 歲運을 合하거나 억제하거나 변하게 할 때가 있다. 이렇게 되면 상황이 吉運으로 변하게 된다. 이런 때는 閑神이 고마운 역할을 하는 것이다.

― 기반羈絆이란 사주원국에 干合이 있어서 그것이 喜神으로 化하면서 命式運路가 吉해지며 행복한 運으로 변하고, 忌神으로 化하여서 命式運路가 凶運으로서 재해災害가 발생하게 된다. 이때에 干合이 되었더라도 희신이나 기신으로 化하지 못한 것이 있다. 合이 된 두 개의 天干 中 음간陰干은 그 작용을 못하게 된다. 이것을 기반羈絆이라고 한다. 이와같이 기반이 된 陰天干은 자기의 본래의 五行을 잃어버리고 合하는데만 정신이 팔려있어 다른 것엔 관심이 없다.

四柱 原局에서 用神과 喜神이 기반 되면 일평생동안 큰일한번 못해보고 무의도식하면서 부족한 삶을 살아가게 될 것이다.

＊ 四柱에 희신을 찾는 요령
― 印星이 용신일 때 : 비겁이 희신이 된다.
― 食傷이 용신일 때 : 財星이 희신이 된다.
― 財星이 용신일 때 : 食傷이 희신이 된다.
　　　　　　　　　　財星이 弱하면 食傷이 희신
　　　　　　　　　　財星이 旺하면 官殺도 무방하다.
― 比劫이 용신일 때 : 印星이 희신이 된다.
― 官星이 용신일 때 : 財星이 희신이 된다.
　　　　　　　　　　官星이 弱하면 財星이 희신이다.

＊ <u>大運, 歲運 대비법</u>

- 명호불여운호命好不如運好이라.
  四柱가 좋아도 大運이 나쁘면 고생한다.
- 대운은 임지臨地와 같고 세운은 우인遇人(만나는 사람)과 같다. 따라서 大運은 地支가 더 중요하고, 歲運은 天干이 더 중요하다.
- 大運을 5年씩 끊어서 보면 안 되고 一體로 보아야 한다. 단, 편의상 己卯대운이라면, 전반기 5年을 己대운, 후반 5年을 卯대운이라고 보면 된다.
- 大運을 기본으로 깔아놓고, 四柱 日干중심으로 大運, 歲運을 같이 보는 것이 가장 정확하다.
- 歲運이 직접적으로 吉凶에 작용하고 大運은 歲運의 밑바탕이 된다.

＊ 大運은 좋은데 歲運이 나쁘게 돌아가면 좋은 일이 감해지고, 조심해야 한다.
＊ 大運이 좋은데 歲運도 좋은 해에는 크게 발복한다.
＊ 大運은 나쁜데 歲運이 좋게 돌아가면 흉한 꼴은 당하지 않는다.
＊ 大運이 나쁜데 歲運도 나쁜 해에는 죽거나 다치거나 흉한

꼴을 당한다.

(물론 이런 경우라도 四柱가 淸하면 凶한 일은 면한다.)

— 천복지재天覆地載 하늘은 덮어주고 땅은 실어준다.

— 가장 좋은 大運, 歲運은 地支에 록祿을 가진 것이다.
  甲寅, 乙卯   — 木用神
  丙午, 丁未   — 火用神
  戊午, 己未, 戊戌, 己巳 — 土用神
  庚申, 辛酉   — 金用神
  壬子, 癸亥   — 水用神

— 두 번째로 좋은 것은
  天干과 地支가 相生되는 경우이다.
  甲辰, 乙亥, 壬寅, 癸卯 — 木用神
  丙寅, 丁卯, 丙戌, 丁巳 — 火用神
  戊辰, 己丑   — 土用神
  戊申, 己酉, 庚辰, 辛巳 — 金用神
  壬申, 癸酉, 辛亥, 庚子 — 水用神
  이 경우에도 用神과 喜神이 같이 同住하면 더 좋다.(祿과 같다)

- 天干이 地支를 生하는 것이 地支가 天干을 生하는 것보다 더 좋다.
- 개두蓋頭란 喜神이 地支인데 天干이 地支를 剋하는 忌神인 경우를 말한다.

 실례

木이 희(용)신인데 庚寅대운이 오는 경우.

개두가 되면 喜神의 힘이 50%정도 감소한다. 즉 吉運이 약해진다는 뜻이다.

만약 개두가 되었어도 사주원국에서 개두한 忌神을 제압하면 喜神의 힘이 증가되어 반감된다. 즉 福祿의 吉한 힘은 75%정도 되고, 이런 경우, 歲運에서 또 개두한 忌神을 제압하면 凶이 전혀 없어진다. 그러므로 사주원국, 大運, 歲運을 같이 보아야 한다.

만약 사주원국에서 喜神인 地支를 沖하면 반감된 吉이 더욱 반감되어 吉運이 없을 뿐 아니라 凶運으로 변할 수도 있다.

- 절각截脚이란 喜神이 天干인데 地支가 天干을 剋하는 忌神인 경우이다.

실례

木이 희(용)신인데 甲申大運이 오는 경우.
절각이 되면 喜神의 힘, 吉運이 80%정도 감소한다.
좋은 일이 없어지고 답답해진다.
만약 절각이 되었어도 사주원국에서 地支의 忌神을 冲하면 忌神의 힘이 감소되어 凶運이 줄어든다. 만약 사주원국에서 喜神인 天干을 제압하면 吉運이 없어져 더욱 흉해진다.

- **전충화호戰冲和好란?**

- 戰이란 大運의 天干과 歲運의 天干이 相剋하는 것이다.
이런 경우에 剋을 당하는 五行이 희(용)신인 경우 싸움을 말려야 하는데 싸움을 말리려면 地支에서 통관·설기·제압하는 五行이 와야 한다.
- 剋冲이 있으면 喜神, 忌神 중 누가 이기고 지는지를 따져봐야 한다.

 실례

庚대운 甲年일때 甲이 喜神이면, 大運, 歲運地支에 亥子水가 와서 통관하면 좋다.

丙대운 庚년일때 庚이 喜神이면 大運, 歲運地支가 申子辰으로 丙을 제압하면 좋다.

또는 사주원국에 戊己土가 있어 丙火를 설기하거나 壬癸水로 丙을 제압하면 좋다.

- 沖이란 大運地支와 歲運地支가 沖하는 것이다.
  沖을 당하는 五行이 희(용)신인 경우 싸움을 말려야 한다. 그러나 寅申巳亥 沖은 서로 피해를 입으니 싸움을 말리기 어렵다.
- 歲運은 일단 화평해야 하고, 剋沖은 凶運으로 재해로 온다. 歲運 剋沖은 凶이 빠르게 나타난다.
  大運 剋沖은 喜神, 忌神의 승부를 가려 판단한다.
- 화평하면 喜神, 忌神 中 누가 힘이 강화되고 누가 약화되는지를 따져 본다.

 실례

子대운 午년인데 午가 喜神이면 大運, 歲運 天干에 庚이나 壬을 만나면 흉하고, 戊土로 子水를 제압하거나 甲木으로 통관하면 좋다. 만약 子水가 喜神이면 天干에 庚이나 壬을 만나면 午火를 확실히 제압하니 더욱 좋다.

一. 和는 大運과 歲運이 合하는 것이다.

 실례

乙大運 - 庚年 또는 庚大運 - 乙年일때,
金이 喜神이면 吉하고 木이 喜神이면 凶한 걸로 본다.
예외가 있는데 金이 喜神이더라도 乙木이 힘이 있으면 합해도
化하지 않으니 기반羈絆이 되어 좋지 않다.
乙木이 地支의 剋을 받아 힘이 없으면 合化하니 좋다.
子大運의 丑年 또는 丑大運 子年일때,
土가 喜神이면 吉運이고, 水가 喜神이면 凶運으로 본다.

- 好란 동기同氣, 동류同類를 만나는 것이다.

 실례

庚大運 申年이나 辛大運 酉年을 말하는데
天干과 地支가 동류이면 더 좋고,
庚大運 辛年처럼 天干끼리의 동류는 의지만 될 뿐 이다.

(7) 用神을 잡을 때 마땅치 않을 경우

− 어떤 四柱에 用神을 찾을 때 제일 먼저 사주원국四柱原局에서 찾는데 원국에 없으면 지장간에서 찾고, 그래도 지장간에도 없으면 세운歲運에서 用神이 오기를 기다려야 한다. 달리 도리가 없다.

※ 정精·신神·기氣란?

사주원국이 좋은 것은 정精·신神·기氣 三字가 잘 배합되어 있는가 충족되어 있는가를 말한다.

− 精이란 日干을 相生하는 五行이 淸한가,

− 神이란 日干을 相剋하는 五行이 有한가,

− 氣란 日干을 同氣하는 五行이 定有한가,

를 의미한다. 이와 같이 사주원국 命式이 좋으려면 정精·신神·기氣가 어느 한쪽으로 치우치지 않고 精·神·氣 三字가 잘 균형 있게 배합되어야 한다. 精만 왕성해도 안 되고, 神만 왕성해도 안 되고, 氣만 왕성해도 문제가 된다.

精이란 곧 印星이고, 인성이 많으면 너무 身强해지고, 神이 많은 것은 官星이 많은 것이니 너무 약해서 허기진 四柱가 되고, 氣가 왕성하면 比劫이 많으니 유통이 되지 않아 답답한 四柱가 된다. 이렇기 때문에 어느 한쪽으로 치우친 四柱命式 보다 적절하게 잘 배합되어 中和가 잘된 四柱가 좋은 吉運을 갖은 사람이다.

(8) 格局을 잡을 때 반드시 强한 것으로 잡아라.

격국의 지시 비유 대조표				
비유대상	日柱	格局	用神	運路
나 라	國民	國家	대통령	歷史
가 정	자신	家庭	家長	家運
자 신	我	身體	精神 마음	環境 환경
자동차	승객	차체	기사	道路

- 格局은 보통 月支를 위주로 판단하여 정하거나 四柱 전체의 상황을 보고 정하는 것이 85~90%가 여기에 해당한다. 正格이라해서 五行의 상리常理를 응용하여 격을 정하는 것으로서 통상적으로 日干을 月支에 대조하는 것을 기준으로 한다.
- 月支의 지장간 중에서 투출한 天干을 일간과 대비하여 어떤 육친인가를 파악하여 그 해당되는 육친의 이름으로 격국을 정한다.
- 격국과 용신은 강해야 능력을 발휘할 수 있는 것이니 건왕健旺한 것을 원칙으로 한다.
- 격국과 용신은 월령에 통근함이 좋고, 天干에 투출해야 더욱 좋은데, 地支에 있는 것은 天干만 못하다. 뿌리가 없거나 약해도 천간에 있는 것이 더 나은데, 최소한의 사회적

지위는 확보할 수 있기 때문이다.
- 喜神도 生月에 배정하여 통근의 有無를 살펴보고 또한 다른 干支에서 생조함을 좋아한다.
- 격국 用神이 月支의 사령이면 80%이상 정도의 능력을 발휘하고, 중기나 초기의 경우에는 60% 정도의 능력을 발휘한다. 그러므로 항상 다른 곳에 있는 격국이나 用神의 강약强弱도 꼭 月支에 대비하여 왕쇠를 보고 통근通根과 투출透出 여부를 살펴야 한다.
- 四吉格(財官印食)은 특별한 경우를 제외하고는 생조生助하거나 설기洩氣하는 六親을 用神으로 정하는 것이 원칙이다.

  이것을 순용順用이라 하는데 사길격은 순용하면 진가를 발휘해 귀명貴命으로 훌륭한 功을 세우고, 제화制化(相剋·干合·刑沖)하면 귀기貴氣와 덕행德行을 망각하고 주인인 日干을 배신하거나 원망한다.
- 四凶格(七殺·傷官·梟神·羊刃)은 剋制合化를 필요로 한다. 이를 역용이라 하는데 制化하면 上格이 되어 福이 있는 四柱로 변하여 살기殺氣와 천행賤行을 망각하고 主人에게 복종을 잘하며 功을 세운다.

  그 중에서도 극제剋制는 통제하는 것으로써 권력이나 힘을 이용하여 강압적으로 호령하여 하인을 부리듯 하니, 겉으로는 복종하는 듯 하면서도 속으로는 원망과 반항의 요소가 숨어있어 권력이 약해지거나 없어지면 후환後患이 따를 수가 있으니 잘 살펴야 한다.

- 四吉神은 몸에 좋은 보약에 비유할 수 있고, 四凶神은 독약과 같다. 그러나 아무리 좋은 보약도 지나치면 오히려 몸을 망치거나 중독이 된다는 것과 독약도 알맞은 분량으로 꼭 필요한 곳에 쓰이면 훌륭한 영약靈藥이 될 수 있다는 점을 유의하여야 한다.

- 格局用神은 四柱에 하나만 뚜렷하게 있고, 有氣하여야 청길清吉한 命運이다. 특히 干支에 同住해 있으면 가장 좋은 것으로 해석한다. 만약 空亡이나 무기無氣하면 生助神이 있어야 된다.

- 格局用神이 둘이 되는 것은 무방하나 혼잡되는 것은 꺼린다. 干支로 있을 경우는 수기秀氣되어 있는 것으로 보아 혼잡으로 보지 않는데, 만약 혼잡되어 있으면 强하기는 하나 탁하여 쓸데없는 일을 많이 벌이게 된다.

格局用神이 셋 이상 중복되거나 혼잡하여 난립하면 精神이 혼탁하고 복잡한 것과 같아 功을 세우기 어렵다. 制化되면 좋아지나 制化하지 못하면 一生에 재앙이 따른다.

- 格局用神이 吉星일 때 이것을 合하거나 剋하는 것이 忌神이 되는데, 忌神은 合·沖·空亡 등으로 제화되는데, 이 忌

神을 제화시키는 것을 구신求神 이라한다. 四柱에 忌神이 많고 求神이 없으면 일생동안 빈곤하거나 천박하게 살아가게 되는데 구신운求神運이 오면 약간은 발전한다.
- 男女 모두 格局用神을 정할 때 財官의 향방을 중요시 한다.
- 用喜神을 파악할 때, 日柱와 格局의 用喜神을 각각 따로 살펴봐야 한다.

  日柱에 用喜神이 있어도 格局의 用喜神이 없으면 사회적응, 명예, 직책, 사업능력에 큰 발전이 없고, 格局의 用喜神은 있으나 日柱에 用喜神이 없으면 사회적인 능력은 있으나 自身의 身體·家庭環境·內面的인면에서 받쳐주지 못한다. 즉 억부용신에 해당하는 日柱의 用喜神은 個人用이며, 格局의 用喜神은 社會用이라는 의미이다.
- 身旺한 四柱가 공통적으로 원하는 희용은 食傷·財星·官星 順이고,

  身弱한 四柱가 공통적으로 원하는 희용은 印星·比劫·羊刃을 원한다.
- 格局이란 日干의 활동무대와 일터로써 職場이나 事業장소와 같이 본다.
- 用神이란 일을 감당하는 능력과 역량이다.
- 喜神이란 本人에 해당하는 日干의 희망사항이요, 요구조건이다.

- 忌神이란 주변에서 일어나는 잡음이나 구설口舌로 본다.
- 格局이 뚜렷하지 못하거나 成格이 이루어지지 않으면, 하는 일 또한 확실하지 않거나 職業이 일정치 않으며, 사는 게 이것도 아니고 저것도 아니게 된다. 그러나 格局은 大運의 흐름에 따라 成格도 되고 破格도 되는 둥 변화한다.
- 格局이 혼잡 되었거나 산란하면 한 가지 일을 끈기있게 못하거나 한 가지 일에 만족하지 못해 직업파동이 많거나 스스로 일을 만들어 고통을 받는다.
- 格局用神은 年月柱 天干에 있는 것이 제일 낫고, 地支에 있는 것은 격이 떨어진다.

  年月의 干支가 格局과 用神을 해치지 않을 때 吉한 것으로 보는데, 年月의 格用이 있으면, 일반 기업의 부장급 이상과 서기관급, 단체장급의 공무원이 될 수 있다.

  年月에 忌神이 있으면 上格이 될 수 없는데, 年月에 억부용신도 없는 것이 좋다. 日柱를 도우며 格用을 흐리게 할 뿐이다.

  年月에 忌神이 되어 格用을 해칠 때는 그릇이 작아져 재야在野의 선비 밖에 못된다. 즉 年月에서 도와주면 실력이 있는 윗사람이 끌어주는 형상으로 큰 사람이 될 수 있다.
- 用神은 암장된 것도 쓸 수 있으나 用神이 없으면 천해지거나 소인배가 되기 십상이다.

- 格局은 運의 흐름에 따라 成格도 되고, 破格도 되며, 변격 變格도 되는데, 身强한 경우에는 運이 바뀌더라도 직업적인 면을 고수하는 경우가 많고, 身弱한 경우에는 거의 運을 따라 변화한다. 그러니 格局이 冲되거나 合할 경우에 格局 자체보다 合冲의 六親을 잘 살펴서 변하는 六親에 따라 직업이 변화하니 잘 판단해야 한다.
- 대부분의 경우가 格局用神에서 職業을 정하는데, 格局에 비중을 더 둔다. 하지만 格局이 미약하고 用神이 더 强할 경우에는 格局을 따르기보다는 强한 用神 쪽의 직업을 선택하는 것이 유리하다.
- 格局用神이 뚜렷한 上格이나 中格은 직업의 판별이 쉽고 이론대로 잘 적용되나, 下格이나 파격에서는 格局用神대로 직업이 잘 적용이 되질 않는다.
- 格은 좋으나 用神이 弱하면 결실이 없거나 적다. 格局이 건왕健旺하고 用神이 없으면 名文출신이라도 써먹지 못하고, 格局이 弱하더라도 用神이 强하면 無學이라도 크게 써먹을 수 있다.
- 格局이 불분명하거나 日柱가 弱하고 格用도 다 弱할 때는 喜神 즉 억부용신을 따라 직업을 갖게 되는 경우가 많다.
- 종격從格이나 化格 등을 포함한 외격外格이란 것은 時代와 사회체제에 따라 변수變數가 있는 것인데, 현재 우리가 사

는 資本主義 와 個人權利를 우선으로 하는 民主主義 社會에서는 진격眞格이 아니면 格으로 定하지 않는 것을 原則으로 한다.

(9) 12운성의 大運 대입법

- 十二運星이란 天干의 氣가 땅에 미치는 순환循環의 原理이며, 變化의 法則을 意味한다. 한서온냉寒暑溫冷의 氣가 四時 中에 두루 유행流行하나 그 차이가 있는 것을 생왕묘절生旺墓絕 등으로 분류한 것을 말한다.

  十二運星으로 十年大運주기에 대입해서 보는 방법은 日干을 기준으로 한다.

  日干에서 十年大運 週期運의 地支 因子에 맞추어서 十二運星의 장생지부터 아니면 쇠병사부터 그 순서에 맞게 해당되는 運星을 定하면 된다.

- 예를 들어보면 日干이 癸水라고 가정하고,

	癸	己	
		酉	

73	63	53	43	33	23	13	3
丁巳	丙辰	乙卯	甲寅	癸丑	壬子	辛亥	庚戌
태	양	생	욕	관	록	왕	쇠

이렇게 각 地支마다 정해진다.
- 정해진 후에는 그 大運이 十二運星의 因子의 뜻에 대입해 본다. 12운의 강약이나 성쇠에 따라 吉凶運 여부가 다르게 작용하는 것을 알 수 있다.

大運도 맞춰보고, 歲運도 맞추어서 잘 살펴보면 그 運星運대로 움직이는 것을 알 수 있다.

각각 運星의 因子대로 뜻을 살펴보면 :

① 長生의 運星을 만날 때
- 새로 시작하고 싶은 충동이 들고,
  우연찮게 주변에서 도와서 사업이든
  출발, 뭐든 시작하게 된다.
  되살아난다는 의미이기도 하다.

② 沐浴의 運星을 만날 때
- 男女모두 주거를 옮기거나 가택 수리 등을 하게 된다. 신상 주변에 옳지 않은 유혹들이 속출하는 데 분별력이 흐려져 실수하고 색정사로 가정이 불안해진다. 재물도 흩어지고 신용 잃고 엉뚱한 일에 휘말린다.

③ 冠帶의 運星을 만날 때
- 발전과 성공, 행운의 시기이다.
  단체장 출마 당선운, 고위급 영전, 명예존엄, 직장에서는 승진운, 사업운은 호전되고 매사 좋은 일이다.

④ 建祿의 運星을 만날 때
- 새로 독립하는 과정이고, 氣의 흐름이 淸하고 强力하여 황금기로 본다. 계획한대로 명예체면 지키면서 책임완수 가능하다. 소득도 많아지고, 경사스러운 일도 많지만 잘 된다고 과욕을 부리면 해로우니 조심할 때이다.

⑤ 帝旺의 運星을 만날 때
- 인생의 결실이 맺히는 보람된 시기, 사회의 최고의 명예를 얻는 위치에 오르는 때, 해운이 최대가 된다. 가정 내에 기쁜 일이 많지만 좋은 운일 때 긴축해 두어야 좋다.

⑥ 衰의 運星을 만날 때
- 산전수전 다 겪고 쇠잔해지니 매사가 잘 풀리지 않고, 손실 등이 많아지니 은퇴, 정리할 시기이다. 재산이 줄고, 의욕과 용기가 저하되고, 건강은 병들기 직전으로 쇠약한 상태임으로 여러 가지 재난이 일어나기 쉬우므로 주의할 때이다.

⑦ 病의 運星을 만날 때
- 정신적으로나 신체적으로 병들고 지친 시기이다. 집안에 우환이 들끓고, 환자가 생기며, 예상치 못했던 일들이 손실을 초래한다. 성공이 어려우니 과욕, 과로 금물이며, 매사가 龍頭蛇尾격이 된다.

⑧ 死의 運星을 만날 때
- 병든 氣마저 마감해서 소멸하는 시기이다. 무기력해지고 무능해져 결단력도 부족하니 어떠한 일도 추진할 수가 없다. 재앙과 재난이 도사리고 있고, 친족 간에 인연이 끊기고 이별하게 되므로 주의해야한다.

⑨ 墓의 運星을 만날 때
- 죽음 후에 무덤 안으로 들어가는 형상을 뜻한다. 그 안에서 후손을 지켜보며 새로운 때를 기다리는 휴식, 은둔의 동면기 정도로 보면 되겠다. 이때는 심리가 의기소침해지니 잠시 생각하는 시간을 갖는 것이 좋다. 이 大運, 歲運이 오면 幸不運은 어떤 육친을 만나느냐에 달라진다.
- 偏財가 墓運에 있으면 부친과 사별하게 되고,
- 印綬가 墓運에 있으면 모친과 사별하게 되고, 사업실패 부도 등 나쁜 일이 생긴다.

- 官星가 墓運에 있으면 직장과 하는 일을 잃게 되며, 가족이 이별수가 보인다.
- 官星이 墓運에 있는 女命이라면 남편의 자리에 무덤을 갖고 사는 격이라 남편과 사별, 이별이 항상 걱정되는 運이다.
- 食傷이 墓運에 있으면 자식과 이별하게 되고, 하던 일들이 점점 기울어 손실이 크다.
- 墓運이 오면 하고싶은 의욕도 없겠지만 잠시 쉬는 것이 상책이다. 運 자체가 시체로 보면 타당하다. 하지만 中年가지의 墓運은 좋지 않지만 노년의 墓運은 좋다고 본다.

⑩ 絶의 運星을 만날 때
- 인연이 단절된 시기, 아직은 無에서 有가 시작되기 이전인 공허한 상태를 의미한다. 어떤 형성의 기운이 없으니 자기주장을 내세워도 모든 일이 뜻대로 되지 않는 때이다. 외부의 충동으로 동요되기 쉽고 인정에 이끌려 따라했다가 신용상실, 이별, 파산, 관재수 등의 발생 우려 있다.

⑪ 胎의 運星을 만날 때
- 새로운 생명이 잉태되는 시기이다. 막연한 생각과 구상하는 형태로 앞날의 희망과 발전을 꿈꾸며 새로운 사업을 시

작하기 좋은 때이다. 용기와 의지력이 생기고 지금까지 나빴던 일도 점차 호전된다.

개구리가 뛰기 전에 웅크리고 있듯이 준비대기 상태로 본다.

⑫ 養의 運星을 만날 때
― 봄이 와서 씨앗에 눈이 생기고, 싹이 움트는 형상이다. 체계적으로 계획을 세워 준비한다면 큰 행운은 기대할 수는 없지만 실패는 적다. 사업이든 장사든 경제적으로 변혁을 꾀하는 시기임에는 틀림없다.

(10) 쌍둥이의 時間, 時柱 잡을 때:
― 요즘은 쌍둥이가 의외로 많다.

쌍둥이의 시주時柱를 잡을 때는 뒤에 出産한 아기를 현재 태어난 시각으로 出生時 時柱로 잡는다.

먼저 태어난 아기를 한 시간 뒤의 다음 시간으로 出生時 時柱로 잡아준다.

예를 들면 辰時에 두 아기가 모두 출생했다면 나중에 나온 아기는 辰時 출생이고, 먼저 나온 아기는 巳時 출생임으로 巳時를 時柱로 잡으면 된다.

3. 통변 간명팔법看命八法

1) 간명팔법看命八法

- 易이란 宇宙의 日月, 즉 태양과 행성의 運行법칙을 이해해 가는 것이다. 잘 관찰해보면 하늘에는 天體의 현 사이, 땅에는 구체적인 形質이 나타남으로써 그 사이에 있는 五行들은 강유剛柔가 陰陽으로 마찰하고, 八卦가 서로 그네를 타듯이 오락가락하는 것이다. '天人合一'된 自然 人間事도 여기에서 벗어날 수 없다. 이 宇宙의 理致만 잘 이해한다면 人間의 四柱八字의 吉凶은 쉽게 판단할 수 있다.
기본적으로 宇宙의 理致는 늘었다 줄었다 하는 것으로 아주 간단하다. 마치 접시저울과 같다. 한쪽이 높으면 다른 쪽이 내려가고, 저쪽이 높으면 이쪽이 내려가는 것을 말한다. 오로지 가감加減만이 존재하고 그것으로 모두 해결된다는 것이다.
- 易에 통한 사람은 어떤 상황이 발생하면 따로 계산해볼 필요 없이 가감加減만으로 득실과 성패를 판단한다. 어느 人間에게나 世上의 미래는 단 두 가지 밖에 없다. 吉하지 않으면 凶함이다. 좋지 않으면 나쁘다는 OX가 분명하다.

돈을 벌었거나 돈을 모두 까먹었거나 둘 중 하나이다. 이것이 개개인의 四柱八字에 따라 왔다갔다하며 서로 바뀌는 것뿐이다.

- 사람의 四柱를 간명看命하려할 때도 마찬가지이다. 陰陽五行의 강유가감剛柔加減과 한난조습寒暖燥濕의 理致이니 그것만 잘 살피면 쉽게 알 수 있다.

庚辛金은 强하고 寒하다.
壬癸水는 柔하면서 寒하다.
申酉金은 强하고 寒濕하다.
亥子水는 柔하면서 寒濕하다.
寅卯木은 强하고 건조乾燥하다.
巳午火는 柔하면서 난조暖燥하다.
戌未土는 强하고 건난조乾暖燥하다.
辰丑土는 柔하면서 난조습暖燥濕하다.

- 四柱를 간명看命하려할 때에도 四柱구성을 보고 팔상八象으로 나누어서 간명한다.

(1) 유상類象

地支가 日支와 三合이 되어 그룹을 이룬 것을 말하고, 같은 오행이 天干과 地支에 고루 있는 것인데 너무 身旺하여 從旺格으로 본다.

> 甲乙日天干에서 地支가 亥卯未가 다 있는 경우,
　　> 丙丁日天干에서 地支가 寅午戌이 다 있는 경우,
　　> 戊己日天干에서 地支가 辰戌丑未가 다 있는 경우,
　　>庚辛日天干에서 地支가 巳酉丑이 다 있는 경우,
　　> 壬癸日天干에서 地支가 申子辰이 다 있는 경우를 말한다.

이와 같은 종왕격은 大運과 歲運에서 印星運을 만나면 제일 좋고, 財官運이나 刑沖破害를 만나면 破하거나 불길하여 하는 일에 장애가 따른다.

(2) 화상化象

化象서로 合하고 地支에서 合하여 月支를 生 하거나 月支와 比劫이면 化象이라 하다.
　　> 日天干이 甲己合土하고 辰戌丑未月에 出生한 者.
　　> 日天干이 乙庚合金하고 申酉月에 出生한 者.
　　> 日天干이 丙辛合水하고 亥子月에 出生한 者.
　　> 日天干이 丁壬合木하고 寅卯月에 出生한 者.
　　> 日天干이 戊癸合火하고 巳午月에 出生한 者.

이와 같은 사주를 化象이라하는데 化象의 五行을 얻으면 眞格이 되어 일평생이 잘 살고 부귀한 命이다.

(3) 종상從象

- 日天干이 뿌리가 없어 약한 상태에서, 食神, 傷官의 강한 힘으로 인해 종아격이 된 것을 말한다. 반면에 日天干이 뿌리가 없어 약한 상태에서, 偏財, 正財의 강한 설기로 종재격이 된 것도 마찬가지이다. 大運이나 歲運에서도 같이 종從하는 運으로 가면 大吉하고, 종從을 剋하면 不吉하다.

(4) 귀상鬼象

- 日天干이 甲乙木일 때 申酉戌月에 출생하고, 四柱 전체가 순금국으로만 된 것을 말하는데 이를 종살격從殺格이라 한다. 종살격은 즉 官星이 많은 것을 말하며, 이를 鬼象으로 본다.

  > 甲乙木의 日干이 申酉戌月에 出生하고,
    金이 다반사인 四柱.
  > 丙丁火의 日干이 亥子丑月에 出生하고,
    水가 다반사인 四柱.
  > 壬癸水의 日干이 辰戌丑未月에 出生하고,
    土가 다반사인 四柱.
  > 戊己土의 日干이 寅卯辰月에 出生하고,
    木이 다반사인 四柱.

이와 같은 四柱를 鬼象이라하는데, 大運과 歲運이 身旺하면 不吉하고, 官殺運에는 大吉하다. 이런 運에는 疾病이 따르고, 身上에 재앙災殃이 떠나질 않고, 고질병이나 불치병으로 氣를 못 쓰게 된다.

(5) 속상屬象
- 日天干이 어느 방위에 속하는가를 살펴서 판단하는 것을 말한다.
  > 戊己日干이 巳午未月, 즉 印星계절에 출생 자.
  > 戊己日干이 辛酉戌月, 즉 食傷계절에 출생 자.
  > 戊己日干이 亥子丑月, 즉 財星계절에 출생 자.
  > 戊己日干이 寅卯辰月, 즉 官星계절에 출생 자.

- 四柱구성상 전반적인 五行이 어느 方位에 치중되어 있는가를 살펴서 그 사람의 性品도 판단할 수 있다.

  > 亥子丑 北方에 치중되어 있으면
    예의가 바른 사람이다.
  > 寅卯辰 東方에 치중되어 있으면
    어질고 자상한 사람이다.
  > 巳午未 南方에 치중되어 있으면

의협심이 강한 사람이다.
> 申酉戌 西方에 치중되어 있으면
지혜로운 사람이다.

(6) 반상返象
- 四柱구성상 月支가 用神이라면, 十二運星의 절絶이 時支에 있어 返象된다고 한다.

月支 用神이 申이라면 申은 庚金인데, 時支에 寅이 있으면 絶이 되고, 用神 庚金이 時支를 볼 때 확실하게 絶이 되는 것을 뜻한다. 이런 運에는 평생 주거가 불안하고 이동이 심하며, 마음이 늘 좌불안석으로 어떤 일에 집중하지 못하고 시작만 할뿐 성취되는 일이 극히 적다고 하겠다. 사회생활이나 인간관계에서도 인덕도 없고, 인연이 박하여 늘 고독하다.

(7) 복상伏象
- 四柱구성 중에 日干이 나타나지 않는 경우를 말한다. 日干이 月支를 통하지 않고, 다른 곳에 合하여 변한 五行으로 출생한 달의 五行과 같은 것을 말한다.

壬日 日干이 午月에 出生하고, 地支에 寅午戌 合이 있고, 天干에 丁이 나타나지 않은 상태에서 지장간 午 中에 丁

火와 干合하여 木으로 변하였으니, 그것이 다시 出生한 午火를 生하니 이것을 엎드린 현상으로 보고 伏象이라고 말한다.

이런 運을 大運과 歲運에서 木火運으로 만나면 大吉하고, 金水運으로 만나면 不吉하다. 하지만 이것이 造化만 잘 되면 藝術과 文藝로 世上에 이름을 떨칠 수 있기도 하다.

(8) 조상照象
- 조상照象이란 햇빛이 어디선가 비춘다는 의미인데, 협조자나 귀인상봉이 예상되는 암시형상이다.

丙日의 日干이 年月日에서 巳午未를 만나고, 時上에 卯木이나 印星을 만나면 木生火로 相生相照가 이루어져 아주 좋은 吉相이라 한다.

(9) 형살현상刑殺現象
- 시비구설, 투쟁, 암투, 속박구속, 관재송사, 재앙재난, 수술발병, 좌천낙직, 고향이별, 가정불화, 부부이별, 주거변동, 자녀가출, 상하반목, 교제불능, 계획무산, 제자배신비애 등 불행한 일 다발한다. 身弱하면 强하고 무겁게 다가오고, 身强하면 弱하게 지나간다.

(10) 축술미형살현상丑戌未刑殺現象

- 大運이나 流年運을 만나면 재물을 파산하고, 관공직에 있으면 동료와 不和한다.
- 상업인은 투쟁하거나 시비가 분분하고, 관재구설의 역량 下에 놓이게 된다.
- 그나마 吉神이면 군대나 억제된 공간에 있게 되지만 凶神이면 형무소나 구치소에 구속되거나 교통사고나 身體에 問題가 생겨 入院, 수술을 하게 된다.
- 身體에 이상은 뇌腦, 신경, 정신계통, 심신장애, 심장판막증, 좌골신경통으로 고생한다.

(11) 인사신형살현상寅巳申刑殺現象

- 大運이나 流年運을 만나면 관공직이 위태롭고, 집안에 혈광사로 망자가 나타난다.
- 상업인은 관재구설로 刑罰이 가로막고, 사업이 막혀 진행에 장애가 많아진다.
- 부모형제 육친과도 투쟁이 활발해지고, 인연 끊게 되며, 부인은 낙태하고, 관인은 관옷 벗고, 승려는 파계환속하게 된다. 평인은 금전재물 손재수, 교통사고 주의, 관재구설에 유의하여야 한다.
- 身體에 이상은 소장, 편도선, 약물중독, 총기사건이 문제된다.

(12) 자묘형살현상子卯刑殺現象

- 大運이나 流年運에서 子卯年이나 卯子刑年을 만나면 주변 사람이 소송을 일으켜 윗사람을 害하고, 아랫사람들이 불목한다.
- 상업인은 재물을 파산하고, 부부간에 불화하여 별거나 이혼하는 수도 있다. 매사에 순조롭지 못하고 방해점이 나타난다.
- 이성 관계에서 불륜, 간통, 무례함, 변태성욕자, 난폭하거나 패륜적인 행동이 나타나고, 체면은 안중에도 없다.
- 임산부는 유산을 조심하고, 바람을 피우는 男女들은 성병을 조심해야 한다.
- 身體에 이상은 신장, 방광, 자궁, 비뇨기과 산부인과, 간장에 이상 생기고, 약물중독, 음독경험, 마약을 주의해야 한다.

(13) 자형살현상子刑殺現象

- 大運이나 流年運에서 辰辰年, 午午年, 酉酉年, 亥亥年을 만나면 自禍自招하여 우환질병으로 고생을 하게 된다.
- 身體에 이상은 사고나 自害행위, 정신이 박약한 경향, 쌍둥이나 장애아를 출산할 가능성이 높고, 조울증, 히스테리, 위장병, 신경계통, 생리통, 고혈압, 당뇨병, 신장계통, 비뇨

기과를 주의해야 한다.

 2) 歲運 감정하는 법

- 年支가 沖되는 해는 사회생활에 문제가 생긴다. 매사에 막힘이 많고 노력에 비하여 소득이 적다. 소송사건 등이 있으면 패소하기 쉽다.
- 月支가 沖되는 해는 환경의 변화, 가정불화, 직업변동, 육친의 변동, 원행이동, 주택이동, 짜증권태, 불만근심, 우환사고 재앙이 두렵다.
- 日支가 沖되는 해는 계획한 일이 뜻대로 성취되기 어렵고, 노력에 비해서 결과도 신통치 않다. 부부충돌 예상, 배우자와 의견대립 심해지고, 이별수 있다. 마음이 불안하고 건강이 나빠지며, 무슨 일을 해도 만족감을 못 느껴서 짜증이 잘 나고 화를 잘 낸다.
- 時支가 沖되는 해는 사회생활이 불안정하고 미래가 불안하다는 생각을 한다. 정신적으로도 혼미해지고, 계획이 중단되고, 자녀와 충돌하고, 자녀 때문에 근심걱정, 가출반항, 학업부진, 진로개혁, 부하반목, 제자배신, 매사불성으로 괴롭다.
- 天沖地沖되는 해는 사회에서 적을 만나게 되니 필사적 투

쟁으로 자기 역량을 최대한 발휘하나, 신약한 命式은 관재구설, 횡액재난, 도난사기, 교통사고, 질병, 대수술, 부부이별, 비운이 겹치고 기진맥진하게 되어 大凶하다.
- 四柱에 月支, 日支가 沖이면 타향에서 자수성가한다.
- 四柱에 年, 月, 日, 時가 空亡이면 전화위복 된다.
- 四柱에 日支와 日辰이 沖이면 자녀가 나간 날을 의미한다. 沖하는 날에 집을 나갔으니 合되는 날이나 달에 들어온다.
- 四柱에 財가 많으면 재물과 女子도 되지만 하늘에 구름과도 같다.
- 四柱에 火가 없으면 융통성이 없다.
- 四柱에 財星은 처첩으로도 보고, 文書로도 본다.
- 日支에 酉戌이 있으면 종교공부가 잘 맞는다.
- 日干이 辛金이고 時干이 戊土이면 자식이 부모에게 폭력을 가한다.
- 日支가 巳火이고, 時支가 戌土이면 자식이 원수와 같다.
- 四柱에 用神이 많을 경우에는 마음이 우왕좌왕 좌불안석이고, 하는 일이 매우 복잡하다.
- 用神이 合이 되면 좋을 것이 없고, 쓸모가 없다.
- 女命에 식신이 2개가 되면 자식이 없는 걸로 본다. 단 印星이 없을 경우에만 그렇다.
- 女命에 官이 空亡이면 성관계가 잘 이루어지지 않는다.

- 四柱에 戌, 亥를 깔고 앉으면 한의사가 될 팔자이다.
- 四柱에 乙, 庚이 合을 하면 대체로 한의사가 많다.
- 辰巳가 공망이며, 12운성의 절과 大運, 歲運에서 만나면 가정이 파탄날 수 있다.
- 日支에 지살이 있으면 멀리 떨어진 사람과 인연이 있으며, 자신이 고독을 초래한다.
- 四柱에 반안살, 역마살, 장성살이 있으면 妻德이 있다.
- 子卯刑은 부모형제가 수술을 하게 되며, 女子는 아기 유산을 조심해야 한다.
- 四柱 地支가 三合이 되어 比劫이 되면 凶하고, 運이 나쁘면 배우자가 사망한다.
- 四柱의 日支가 合이 되면서 男子는 財星으로 바뀌면, 바람나고, 女子는 官星으로 바뀌면 바람난다.
- 四柱에 劫財가 많으면 형제간에 우애가 없으며 재산다툼이 일어난다.
- 四柱에 印星이 强하면 의지력이 약하고, 모친과 인연이 없으며, 어려서 헤어진다.
- 丙辛合水는 돌아서서 헌한다.
- 四柱의 日柱가 乙未, 乙巳, 己巳는 항상 질병에 노출되어 있다.
- 四柱에 亥水가 있으면 대체적으로 身弱四柱이면서 천식,

기침으로 고생한다.
- 日柱 丙火인 四柱가 壬水를 보면 눈이 안 좋다.
- 丁火는 土와 金을 좋아하고 고독을 좋아한다.
- 寅申 역마 沖은 변화, 이동, 교통사고 주의한다.
- 결혼 택일에서 男女의 四柱의 日柱와 같은 日辰 날은 피하는 것이 좋다.
- 신부 모친이 결혼한 달은 凶하고, 신랑 모친이 결혼한 달은 무난하다.
- 男子 四柱의 원진살 해에는 결혼을 피한다.
- 결혼 날을 받으면 상갓집에 안 가는 것이 좋다. 부득이 할 경우에는 상주를 보지 않는다.
- 자식궁에 수옥살이 들면 제왕절개를 할 수 있다.
- 妻宮이 세운에서 沖剋을 받으면 부부갈등이 심해진다.
- 四柱에 水가 부족하면 인정이 없고, 水가 많으면 남에게 잘 베푼다.
- 男子四柱에 食神이 官星과 沖剋하면 직업이 불안해진다.
- 四柱에 食神이 많으면 결혼이 늦어진다.
- 女命에 상관이 强하면 미용실, 서비스업계통에 잘 맞고, 男子를 누르게 된다.
- 女命에 傷官이 많고, 傷官이 들어오면 딸일 확률이 높다. (임신을 했을 때)

- 四柱에 傷官이 强하면 아들을 싫어한다.
- 四柱에 傷官이 沖剋을 받으면 화술실력이 좋으나 사기성이 많다.
- 四柱에 傷官이 많으면 바람피울 가능성이 높고, 연예인은 傷官이 있어야 성공한다.
- 女子四柱에 時傷官이면 남편을 剋하고, 백년해로 어렵고, 자식이 안 된다.
- 四柱에 상관은 언제나 財星을 만나야 吉하다.
- 食神이 大運, 歲運에서 沖剋을 받으면 직장을 잃는다.
- 男子四柱에 食神이 三合해서 印星, 財星으로 변하면 평생 올바른 직업 갖기가 어렵다.
- 女命이 食神이 너무 많으면 정조관념이 없어서 창녀가 될 가능성이 많다.
- 偏財가 너무 많으면 빈곤하다.
- 재다신약財多身弱 사주는 빈곤하다.
- 비견이 喜神이면 친구, 친척, 형제, 주위의 도움으로 모든 일이 잘 진행된다.
- 비견이 喜神이면 건강이 좋아지며, 승진, 취직, 합격운이 좋다.
- 비견이 喜神이면 독립사업을 하게 되고, 事業이 확장되며, 거래선이 늘어난다.

- 비견이 喜神이면 女子는 남편과 사이가 좋아지고, 시집식구들과의 유대관계가 좋아진다.
- 비견이 凶神이면 경제적 사정이 급격히 나빠진다. 우연찮게 걸린 병으로 고생한다.
- 비견이 凶神이면 친구나 형제, 선후배에게 재산상의 피해를 보거나 소송투쟁으로 손해를 본다.
- 비견이 凶神이면 공무원, 직장인은 시기와 질투, 모함하는 자들이 많아 고민하게 된다.
- 비견이 凶神이면 남편이 바람을 피우게 된다.
- 비견이 凶神이면 학생은 불량한 친구들과 어울려서 학업을 기피하고 성적이 떨어지거나 자퇴하는 상황도 발생한다.
- 비견이 凶神이면 혼인 적령기의 男女는 자존심 대립으로 성립이 잘 안 된다.
- 비견이 凶神이면 불량배나 강도, 취객에게 곤욕을 당한다.
- 비견이 凶神이면 수입보다 지출이 많으며, 불의의 재난으로 파산할 수 있다.
- 비견이 凶神이면 중상모략을 당하거나 친구나 형제로부터 배신을 당한다.
- 비견이 상형相刑되면 친구, 형제, 친척, 선후배에게 재산문제와 관재구설로 소송사로 다툼이 있거나, 자신의 건강관

계로 수술할 수 있고, 교통사고나 불의의 사고를 주의해야 한다.
- 비견이 財星과 合이 되면, 뻔히 알면서도 재물 손해를 보거나 妻의 操行上, 조정을 받게 된다.
- 비견이 凶神이면서 財星과 合되면 괜히 처에게 트집 잡고 짜증 부린다.
- 겁재가 喜神이면 형제, 친척, 친구, 주위의 도움으로 재산이 증식되고, 건강도 좋아진다.
- 겁재가 凶神이면 형제, 친척, 친구 간에 재산문제, 서로 모함하여 관재송사까지 발전하고 피해를 입는다.
- 겁재가 凶神이면 처는 질병으로 고생하고, 남편은 첩을 두거나 바람을 피워 재산을 탕진하여 부부간에 갈등이 심화되어 심할 경우 이혼까지 불사한다.
- 겁재가 凶神이면 학생은 못된 친구들과 어울리면서 불량청소년이 되거나 성적이 오르지 못하여 고민 방황하는 수가 있다.
- 食神이 喜神이면 男子는 처가로부터 도움을 받고, 女子는 자식을 얻는다.
- 食神이 喜神이면 학생은 기억력이 증진되고, 성적이 향상된다.
- 食神이 喜神이면 취직, 승진, 당선, 시험합격 된다.

- 食神이 喜神이면 사업가는 크게 사업이 번창되고, 신규 사업을 경영하게 된다.
- 食神이 喜神이면 병약자는 치료가 호전되고, 채무자는 빚을 청산하게 된다.
- 食神이 喜神이면 재물이 늘고, 주택을 장만하게 되고, 발명, 개발, 창안, 연구 등에서 큰 성과가 있다.
- 食神이 凶神이면 직장인은 갑자기 직업을 바꾸거나 부하직원들 때문에 직장에 문제가 생겨서 본의 아니게 고통이 수반된다.
- 食神이 凶神이면 男女 모두 자식문제로 고통이 따른다. 최악의 경우 자녀가 불구 또는 사망하게 된다.
- 食神이 凶神이면 추진하는 일은 불성사이고, 투자한 것은 실패하게 된다.
- 食神이 凶神이면 학생은 퇴폐적인 음악을 듣거나 성인용 비디오를 즐기며, 불량한 친구들과 어울려져서 학업성적이 떨어진다.
- 食神이 凶神이면 재난, 도난, 분실, 하자발생 등의 재산상의 손실이 크게 된다.
- 食神이 凶神이면 男子는 처갓집과 관계된 골치 아픈 일이나 마찰이 생기며, 女子는 시집 쪽과 마찰이 생긴다.
- 傷官이 喜神이면 병약자는 건강이 회복되고, 질병에 시달

린 자는 양약을 구하여 病이 치유된다.
- 傷官이 喜神이면 女子는 자녀의 기쁨이 있고, 득남하게 되며, 그 자녀에게도 경사스러운 일이 생긴다.
- 傷官이 喜神이면 사업에 투자하거나 확장하면 기반을 다지게 된다.
- 傷官이 喜神이면 男子는 부인에게 경사가 있거나 부인으로 인해 재물을 얻는다.
- 傷官이 喜神이면 포악한 성질을 부리던 사람이 온순해진다.
- 傷官이 喜神이면 탁월한 재능이 발휘되어 주위로부터 재능을 크게 인정받아 명예를 떨치는데, 특히 예체능, 학술, 기술, 언론계열로 크게 명성을 얻고, 사업가는 중개업, 중고물품 등을 취급하여 크게 성공한다.
- 傷官이 凶神이면 공무원, 직장인, 회사원은 실직, 낙직, 퇴직을 당하게 된다.
- 傷官이 凶神이면 타인과의 불화나 관재소송, 시비구설로 인해 명예가 실추되니 말조심해야 한다.
- 傷官이 凶神이면 女子는 남편을 잃거나 자식 때문에 속을 태우고 자식이 흉한 일을 겪게 된다.
- 傷官이 凶神이면 사업투자나 확장을 하였다가 사기를 당하는 수가 있으며, 사업자는 휴업이나 폐업을 하기도 한다.

- 傷官이 凶神이면 유흥에 젖어 방탕하는 수가 있으며, 관재수, 교통사고를 주의해야 한다.
- 傷官이 凶神이면 혼인 적령기의 男女는 모두 不吉하다.
- 傷官이 凶神이면 男子는 아내가 싫어지고, 女子는 남편이 미워져서 이혼하게 된다.
- 傷官이 凶神이면 질병을 얻으며, 관재송사로 시비가 생기고, 손재수, 실물수가 따라 금전적 손해를 보게 된다.
- 傷官이 凶神이면 직장인은 파직, 권고사직 등 자의반 타의반으로 직업을 잃게 된다. 경한 경우에는 직위해제, 좌천, 강등, 감봉 등의 불이익을 초래한다.
- 傷官이 凶神이면 학생이면 퇴폐적인 행위에 젖어 불량 써클에 가담하던가, 학업성적이 오르지 않아 애를 먹는다.

 3) 새 사업을 성공시키는 법

☯ 철학관 사무실을 구할 때 꼭 지켜야 하는 필수사항

> 프로 역술가의 生年으로 계산해서 장성살 출입문은 절대 금물이다.
 이런 사무실에는 절대 성공할 수 없다.
 하다못해 그 방향의 창문도 나쁘다.

만약에 있다면 막아버리던가, 썬팅이라도 하던가,
커튼이라도 해서 빛이 안 들어오게 하는 것이 좋다.
장소의 위치와는 관계없이 앉은 자리에서 해 뜨는 곳과
해지는 곳을 중심으로 본다.

> 자신의 집에서 볼 때 반안살 방향에 위치하는 것이 가장
  좋고,
  두 번째로는 귀인이 붙는 망신살 방향이 좋고,
  세 번째로는 돈과 홍보통신이 잘되는 역마살 방향이 좋다.
  나머지는 그저 그런데 필히 피해야하는 방향이 있다.
  천살방향이면 악영향이 온다.

> 상담사무실 안에서 책상배치도이다.
  사무실 중간지점을 기준으로해서 상담책상을 반안살 가까
  이에 놓는다. 그리고 상담선생님 자신의 자리는 천살방향
  을 등지고 앉고, 손님, 상담자를 반안살 방향에 앉힌다. 그
  래야만 상담이 원활하게 돌아가고 수입 면에서도 이득이
  생긴다.

> 상담사무실 안에서 금고? 금고까지는 아니어도 그날 들어 온
  수입, 돈을 모아놓는 정도의 장소를 말함인데,

반안살 쪽에 놓는 것이 大吉方이다.

> 상담사무실 안에서 화장실과 하수구는 재물이 들어오는
> 氣의 순환로順換路이다.
> 화장실과 하수구는 사무실 중간지점을 기준으로해서
> 화장실은 육해살 방향으로 자리 잡는 것이 좋다.
> 그리고 필히 하수구가 청결해야 한다.
> 하수구에 이물질이 막혀있으면 일단 그 사무실의 氣가
> 꽉 막혀있다고 보면 된다. 氣는 곧 돈이고,
> 氣가 잘 돌아야 돈도 잘 들어온다.

> 상담사무실의 간판은 지살방향에 걸어야 홍보가 잘된다.
> 상담사무실의 출입문은 지살방향으로 나 있는 것이 吉
> 하다.
> 사무실의 출입문이 用神방향으로 나 있는 것이 두 번째로
> 吉하다.
> 세 번째로 출입문이 육해살 방향으로 나 있는 것이 吉하다.
> 사무실의 창문이 역마살방향으로 나 있으면 없는 것보다 좋다.
> 망신살방향의 출입문은 폐쇄시키는 것이 좋고,
> 육해살 방향으로 난 창문, 환기구는 막으면 흉하다.
> (덥거나 추울 때도 마찬가지이다.)

> 오전에 사무실에 출근하면 제일 먼저 해야 할 일이 기도이다.
자신에게 남에게 없는 그 어떤 힘을 얻고자 한다면 기도는
필수이다. 기도라고 해서 어떤 특정에 종교를 칭하는 것은
아니다.
자신을 지켜주는 호신護神과 자신의 조상신께 기도하는 것
이다.
상담사무실 안의 氣와 자신을 지켜주는 神을 잘 섬겨야만
성공을 할 수 있을 것이다.
이것이 프로 역술가가 갖아야 하는 기본자세이다.

☯ 그렇다면 기도는 어떻게 해야 할까?

기도라 해서 거창하게 겁먹을 것은 없다.
하루를 시작하며, 그날 상담할 때 실수하지 않고,
올바른 감명을 하게 해달라는 아주 기본적인 기도이다.
미처 못 본 통변도 잘 할 수 있게 일러주시고,
만약 상담자가 어떤 해결책을 원했다면 인간으로써는 부족한
그 어떤 해결의 힘을 주십사고 기도하는 것이다.
손님이 많이 들게? 돈이 많이 벌리게? 의 기도마음은
권하고 싶지 않다. 그것은 자신이 어떻게 바르게
살아가느냐에 달렸고, 또 자신의 大運 運路에
달려있는 것이기 때문이다.

☯ **기도는 어떤 방법으로 해야 할까?**

기도는 아침에 한번, 끝나고 들어갈 때 감사하다고
한번 하는 것이 가장 무난하다.

역시 종교와는 무관한 것이다. 만약 종교가 있다면
자신의 종교적 기도를 하면 될 것이다.

기도하는 장소를 특별히 정하는 것 보다 상담하는 책상 위에
받침이 있는 잔을 준비해 놓고,

청정한 물 한잔이 올리는 것이 제일 좋다.

이때에 향이니 촛불이니 굳이 필요 없다고 본다.

마음이 제일 중요한 것이다.

그리고 잘 하고자 한다면 한이 없고 끝이 없다.

☯ **일반적인 기도와 달리 부적을 쓰고 싶거나
좀 더 적극적인 뭔가를 얻고자할 때 기도는 어떻게?**

사무실 내이든지 집이든지 관계는 없으나
기도하는 장소를 한 곳으로 정해야한다.

이때 사무실 안에서 장소를 정하고자 한다면, 사무실 중간지점을
기준으로해서 천살방향(구석이라도)으로 정한다.

집에서도 마찬가지이다.

이때 천살방향에 종교에 관련된 물건을 걸거나 놓는 것은
금물이다. 불상, 달마도, 목탁, 성모도, 예수도, 성경책 등등

기도하는 상을 천살방향으로 놓고,
자신은 반안살 방향에 서서 천살을 향해 절을 한다.
천살방향은 자신의 하늘의 방향이고, 조상이 왕래하는 방향이다.
이곳에 종교물을 놓게 되면 자신의 조상신이 들어오는 것을 막게 되는 형상이 된다.
이 기도를 할 때에 時間을 일정하게 정해놓고 하는 것이 좋다.
매일 子時에 기도를 했다면 꾸준하게 子時 기도를 하는 것이 좋고,
寅時에 기도해 버릇했다면 매일 같이 寅時에 기도하는 것이 좋다는 뜻이다. 새벽時間이 본인에게 어렵다면 오전 巳時도 괜찮다.
어떤 시간이든 간에 時間을 지켜서 기도하라는 말이고, 그 時間을 지키는 것 또한 정성이라는 말이다.
하루 중 어떤 時間이라도 괜찮겠지만 굳이 나쁜 시간,
이롭지 않은 시간, 기도해서 德을 못 보는 時間을 골라내자면,
丑時와 戌時는 기도를 피하는 것이 좋다.
매일 백초귀장술로 봐서 백병주, 사살신, 기러기, 약일충, 공망신

時間도 피하는 것이 좋다. 기도가 헛수고가 되기 때문이다. 여기에서는 정안수, 촛불과 향을 올려도 좋다.

부적을 쓰려할 때에도 쓰기 직전에 목욕재계 한 후에 기도를 올리고 난 후 부적을 쓰는 것이 기본자세이다.

기도를 통해 천인합일이 되고, 우주의 큰 氣와 성취의 힘을 天氣로 부터 내려 받은 붓끝으로 쓴 부적이 효험이 있는 것이다. 필체가 좋다고 기도와 정성 없이 휘날려 부적을 썼다면 부적의 氣가 얼마나 성취를 할 것인지 걱정을 하지 않을 수 없다.

사무실의 현관은 그 집의 얼굴과 마찬가지이다. 그래서 사람이 출입하면서 外部의 氣運이 가장 많이 전달되는 곳이기도 하며 집주인의 이미지를 느낄 수 있는 최초의 관문이기도 하다. 그래서 옛날부터 우리 조상들은 아침에 일어나자마자 빗자루를 들고 대문 주변이나 대문으로 들어오는 골목길을 청소하는 것을 소홀히 하지 않았다. 항상 깨끗하며 청결을 유지하는 것이 좋다. 그리고 현관문 앞에 계절에 맞는 화사한 꽃을 두면 어떤 방문객이라도 마음도 한결 즐거워져서 돌아갈 때에 마음이 가벼워져 돌아가게 될 것이다. 손님이 많이 드나드는 영업장에 이와 같이 화분을 두면 좋은 氣運을 흐르게 하여 손님들이 들 끓게 된다.

현관은 우선 밝고, 실내 쪽으로 전개되는 곳이 트여야 영업장 氣의 흐름이 좋다. 어둡고, 침침한 상태로 방치되어 있다면 밝고 온화한 느낌의 백열등으로 교체해야 한다. 전등의 갓이 어두운지, 끊어진 전구가 없는지 늘 신경 써야하고 영업장에서 가장 어두운 곳을 찾아 나쁜 氣運이 머물지 않도록 조명을 설치해야 한다.

또한 현관에 들어서자마자 거울이 눈앞에 있다거나 조금 떨어져 있어도 현관문을 열었을 때 바로 거울이 보이는 것은 좋지 않다. 굳이 이유를 따지자면 거울은 氣를 반사하는 작용을 하기 때문에 좋은 기운을 들어오기가 무섭게 되돌려 내보내는 형상이 되기 때문에 꺼리지만 반대로 나쁜 기운을 내쫓는 역할도 한다. 또 다른 의미에서 보면 현관문을 열자마자 自身의 전신이 비춰지는 것은 별로 좋지 않은 인상을 준다. 특히 크고 화려한 장식의 거울이 있다면 치우는 것이 좋다. 아니면 선인장과 난 화분 등으로 거울을 약간 가려 주어야 좋다. 크고 화려한 거울은 氣를 분산시키고, 때로는 氣를 반사함으로써 차단시키는 역할까지 하기 때문이다.

또 현관공간의 여유가 없다고 해서 들어서자마자 신발장이나 벽, 이중문 등이 정면을 가로막는 것도 또한 좋지 않다. 구조를 바꾸기 힘든 경우에는 신발장 위에 난을 올려놓고 벽에 밝은 느낌을 주는 정물화나 평화로운 풍경화를 걸어둔다. 그리고 맑은 소리가 나는 종(鍾)이나 풍경(風磬 바람에 흔들려 소리 나는 쇠붙이 같은 것)을 달아 심심찮게 일부러 소리를 내게 하는 것도 좋은 방편이다.

 4) 개운하는 요령비법

가] 삼재三災 푸는 방법

사람은 누구나 9년마다 주기적으로 삼재三災年을 맞게 되는데 각 떠마다 세년歲年이 돌아가면서 자연적으로 직면하는 것이기 때문에 피할 길이 없다. 삼재三災란 크게 세 가지 재앙을 뜻하는데, 삼재에 해당하는 해에는 물·불·바람으로 재앙을 당하기 쉬우니 조심하는 해이다. 물(水)로 인해 액운이 닥치거나 하는 일이 물거품처럼 허사가 된다거나, 불(火)로 인해 재앙을 당하거나 모든 것이 재가 되어 날아가 버린다거나, 바람(風波)처럼 불어 닥치는 집안의 크고 작은 액운들로 인해 파탄, 이별, 병난病難, 재물손실, 관재구설 등을 당할 수 있다. 그러므로 매사 조심하고 미리 예방하는 의미에서 년 초에 삼재를 푸는 의식을 예부터 행해왔다.

삼재三災年	들어오는 해	묵는 해	나는 해
申子辰 生	寅年	卯年	辰年
巳酉丑 生	亥年	子年	丑年
寅午戌 生	申年	酉年	戌年
亥卯未 生	巳年	午年	未年

(여기에서 사용하는 방법은 전통적으로 토속신앙이나 무속에서 널리 사용하는 방법이다.)

☆ 삼재풀이 하는 날은 정월에 첫 번째 호랑이날(寅日)이나 말날(午日)이나 또는 보름날이나 길일을 골라 의식을 행한다.

☆ 삼재풀이를 하겠다고 정해지면 백미(햅쌀) 세말(3말이나 3포)을 단위에 올린다.

☆ 삼재풀이 하는 날은 먼저 단위에 제의식 상차림을 한다.

☆삼재 풀 때 준비물

속옷(입었던 것), 삼재부적, 찌분옹, 통북어, 한지나 삼베, 붉은 팥, 검정콩, 잡곡밥, 미나리, 계란, 오방기, 신칼이나 부엌칼, 오색천 등

1] 삼베나 한지(북어를 쌀 수 있을 정도의 크기)를 넓게 펴 놓고, 윗 속옷(주소 생년월일 성명 '삼재팔란소멸발원'기입)을 먼저 펴놓고 그 위에 팬티를 펴놓는다. 그 다음 삼재부적(주소 생년월일 성명)을 펴놓고 그 위에 통북어를 올려놓은 다음, 나이 수만큼의 붉은 팥알을 넣고 돌돌 말아 꼭꼭 싼다. 삼베 끈을 7개 준비해 놓았다가 돌돌 말은 것을 7마디로 묶는다. 이것을 삼재 상차림 한 밑에 놓았다가 의식이 모두 끝나면 당사자의 몸을 8번 두드린 뒤 집밖으로 멀리 가지고 가서 불에 태운다.

2] 백색 한지에 버선모양을 그린 뒤, 8장을 만든다. 버선모양의 한지에 각 조관신들에 명호를 적는다.

(천관조신 ○○생 누구누구의 삼재일시소멸, 지관조신 ○○생 _____, 수관조신 ○○생 _____, 화관조신 ○○생 _____, 년관조신 ○○생 _____, 월관조신 ○○생 _____, 일관조신 ○○생 _____, 시관조신 ○○생 _____ 이라

쓴다.)

　이것을 대나무에 붙이거나 끼워서 지붕 위 용마루에 꽂아두고 이른 새벽에 동쪽을 향해 7번 절을 하면서 '천지수화 연월일시 관조신 ○○생 누구누구의 삼재일시소멸발원'이라 외운다. (새벽에 행하기 어려우면 삼재상 차릴 때 옆에 놓는다)

3] 삼재상을 준비하는데 수북한 대접 밥(잡곡밥이 더 좋다) 한 그릇, 3종류 과일, 3종류 나물, 형편껏 준비한 조과 (팔보, 옥춘, 약과, 산자, 강정, 다식, 사탕 등), 날계란 3개(계란에 매직펜으로 생년월일 이름을 쓴다), 조밥(접시밥), 청수 3잔, 막걸리 3잔, 붉은 팥과 검정콩을 한 대접씩 놓는다.

4] 소지종이로 된 삼재부적을 3장 준비하여 의식이 시작하기 전에 1장, 중간에 1장, 끝나고 난 뒤에 1장을 태워 날린다. (불꽃이 꺼지지 않고 재가 날아가야 좋다)

5] 법단이나 신단에서 예를 갖추고, 천수경 ⇒ 부정경 ⇒ 태을보신경 ⇒ 신장경 ⇒ 삼재경(3번이상) ⇒ 도액경 ⇒ 백살신주경(살풀이 경)⇒ 육모적살경 ⇒ 뒷전풀이를 한다. 이때 단위에 삼재부적(삼재다라니)을 올려놓았다가 의식이 모두 끝나면 붙일 것과 몸에 소지할 것을 구분하여서 준다.

6] 축원경문이 끝나면 당사자를 문밖에 앉혀놓고(밖을 향하여) 오방기로 몸을 덮은 다음, 1]번 것으로 온몸을 두드린 뒤 문밖으로 내던진다. 그 다음 미나리(단으로 묶은 것)로 온몸을 두드린 뒤 문밖으로 내던진다. 다음으로 날계란을 물속(미리 양동이에 준비함)에 빠트린 다음, 문밖으로 계란이 깨지도록 쏟아버린다. 상위의 붉은 팥과 검정콩으로 몸을 두드리듯(세고 강하게) 뿌린다. 그 다음으로 신칼이나 부엌칼로 四方사방과 몸을 찌르는 시늉을 한다. 마지막으로 몸에 덮었던 오방기로 온몸을 두드리면 끝나게 되고, 신칼이나 부엌칼을 문밖으로 던진다. 이때 칼끝이 안쪽을 향하면 삼재풀이가 잘 안되어서 다시 반복해야 하고, 바깥쪽으로 향했다면 아주 잘 끝난 것이다. (버선모양 2]번의 것을 상 옆에 꽂아놓았다면 이때 버선모양을 떼 내어서 불에 태운다.)

7] 검정봉투에 3]번의 상위에 있는 음식을 모두 쏟아 넣어(묶지 말것) 문밖으로 내놓고, 물과 술을 뿌린다. 다음으로 조밥을 흩어지게 뿌린다. 그다음 당사자를 세워놓고, 오색천이나 오곡으로 쳐낸 뒤에 곧바로 집으로 보낸다.

8] 찌분옹이 준비되었다면 당사자가 집에 갈 때 검정봉투에 넣어 주면서 사거리에서 던져버리고 가라고 한다.

나] 상문喪門 푸는 방법

상가집에 문상을 다녀오거나, 다녀온 사람이 집안에 들어왔다거나, 다녀온 사람과 마주하여 얘기를 나누었다거나, 길에서 행여(현재는 영구차)를 보았다거나 죽은 사람의 기물을 건드렸거나 쓰는 경우, 이럴 때에 자신이 운세가 좋으면 아무 문제가 되지 않지만, 삼재 중이거나 운세가 좋지 않을 때라면 상문살喪門殺이 침범을 해 화禍를 당할 수가 있다.

흔히 당할 수 있는 재화로써 병이 났다거나, 집안에 환자가 줄이어 발생한다거나 집안이 어수선하고 흉한 일이 발생한다거나, 영업장에 갑자기 손님이 뚝 끊어졌다면 상문살이 침범한 것이니 즉시 상문살을 풀어내야 한다.

(여기에서 사용하는 방법은 전통적으로 토속신앙이나 무속에서 널리 사용하는 방법이다.)

☆ 상문풀이 하는 날이 정해지면 붉은팥을 세말(3말이나 3포)을 단위에 올린다.

☆ 상문풀이는 당사자의 집에 가서 행의식을 한다.

☆ 상문 풀 때 준비물

> 上下속옷(입었던 것), 상문부적, 찌분옹, 통북어, 한지나 삼베, 두부와 묵, 콩나물, 마른 쑥, 굵은소금과 고춧가루, 된장, 붉은 팥, 조밥, 흰밥, 계란, 날돼지고기, 막걸리, 미나리, 오방기, 신 칼이나 부엌칼, 오색천 등

☆ 상문 풀 때 상차림은 조왕상(주방에)과 상문상(마당이나 베란다)을 차린다. (이때 화장실에도 간략하게 차려 놓는다)

1] 삼베(북어를 쌀 수 있을 정도의 크기)를 넓게 펴 놓고, 윗 속옷(주소 생년월일 성명 '상문살일시소멸발원' 기입)을 먼저 펴놓고 그 위에 팬티를 펴놓는다. 그 다음 상문부적(주소 생년월일 성명)을 올려놓고 그 위에 통북어를 올려놓은 다음 돌돌 말아 꼭꼭 싼다. 삼베 끈을 7개 준비해 놓았다가 돌돌 말은 것을 7마디로 묶는다. 이것을 삼재 상차림 한 밑에 놓았다가 의식이 모두 끝나면 환자의 몸이나 집안의 가구나 벽을 두드린 뒤 집밖으로 멀리 가지고 가서 불에 태운다.

2] 조왕상은 팥시루 떡과 흰밥 3공기, 팥죽 3대접, 나물 3접시, 과일 3가지, 술 3잔, 청수 3잔과 두부, 묵, 미나리, 통북어 1마리를 차린다.

상문상을 준비하는데 흰밥 3공기, 조밥(수북히 접시밥) 1접

시, 두부 1접시, 묵 1접시(두부와 묵을 자르지 말것), 날돼지 고기 1접시(큰 덩어리채), 날계란 3개(환자 생년월일 이름을 쓴다), 생콩나물 3접시, 굵은소금・고춧가루・된장 1접시 씩, 막걸리 3잔, 미나리 1단, 붉은 팥을 1대접 놓는다.

3] 조왕상 앞에서 예를 갖추고, 천수경 ⇒ 부정경 ⇒ 태을보신경 ⇒ 조왕경 ⇒ 조왕풀이(3번이상) ⇒ 상문경 ⇒ 백살신주경(살풀이 경)⇒ 육모적살경을 독송한다. 이때 상위에 상문부적(상문풀이다라니)을 올려놓았다가 의식이 모두 끝나면 붙일 것과 몸에 소지할 것을 구분하여서 준다.

4] 준비한 마른 쑥을 태워 집안이나 영업장을 구석구석 휘둘러낸다. (연기가 골고루 많이 퍼지는 것이 좋다.)

5] 환자가 있다면 문앞에 앉혀놓고(밖을 향하여) 오방기로 몸을 덮은 다음, 1]번 것으로 온몸을 두드린 뒤 문밖으로 내던진다. 그 다음 미나리(단으로 묶은 것)로 온몸을 두드린다. 다음으로 조왕상에 있던 명태를 들고 몸을 두드리는데 '상무부정 물러가라' 외치면서 한다. 다음으로 상문상에 있던 두부를 한손에는 두부와 묵을 들고, 또 한손에는 미나리와 명태를 들고 집안 구석구석을 두드리며 다닌다. 입으로는

'상문살 물러가라, 상문부정 물러가라, 진상문 외상문은 원문 타방하라.'라고 외친다. 벽과 문을 다 두드린 뒤 두부와 묵을 밖으로 가지고 나가 바닥에다 힘껏 내리친다. 그 너머로 미나리와 명태를 던져버리고, 날계란을 던져서 깨버린다. 다음 날돼지고기, 생콩나물, 흰밥, 조밥, 막걸리 순번대로 버린다.

환자에게 상위의 붉은 팥과 검정콩으로 몸을 두드리듯(세고 강하게) 뿌린다. 그리고 신칼이나 부엌칼로 四方사방과 몸을 찌르는 시늉을 한다. 마지막으로 바가지에 된장, 굵은 소금, 고춧가루, 향부스러기를 풀어 섞은 다음, 환자를 둘러내고 집안 구석구석을 휘둘러 낸 다음 밖으로 가지고 나가 쏟아버린다.

6] 찌분옹(안에 주소 이름을 쓰고 '상문살퇴치발원'기입)이 준비되었다면 이쯤에서 현관문 앞에 던져서 박살을 낸다. 이것으로 의식은 끝나게 되는데 웬만하면 이날 사용한 음식은 남겨두지 말고 버리는 것이 좋다.

7] 조왕상의 음식도 먹지 않는 것이 더 좋지만, 음식이 아깝게 느껴지면 음식을 조금씩 떼어내어 사자밥을 만들어 문밖에 내놓은 후에 먹어도 무방하다.

(상문풀이다라니 사용법 참조)

8] 모두 끝난 후에 상문부정소멸 부적다라니를 집안에 붙인다.

다] 동토 잡는 방법

　동토動土란 어느 장소에서든지, 어떤 일을 할 때라든지 공연히 아니면 우연히 자신도 모르게(몰라서) 사물을 잘못 건드렸거나 건드리지 말아야 할 것을 건드렸을 때 발생하는 탈을 말한다. 어느 곳이든 큰 곳은 큰 곳대로, 작은 곳은 작은 곳대로 그 장소나 그 지역을 관장하는 주장神이 있기 마련인데 작업하는 날을 가리지 않고 아무 날이나 했다던가, 神께 고하고 하지 않았다던가, 부정한 곳에 다녀와서 만졌다거나, 부정한 몸과 부정한 마음으로 건드렸다면 주장神의 노여움을 받게 되어 즉시 탈이 나게 되는 것이고, 이 탈이 화근이 되어 재난災難이나 액운이 발생되어 화禍를 입게 되는 것이다. 이를 동토라 한다.

　이런 동토는 집을 짓거나 수리할 때 많이 발생하게 되는데, 흙을 함부로 다루다가 발생되고, 나무를 함부로 다루다가 발생하기도 하고, 물을 함부로 다루다가 발생하기도하고, 철을 함부로 다루다가 발생하기도 하고, 사물이나 기물 등을 건드리다가도 발생된다. 또 집안에서 가장 중요하고 신성한 곳 주방(부엌)

에서 함부로 행동했다던가, 물건이 새로 들어왔다던가 하면 조왕동토가 나기도 하고, 남이 쓰던 사물이나 기물을 집안으로 들여와도 동토가 난다. 또 인동토[人動土] 라는 것이 있는데 이는 부정한 사람이 집안에 들어왔다던가, 환자가 있는 집이나 남의 집에 다녀왔을 때 발생되는 동토를 말한다.

백초귀장술의 약일충에 해당하는 띠가 왔을 때는 터부정이라 했는데, 이 동토와 같은 것이다.

(여기에서 사용하는 방법은 전통적으로 토속신앙이나 무속에서 널리 사용하는 방법이다.)

1] 동토가 난 자리에 동토풀이 상차림을 한다.

> 터주시루(팥시루떡), 밥 3그릇, 나물 3가지, 과일 5가지(사과·배·밤·대추·곶감 등) 조과(옥춘·팔보·산자·약과·다식·강정·사탕) 막걸리, 촛대 2개, 향과 향로

동토가 난 자리에 상차림이 곤란할 때는 거실 중앙에서 행하고 난 뒤, 동토퇴치다라니부적을 동토 난 곳에 붙이면 된다.

2] 예를 갖추고, 천수경 ⇒ 부정경 ⇒ 태을보신경 ⇒ 동토경(3번 이상) ⇒ 당산경 ⇒ 지신풀이⇒ 지신경 ⇒ 뒷전풀이를 한다.

3] 부정경을 끝낸 다음, 약쑥과 고추를 소금 위에 올려놓고

태운다. 가스렌지 위에는 팥을 삶아 냄새가 집안 곳곳에 풍기게 한다. 다시 동토경이 끝나면, 바가지에 맑은 물을 떠가지고 동복지(동쪽으로 뻗은 복숭아나뭇가지)로 적셔서 동토 난 곳에 뿌리는데 '동토잡자', '동토퇴치'라고 외치면서 행한다.

4] 뒷전풀이가 모두 끝나면 동토퇴치 소지종이를 3장 태워 날려 보낸다.
모든 음식과 찌꺼기들은 검정 봉투에 넣어 되도록 집에서 멀리 갔다가 묻던지 버린다.

5] 모두 끝난 후에 동토부정소멸 부적다라니를 집안에 붙인다.

라] 동토 잡는 간단한 방법

1] 동쪽으로 뻗은 복숭아 나뭇가지를 7개 준비한다.

2] 볏짚을 구해서 왼쪽으로 새끼를 꼰 뒤, 이 왼 새끼줄로 1]번의 나뭇가지를 아래에서부터 7마디로 묶는다.

3] 동네 이웃집에 각 성이 다른 3집에서 각각 구정물을 얻어 온 것에 고춧가루와 굵은 소금을 넣고 끓인다.

4] 바가지에 끓인 것을 담아가지고, 왼손에 들고, 오른손에는 2]번의 나뭇가지를 들고, 동토가 난 곳을 끓인 물을 찍어 뿌리면서 '동토잡자 동토잡자'라고 여러번 외친다. 그런 후에 집안 구석구석을 다니면서 '동토잡자 동토잡자'라고 더 외친다. 이때 주의할 점은 안쪽에서 문밖 쪽을 향하여 나오면서 실행한다.

5] 마지막으로 약쑥과 고추를 태운다.

＊ 이상의 비방법들은 아주 오랜 옛날 넉넉지 않았던 시절에 쓰던 방편법들이다.

지금은 시대가 발전해서 달라졌고, 주변 상황이 옛날과 판이하게 다르다. 예전의 방편대로 행하기도 어려운 구조이고 또 구하기 힘든 방편물도 많은 것이 현 실정이다.

더군다나 귀신이나 잡귀들도 옛날처럼 순진한 것이 아니라 현재의 귀신이나 잡귀, 요귀들은 간악하고 사악하기가 인간의 영리함과 함께 발전해 오고 있기 때문에 일반적인 방법이나 점처럼 살살 다루어서는 쫓아내거나 퇴치하기가 쉽지 않다. 현대

귀신은 현대에 맞게 강력하게 방편을 써야만 쫓아내던지 퇴치 소멸할 수가 있다.

마] 살풀이 간단한 방법

☆ 살풀이할 때 준비물

> 백미(법당이나 신당 단에 올릴 것), 상차림 제물, 복숭아 나뭇가지, 삼베, 상하속옷, 환자의 손톱 발톱 머리카락(귀밑머리나 뒤쪽의 3군데), 제웅(볏짚으로 만든 허수아비), 창호지, 수수, 붉은 팥, 삼베, 흰소창, 신칼이나 부엌칼, 조밥, 미나리 1단, 굵은 소금, 오색천, 오곡 볶은 것.

1] 백미를 단 위에 올리고, 생년월일·이름·주소, '백살소멸 발원'이라 한지에 써서 쌀에 붙인다.

2] 제웅에 살풀이 부적을 넣고, 속옷(주소 생년월일 이름 기입)을 입힌 후에 오색천으로 꼭꼭 싼다.

3] 수수망세기(수수를 빠서 반죽한 것을 밤톨만 하게 뭉친 다음, 끓는 물에 넣어 익히고, 그것을 팥고물에 무친다.)를 창호지에 한 개씩 싼 다음, 나이 수만큼 만들어 접시에 담는다.

4] 사자상(팥시루떡, 접시에 밥을 얇게 펴서 세 구석으로 만들고 그 위에 동전을 꽂는다. 이것을 3접시, 삼색과일, 수저 3벌, 맑은 술 3잔, 흰 소창, 삼베, 짚신을 채반이나 광주리에 담는다)을 3개 만들어 문밖에 놓는다.

5] 해당 경문은 정심경 ⇒ 태을보신경 ⇒ 부정경 ⇒ 조상경(조상상을 차린 경우) ⇒ 도액경 ⇒ 육모적살경 ⇒ 불설백살신주경 ⇒ 살풀이축원 ⇒ 여기까지 한 후에 살풀이 자를 밖으로 데리고 나가서 무릎을 꿇어앉힌 후, 오방기로 덮은 뒤, 그 위를 지나가도 수수망세기를 던지고, 복숭아 나뭇가지로 몸을 두드리고 ⇒ 조밥을 뿌리고, 제웅을 던지고, 팥, 소금, 미나리, 오곡 등을 뿌린 다음, 오방기를 걷어서 두드린 후 들여보낸다. ⇒ 액풀이 축원과 뒷전풀이를 한 다음 모든 것을 멀리 가지고 나가서 불에 태운다.

5) 비밀시 되는 민간 양법

≪동토가 나서 화禍를 당한 사람이 있다면
푸는 양법≫
고추씨를 준비하여 화를 당한 본인이 동토가
난 장소에 가서
고추씨를 불에 태우도록 하고,
직접 그 연기와 냄새를 맡도록 한다.

≪산동토가 났을 때 푸는 양법≫
산닭을 한 마리 묶어 놓고,
벼슬을 잘라서 닭피를
소주 반병정도 받은 것에 소주를 반병 섞는다.
산에 올라가면서 발자국따라 피소주를 뿌린다.
산의 서쪽방향으로 걸어가서 닭을 파묻고
그 위에 피소주를 뿌린다.
(까만 쌀을 뿌리고, 마른 북어, 마른 홍어,
우유와 소주를 따라 올린다.)

《가게에 장사가 잘 안 될 때 푸는 양법》
스투차만달옴청을 가게에 걸어 놓는다.
U모양의 말편자를 영업장 출입문위에
걸어놓는다.

《입춘일에 악귀 쫓는 양법》
입춘일날 버드나무 가지를 출입문위에 꽂아 놓는다.
동쪽으로 뻗은 복숭아 나뭇가지를
출입문위에 꽂아 놓는다.
창조를 문에 걸면 악운이 퇴치된다.
볶은 콩을 집 안팎으로 뿌린다.
단오날 약쑥을 베어 문 앞에 매달아 놓는다.
가방에 방울을 달고 다니면 사고를 방지할 수 있다.
급급여율령을 소리내어 외우면 악귀가 속히 물러간다.

≪왕권 재상 대권을 받고 싶을 때 양법≫
신수경神獸鏡이나 방제경倣製鏡을
안방에 소장한다.
스투파만달옴청을 거실에 걸어 놓는다.
용이나 호랑이 그림 중 한 가지만 걸어 둔다.

≪자손대대 부귀영화 고관대작
창성 원할 때≫
무량광달마황금불화를 거실에 걸어둔다.

≪출세나 권력을 잡고 싶을 때 양법≫
암여우생식기를 구해서 베개 속이나
이불 속에 넣는다.
찌분옹에 이름을 써서 7일간 깨트린다.

제2장 역리학의 기원과 사주통변백서 · 235

≪출세나 권력을 잡고 싶을 때 양법≫
스투차만달음청을 안방에 걸어 놓는다.
프라나음청을 거실에 걸어 놓는다.

≪사업 금전재수를 받고 싶은 양법≫
말이 달리는 그림이나 조각상을
거실에 소장한다.
코끼리 그림이나 조각상을 거실에 소장한다.

≪재수가 좋아지는 양법≫
암여우생식기를 구해서 베개 속이나
이불 속에 넣는다.
백수정각을 108개 빨간주머니에 넣어
속옷서랍에 둔다.

≪사업 금전재수를 받고 싶을 때 양법≫
암여우생식기를 구해서 베개 속이나
이불 속에 넣는다.
스투챠만달음청을 안방에 걸어 놓는다.

≪귀인상봉을 바랄 때 좋은 양법≫
무량광달마황금불화를 거실에 걸어둔다.
백수정각을 나이 숫자만큼 구해서
붉은 주머니에 넣어
안 입는 옷 속에 넣어둔다.

≪연예인이 되고 싶을 때 양법≫
챠크라위킬루 목걸이를 걸고 다닌다.
뱁껍질을 구해서 옷깃에 넣어 꿰매고 다닌다.

《인기몰이를 하게 되는 양법》
깃털달린 부채나 장식품이나 뱀피무늬
옷을 입고 다닌다.
프라나음청을 몸에 소지하고 다닌다.

《애인에게 사랑받고 싶을 때 양법》
암여우생식기를 구해서 베개 속이나
이불 속에 넣는다.
챠크라위킬루 목걸이를 목에 걸고 다닌다.

《사랑하는 사람의 소식을 모를 때》
까치가 살다가 떠난 까치둥지 속에 있는
작은 돌멩이들을
모아서 붉은 주머니에 넣어 몸에 지니고 다닌다.
찌분옹에 두 사람 이름을 새겨서 집앞 땅에 묻는다.

《연모하는 사람을 내 사람으로
만들고 싶을 때》
색동천 1마를 구해서 연모하는 사람의 생년월일,
이름을 붉은 글씨로
써 넣은 뒤, 무지개색 은행알 7개를 넣고
꼭꼭 싼 다음,
그 사람 집 앞에 찌분옹과 같이 남모르게 묻는다.

《첩 떼는 양법》
고양이 한 마리의 수염 전부와 쥐꼬리 3개와
개 꼬리털 약간을
구한 뒤, 붉은 봉투에 넣어
첩의 베게 속에 넣는다.

《남편의 바람끼를 잡는 양법》
암여우생식기에 바늘을 꽂은 뒤,
남편의 속옷에 싸서
장롱 깊숙이 넣어둔다. 24일 간 매일 밤,
찌분옹에 남편의 이름을 써서 24일간 깨버린다.

≪부부간에 애정을 합의 붙일 때 양법≫
암여우생식기를 구해서 부부의 베개 속이나
이불 속에 넣는다.
즈라나움청을 침대 옆에 걸어둔다.

≪부인이 방탕하여 자주 가출 할 때≫
안방문에 잠그는 장치를 하여 자물통을
3일간 매달아
놓았다가 자물통과 열쇠를 남편의 허리띠에
백일간 차고 다닌다.

≪기다리던 사람을 오게 하는 양법≫
즈라나움청이나 챠크라위킬루를 가지고 다닌다.
변소에서 변소신(측간신)에게 간절히 빈다.

《속 매매 하는 양법》
상문을 먼저 풀고,
통북어 3마리를 준비하여 아가리에
동전을 물린 뒤,
칠마부에 -새주인 갈망 속매매 발원-이라 쓴 뒤
북어를 싸서
찌분옹과 같이 그 땅에 묻는다.

《관재구설 소송을 승소하려 할 때》
오행목(복숭아나무, 버드나무, 소나무, 가래나무,
느티나무)을 1 나무당
60가지씩 구해서 총 300가지를 한 대 묶는다.
이것을 화장실에
두었다가 재판 당일 날 집 앞마당에서
불사르고 간다.

≪임신이 안 될 때 아기 갖는 양법≫
석류나무가지와 뿌리를 묶어 침실에 걸어 놓고
부인은 석류차를 지속적으로 끓여 마신다.
암놈 조개껍질 3개를 구멍을 뚫어 부인의 허리에
매달고 다닌다.
수탉 꼬리깃털 3개를 준비하여 부부가 깔고 자는
요속에 넣는데
남편이 부인 몰래 넣어야 한다.

≪액운을 쫓고 손재를 막는 양법≫
정월 보름 앞에 길일을 골라 링첸향수로 목욕을 한 뒤에
새 속옷과 새 겉옷으로 갈아입은 뒤, 백수정각 8개를
주머니에 넣고,
절이나 산이나 용궁에 정성을 드리고 돌아오는 길에 몸에
지니고 있던
소지품(손수건, 동전, 머플러, 장갑, 반지, 시계, 목걸이,
지갑 안에 지폐3장 등)을
한가지 자연스럽게 떨어트리고 뒤도 돌아보지 말고
집으로 온다.
백수정각을 붉은 주머니에 싸서 속옷서랍에 넣어둔다.

《몸에 붙은 귀신을 떼내는 양법》
황토 흙을 반죽하여 온몸에 바른다.
링첸향수 물에 몸을 담그고 30분간 있는다.
태백동북지로 몸을 두드린다.

《상대방 비밀을 알아내는 양법》
부엉이 눈알을 구하여 유리병 속에 담아,
상대방의 머리맡에 놓아두면
상대방이 잠꼬대로 비밀을 실토한다고 한다.

《악몽을 물리치는 양법》
악몽을 꾸고 난 아침에 아무 말도 하지 말고
물을 한컵 떠가지고
밖으로 나가 해가 떠오를 때 물을 입에 물고
해를 향하여 푸푸푸 하고
세 번을 뿜어낸다. 그리고 '악몽은 물러가고 흉몽도
일체 소멸하라. 급급여율령' 이라고 세 번 외친다.

제3장 상담자가 왜 왔는지 마음 알아보는 법

제3장
상담자가 왜 왔는지 마음 알아보는 법

 1. 발등의 불, 현재 당면한 길흉사 판단법

 상담자가 들어오면 프로 역술인들은 대부분 四柱원국의 운로 運路를 잘 뽑아놓고 그 사람의 운명을 실력대로 판단하여 상담자에게 알맞은 통변, 상담을 해주면 된다. '당신의 운명은 지금 어느 정도이고 어떠하니 무엇은 하면 안 되고, 무엇은 이렇게 하는 것이 좋겠습니다.'라고 진단과 행로를 알려주는 정도라고 할까?
 그것이 운명상담소의 제 역할이다.
 그런데 이렇게만 하면 오죽 좋으련만 우리 사회의 현실은 그렇지 못하다. 어디에서부터 길들여졌는지 알 수 없지만 철학관,

역술원, 퇴마사, 무속인은 모두 통 털어서 점쟁이로 불린다.

고로 점쟁이는 뭐든지 그냥 자신의 얼굴만 보고 딱딱 알아맞혀야 한단다. 그래야 용하다고, 족집게라고 소문이 나고 그 집만 문전 성시하는 것이 지금 우리가 겪고 있는 가슴 아픈 현실이고, 한계이다. 그래도 요즘은 높은 교육열로 지식층이 많아지면서 서서히 역학이란 학문에 대해 인식이 깨이고는 있지만 아직도 갈 길은 멀기 때문에 현실이 문제이다.

상담자가 많이 들어와야 금전적 이익창출이 되어 현상유지하고 먹고살아야하기 때문에 상담자의 입맛을 무시할 수 없다는 뜻이다.

상담자의 심리는 일단 상담실에 들어오면 입을 꼭 다물고 자기 마음속이라도 들킬까봐 숨죽이고 있다. 그러면서 프로 상담선생님이 그 사람이 왜왔는지를 맞추어 주기를 바라고 있다. 그리고 이 첫마디에서 딱 맞추어주면 위축되어 있던 상담자는 감동을 한다. 그때부터 이 프로 상담선생님이 하는 말은 무조건 믿으려 한다. 팥으로 메주를 쑨다고 해도 믿을 지경이다. 이것이 현실이다.

그렇다면 상담자를 감동시키고, 충족시켜주기 위해 프로 상담선생님은 그 사람이 왜왔는지, 지금 무슨 생각을 가지고 있는지를 맞추어줘야 한다. 이렇게 잘 맞추어줘야 신통하다고하고,

용하다고 소문이 난다. 소문이 나야만 상담자가 많을 것이고, 그래야만 운영이 잘 되고, 이익창출이 크게 되고, 철학관, 역술원을 개업한 보람을 느낄 것이다.

궁극적으로 보면 이렇게 되려고 철학관을 개업한 것이고, 개업을 했다면 용하다고 유명해지기 위해서 수많은 프로 역술인들은 보이지 않게 비법을 찾아다니며 노력할 것이 분명하다는 사실이다.

필자가 경험한대로 기록해보자면 :
명리학을 토대로 四柱八字를 구성하여 그 사람의 성격과 그릇과 심리를 분석하고, 대운로大運路를 보고 運이 어떻게 흘러가는지 까지는 알 수 있다. 하지만 현실, 지금 당장 앞에 놓인 발등의 불은 명리학으로는 부족하여 답을 알 수가 없다. 상담자는 당장 닥친 길흉사를 해결하고 싶어서 철학관이나 프로 상담선생님을 찾아온 것이다. 문제의 해결점을 먼저 맞춰주고, 문제의 해결점을 찾아주어야 한다. 프로 상담선생님은 神이 되어야 한다. 하지만 인간이기에 역부족이다. 이럴 때 같이 곁들여 병행해야하는 공부가 래정법이다. 래정법에는 여러 가지가 있는데 백초귀장술, 육임, 월령도, 팔자괘, 단시래정법, 구성학, 명반법, 낙화법 등등 이 있다. 그렇다면 어떤 것이 제일 잘 맞느냐가 관건이다. 적중률은 자신이 그 공부를 얼마나 꿰뚫고 있는가하는 실력차이일 것이고, 또 다른 각도에서 보면 어떤 공부가 자신과 잘 맞느냐도 중요하다. 선택은 자신이 하는 것이다.

순서대로 각 래정법에 대해 설명해보자면 백초귀장술은 쉬우면서도 적중률이 높다. 日辰과 問占 時間만 가지고 간단히 뽑아낼 수가 있다.

두 번째로 육임은 배우기가 너무 난해하고 어렵다. 그리고 상담자를 앉혀놓고 최소한 5~60자의 글자를 쓰면서 정단을 뽑아야만 왜왔는지를 알 수 있다. 그렇다고 90% 맞느냐면 그것 또한 아니다. 암기할 것이 너무 많고, 배우는데 돈이 많이 든다는 단점이 있다. 책도 비싸고, 배우는 시간소요가 최소한 1년 이상 걸리고, 수강료도 비싸다. 아니 이거저거 떠나서 육임의 고수가 되어 잘 맞춘다고 하자, 상담자는 상담선생과 눈이 마주쳤을 때 무슨 말이든 해주기를 원하는데 여러 줄의 글을 쓰고 있다면 상담자는 벌써 몸을 뒤틀고 지루해하고 있다. 육임이란 학문의 답은 4~5줄의 정단을 뽑아서 나열해야만 그 답이 나오기 때문이다.

세 번째에 월령도는 배우는 것이 쉽지 않다. 모두 자신들이 고수들이라고 하는데 진짜 고수를 찾기가 어렵고, 배우기도 까다롭고, 적중률도 80%정도이다. 비법이라고 해서 시간만 끌고, 배우는 시간 소요는 1년 이상이고, 수강료도 비싸고 잘 가르쳐주지를 않는다.

네 번째에 팔자괘와 단시래정법은 대만에서 들어온 것이다. 최근에 들어 온 것이어서 많이 알려지지는 않았지만 이것도 찾아온 日辰과 問占 時間만 가지고 보는 법인데, 그 時間 四柱에다가 命理의 相生相剋과 刑沖破害, 神殺 등을 대입해서 보는 법이다. 이 공부는 본인의 실력이 높으면 많이 보이고, 낮으면 그만큼만 적게 보인다. 아직 보편화와 검증 등이 되지 않아 왜 왔는가의 적중률을 말하기는 어렵고, 가르치는 곳이 많지 않다는 것과 배우는 시간소요는 2개월 정도이고, 수강료는 2개월 마스트 하는데 80여만 원 정도 한다.

다섯 번째로는 명반법, 낙화법이다. 나름대로 많이 알려지기는 했는데 배우는 시간이 6개월 이상 소요되고, 적중률이 낮다는 것이 단점이고, 추론을 할 수 있는 因子를 제시한다는 것인데, 콕 집어서 왜왔느냐를 맞추기는 이것만으로는 부족함이 있다. 반면에 수강료는 저렴하다.

이렇게 많은 래정법들이 돌고 있지만 자신과 어떤 공부가 맞느냐, 인연이 있느냐가 제일 중요하다. 래정법이라는 것이 1+1처럼 어떤 공식에 의한 답이 아니기 때문에 자신이 공부한 그 공부의 神에 도움을 받는다고 보면 된다. 백초귀장술神, 육임神, 월령도神, 팔자괘神, 단시래정神, 명반법神, 낙화법神 각자의 학문에 神들이 움직이고 있는 것이다. 그러다가 문점자가 왔을 때 그때그때의 상황을 일러준다고 보면 된다. 그렇다면 이것 역시

기도가 필수일 것이다.

  필자도 이런 문제점 때문에 여기저기 수없이 많이 기웃거려 보았다. 그러니까 자신 있게 말해줄 수 있는 것이다. 이것저것 해보니까 아니라는 결론이 나왔다. 돈과 시간만 허비한 꼴이 되었다. 그 중 제일 나은 것과 꼭 필요한 것만 골라내자면 간략하게 두 가지였다. 명리학은 기본이고, 래정법으로 백초귀장술을 권하고 싶다. 이 책을 읽는 분들은 필자와 같은 시행착오를 겪지 않았으면 하는 노파심에서이다.

  백초귀장술은 이치만 깨달으면 어렵지도 않고, 단 기간에 배울 수 있고, 적중률도 높다. 상담자의 현 상황이 정확하게 짚어지면서 해결책, 답도 나온다. 그렇다고 많은 지식을 필요로 하지도 않는다. 외울 것도 많지 않다. 命理가 기본적으로 되어있기 때문에 이틀간의 8시간 강의로 마무리하는 속성반 교육만 받아도 다음 날부터 바로 활용할 수가 있다.

  백초귀장술은 그날 間占日辰을 가지고 보는 법인데 귀장술 12신궁에 맞추어서 대입하는 법이다. 12신궁마다 그날 움직이는 귀신이 암장되어있어서 그 귀신의 작해를 뽑아낼 수 있다. 수많은 인간사 길흉들이 모두 귀신의 작해로 일어나기 때문이다. 12신궁에 담긴 인자因子 하나하나 속에 담긴 뜻은 그 깊이가 무궁무진하다. 백초귀장술이야말로 철학관, 역술원 운명상담소를 개업하시는 분들이 필수로 꼭 배워야하는 래정비법이라고 생각한다. 명리학과 백초귀장술 이렇게 두 가지만 확실하게 통달내지 능통하게 된다면 지금 개업해도 큰 문제가 없다고 보면 된다. 전쟁터에 나가는 병사가 칼과 방패까지 단단히 무장되었다고 보면 된다. 한마디로 자신감이 생긴다. 적을 알면 이길 수 있다고 하지 않는가, 상담자의 마음을 알고 상담을 하기 때문에 무슨 말이든 자신 있게 할 수 있는 것이다. 백초귀장술에 대한 책은 시중 서점에 나와 있지 않아서 구하기가 쉽지 않다. 필자가 아는 바로는 백초율력학당에서만 팔고 있는 걸로 알고 있다. 참고로 전화번호가 서울 지역번호 공이에 삼육육칠에 사사사육이다.

백초귀장술은 하늘에서 정해주는 그날,
묻는 그 사람의 근기根器에 맞게,
정확히 떨어진 업인業因에 의한 발현사發現事라고 한다.
그것을 간단하게 당일, 일진日辰과 시간時間을 가지고 판단하는 神의 답, 래정의 점술법占術法이다.

2. 백초귀장술에 대하여

  백초귀장술은 5천 년 전前 즈음, 중국中國상고시대에 하늘에서 구천현녀가 가지고 내려온 <천서天書>로서 구천현녀은서라고도 불린다. 이 <천서天書>는 인간을 다스리는 황제에게 전해졌고, 황제는 이것을 바탕으로 천문과 앞일을 예언하는 일과 길흉사를 판단하는 지침서로 비밀 시時에 황실의 비법서로 전해 내려 왔다고 고대 기전紀傳 중『24사二十四史』와『귀책열전龜策列傳』에서 전하고 있다.

  이 <천서天書>는 특히 진시황제가 <금쇄옥약시>라 명名하며 중요하고 긴밀한 사안에 활용을 많이 해온 점술서로서 귀장술이라고도 칭하고 있다.

  백초귀장술은 그날의 일진 속에서 문점자의 마음과 길흉을 12신귀神鬼의 음장도에서 찾아보는 점술법이다.
귀장술歸藏術은 사주를 뽑지 않고,
찾아 온 당 일진日辰과 시간時間만으로 보는법이다.
지금 찾아 온 사람이 왜 왔는지?
현재 무엇이 탈이 났는지? 지금 마음이 어떤 상태인지?
벌어진 일의 길흉이 앞으로 어떻게 될 것인지가
한눈에 명쾌하게 알 수 있는 점술법이다.

상담 온 사람이 문 열고 들어오는 순간,
눈이 딱 마주쳤을 때, 한눈에 꿰뚫어 보면서
바로 정확한 초사언을 던질 수 있다.
귀장술歸藏術은 다른 역학문과는 달리 비법秘法답게,
지금 무엇이 문제이고 무엇이 탈이났는지?
탈이 어느 조상에서 어떤 연유로 그러는 건지?
어떤 귀신이 작해, 방해를 하는건지 원인과 이유를
무서울 정도로 정확히 찾아 낼 수 있다.
이 문제가 풀릴 것인지 안 풀릴 것인지?
사건사事件事와 발현사事의 성패여부가 명쾌하고
정확하게 ○✘로 답이 나온다.
이 귀장술법은 다른 학문처럼 복잡하지도 않고
암기할 부분도 많지 않다.
특히 요즘 한문 때문에 역易 공부하기를 어려워하는데 이 귀장술은 한문사용도 그리 많지 않다.
그렇다고 허술하거나 얄팍한 가벼운 점술로 치부하면 곤란하다. 오랜 기간 동안 필자가 임상한 결과, 너무 정확하게 잘 맞아떨어져 혼자서 신통함에 놀라하다가 같이 공유하고 싶은 충동이 들어서 공개하는 바이다.

"백초귀장술은 래정비법의 최고 진수이다!"

3. 백초귀장술로 래정법 보기

★ 백초귀장술은 12신궁으로 구성되어있다.

백초 귀장술 12신궁 배치도

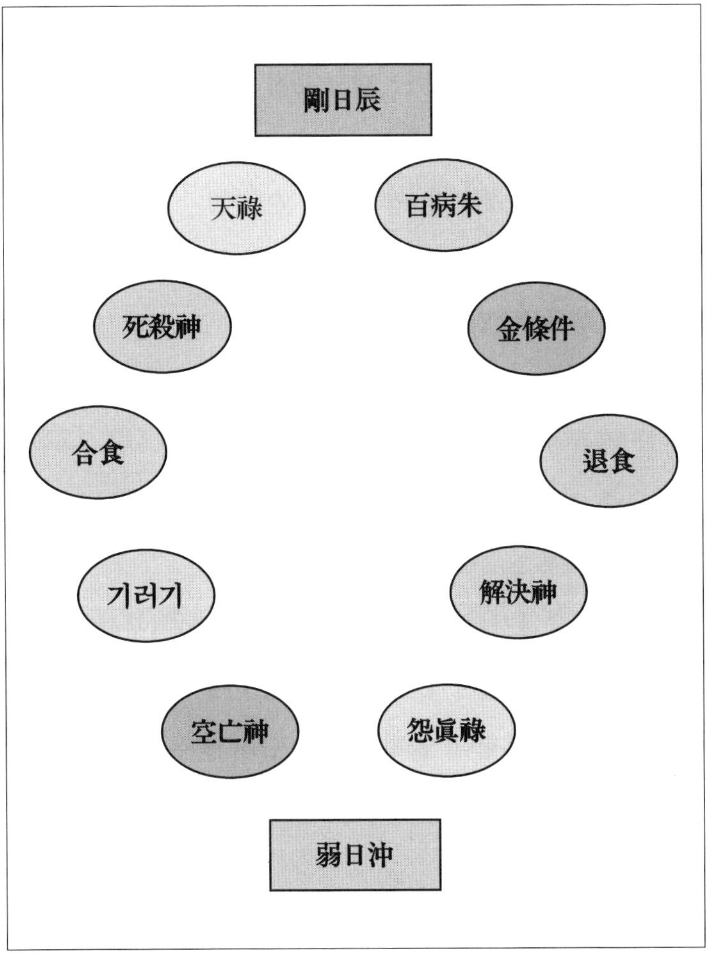

剛日辰

天祿　　百病朱

死殺神　　金條件

合食　　退食

기러기　　解決神

空亡神　　怨眞祿

弱日沖

※ 12신궁의 각 자리마다 그 의미가 담겨있고, 그 자리에 그 시간과 日辰이나 띠를 대입 적용해서 본다.

※ 백초귀장술歸藏術은 그날 정단만 뽑아 놓으면
지금 찾아 온 사람이 왜 왔는지?
현재 무엇이 탈이 났는지?
지금 당면한 상황이 어떤 정황인지?
이후에 어떻게 풀릴 것인지?
어떤 귀신의 작해作害인지?
부적이나 제를 지내어 풀릴 일인지, 아니면 안 풀릴 것인지, 길흉吉凶이 앞으로 어떻게 될 것인지를 한눈에 명쾌하게 알 수 있다.

※ 백초귀장술歸藏術을 보는 요령
- 문 열고 들어 온 시간으로 본다.
- 만약 丙午일 오후 7시 35분에 들어왔다 하자.
  이 시간은 술시戌時 이다.
- 당일 일진 丙午를 제일 중앙상단 강일진 자리에 포진시킨다.
- 왼쪽으로부터 순행으로 未 申 酉 戌 亥 子 丑--- 순으로 이렇게 각 신궁에 포진한다.

참고로 알려드리면 서점에 가면 핵심래정택일지라고 있는데 그 택일지에는 매 날짜(365일)마다 펴보면 12신궁의 정단이 뽑아져 있어서 매우 편리하다.

12신궁의 그날 정단이 나오면 戌字가 어느 신궁에 자리하고 있는가 확인하여 본다.

- 이때 술시戌時를 보면 기러기자리에 해당한다.
  이 사람은 이동수가 있어서 온 사람이다. 이동을 할 수 밖에 없다. 하고 싶지 않아도 하게 된다. 만약 戌生이라면 어쩔 수 없이 변동할 일이 있고, 매매하고 싶은 마음에서 온 것이다. 이때 언제 이동하면 좋겠냐고 묻는다면, 戌月에 해라가 신답이다.

- 다시 본다면: 이날 申時에 찾아 온 사람이 있다하자 :
  이 사람은 현재 골치 아픈 일이 생겨 뭔가 정리할 일이 있어서 왔다.
  運에 정황은 매사 일이 꼬이고 돈도 없고, 생활이 편치 않고, 되는 일이 없는 사람이다.
  이 사람이 묻는 질문의 신답은 '하지마라'이다. 가능하지 않다. 해결되지 않는다.
  만약에 원숭이띠가 왔다면 바람이 난 사람이다.

- 무조건 초사언을 자신 있게 던진다.
  98% 정확한 점쾌이다.

- 주의 할 점은 꼭 당일 일진을 중심에 놓고 시계반대방향으로 순행으로 돌아간다는 것이다.
- 그리고 찾아왔든, 전화로 물어왔든지, 그날 물어 본 사람에게 더 정확히 잘 맞는다.
- 그리고 본인의 일일운세도 아주 잘 맞는다. 신궁안의 地支글자가 시간으로도 보고 띠로도 본다. 申時의 상황과 申生의 상황이 결국 같다는 뜻이다.

★ ㉡ ㉢ 자리가 제일 나쁜자리이다. 만약 이 자리에 본인의 띠가 들어가는 날에는 모든 일에 조심하는 것이 좋다. 중요한 일을 이런 날 행한다면 일의 성사가 어렵고 꼬이게 된다. 신체의 리듬과 건강상태도 좋지 않은 날이고, 스트레스도 많이 받게 된다.

- ₩표가 붙어있는 날에 돈이 들어온다. 돈의 움직임이 있는 날이다.
- ₩표가 붙어있는 자리에 본인의 띠가 들어있으면 그날 돈 들어오는 날이다.
- 상담자가 어떤 문제의 가능성에 대해 물었다면: 사주원국 어디에든 해결신이 있다면 그 문제는 해결된다. 풀린다는 뜻이다.

4. 래정비법 요령백서

※ 단시간점 래정법

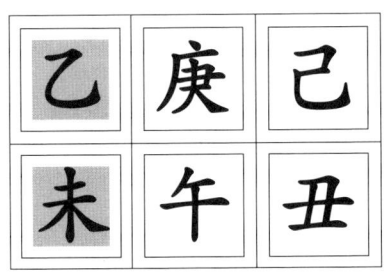

※ 문 열고 들어 온 시간에 시간을 본다.
　(전화로 물어 온 것도 같이 본다.)
　가령 오후 5시 20분에 들어왔다고 하자, 酉時이다.
　乙未 日이다. 乙에 酉時는 乙酉 時이다.
※ 日 天干의 乙이 나我 이다.
　日 地支의 未가 너 상대이다.

時 天干의 乙이 찾아온 목적 문제발현사이다.
時 地支의 酉가 결말론으로 신답이다.

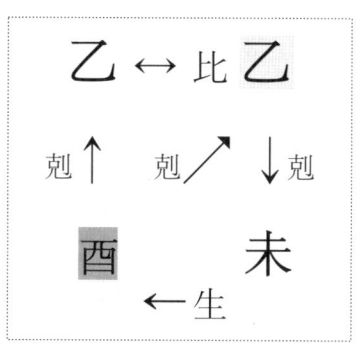

※ 통변을 해보자면:

日天干 乙이 나인데 상대인 日地支 未土를 剋극하고 있다. 내가 유리하고 상대는 나의 말에 상처를 받겠다.

時天干 乙은 문제발현사인데 친구와 동업문제거나 두 가지일이 동시에 발생하여 갈등하고 있는 것이다.

時地支의 酉가 신답인데, 酉가 日天干 乙 나를 극하고 있다. 이것은 내가 불리하게 된다는 암시이다. 찾아온 사람이 질문하는 것의 답도 불성사이고, 내가 그 사람에게 뭔가를(부적이나 천도재, 굿) 하라고 요구했을 때 이루어지지 않는다. 하지만 그 사람은 상담해준 내 말에 대해서는 수긍하고 감사해 한다.

왜냐하면 日地支 未가 時地支의 酉를 生하기 때문이다.

時地支 酉가 時天干 乙을 剋하는 것은 상담하는 과정도 편치 않고, 애를 먹일 것이고 그 사람이 묻는 문제점도 쉽게 풀리지 않는다는 것으로 풀이된다.

➢ 時間占 운용술법은 생극재관인生剋財官印을 대입하여서 풀이 한다.

生이면 제일 좋은 답이다. 문서문제, 자식문제	剋이면 여자문제, 직장문제, 금전문제
財가 보이면 돈이 연관되어 있다. 실물손재, 구재문제	官이면 불성사이다. 관재구설, 남자문제, 관청문제, 침해, 다툼

질문한 내용	해당육친의 상황
귀신에 대한 것의 질문은?	편관의 생극을 봄
시험합격여부, 직장취업여부의 질문은?	정관의 생극을 봄
매매에 대한 질문은?	편재의 생극을 봄
금전, 구재, 주식에 대한 질문은?	정재의 생극상태
부친에 대한 질문은?	편재의 생극상태
모친에 대한 질문은?	정인의 생극상태
자녀에 대한 질문은?	男-관살, 女-식상
질병, 우환, 수술에 대한 질문은?	편관의 생극상태

		刑沖破害별 발현사 도표
刑	寅巳	필 관송사 발생, 도망사, 교통사고, 옥살이
	巳申	아랫사람 배신사, 은혜를 원수로, 初難後中
	未戌	위아래가 화합불가로 도움이 안된다, 무능
	丑戌	하극상의 배신사, 시비투쟁의 관송사
	子卯, 辰辰, 午午, 酉酉, 亥亥~상하가 불화합	
沖	子午	男女간 서로 다툼 투쟁사, 이별사, 관재사
	丑未	부모형제간 서로 뜻이 다르고, 다툼 깨짐
	寅申	혈광귀, 도로귀작해, 부부간 합심불능 변심
	卯酉	가정 가족의 이동수, 아랫사람 우환질병사
	辰戌	아랫사람이 윗사람에게 투쟁, 관송사구속사
	巳亥	선산조상묘의 탈, 조상제사불성실, 매사꼬임
破	子酉	변동, 이동수, 자녀의 여아 재해 발현사
	丑辰	묘탈, 묘이장 件발생, 가족의 의혹사건 불성
	寅亥	상대에게 굴욕당함, 패한 다음 다시 결합됨
	卯午	가족 간에 속임수, 가정파괴 발현사
	巳申	상대에게 배신당함, 패한 다음 다시 결합됨
	未戌	법적인 문제 발현사, 관송사, 형사사건발생
害	子未	관재구설, 암중재해, 양보 매사 불편, 지연
	丑午	부부불화사, 성취사불가, 손해사 발현
	寅巳	교통재해, 송사구설, 의혹사 발현, 출행주의
	卯辰	무기력, 공허감, 상쟁 저해 불완결처리
	酉戌	여자로 인한 가정손상사, 우환질병 발현사
	申亥	근신 자중하라! 추진하던 일 성취 안된다

※ 전화번호로 상대방 마음 아는 법

백초 귀장술 12신귀 숫자도는 어떤 사람에게서 전화가 걸려 왔을 때!

전화번호만 보고서 상대의 마음과 정황이 어떤가를 점쳐보는 방법이다.

백초 귀장술 12신귀 숫자도

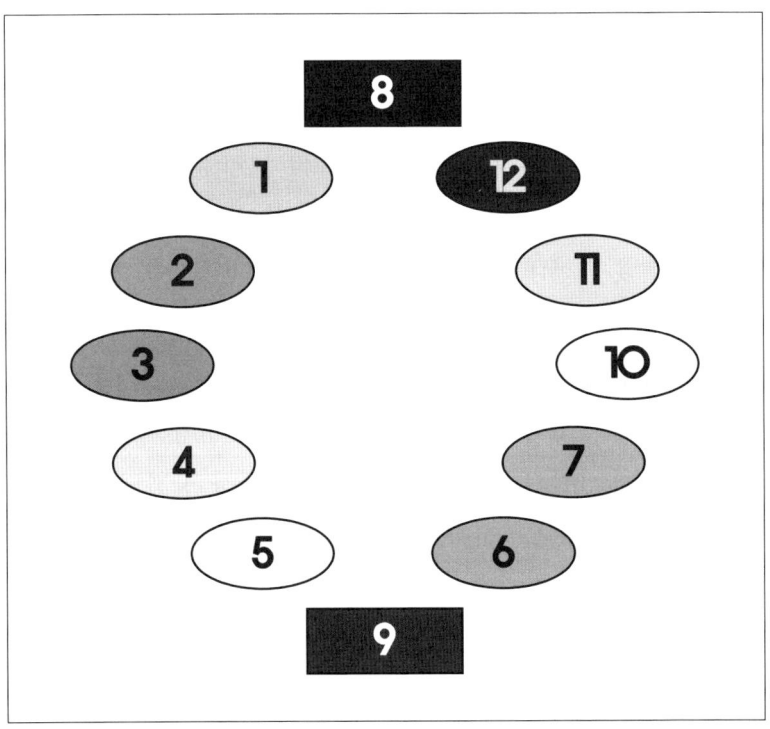

🔱 전화, 핸드폰으로 벨이 울릴 때, 뜨는 전화번호만
가지고 발신자가 이 사람이 어떤 사람인지?
지금 어떤 상황인지?
현재의 마음이 어떤지?
를 귀장술로 점쳐볼 수 있다.
- <u>뒷자리 (끝자리) 네 글자만 본다.</u>
- <u>뒷자리 (끝자리) 두 글자씩 끊어서</u>
  <u>뜻을 연결해서 풀어 본다.</u>
- <u>뒷자리 (끝자리) 한자한자 글자의</u>
  <u>특징을 떠올리며 운을 연상한다.</u>
- <u>불길한 숫자를 먼저 해석하고,</u>
  <u>그 의미를 초사언으로 던진다.</u>
- <u>특히 불길한 숫자는 2, 4, 9, 12이다</u>
  지금 발생 건은 불길한 숫자로 인한 발현사이다.

숫자	특징	字字의 해설
1	의욕심	새로운 출발선에 서서 의욕이 넘친다. 무슨 일이든 무리하게 진행하려한다. 끝이나쁘다
2	바람끼	상문이 들어 골치 아픈 일이 발생했다. 발생한 일을 속히 처리해야함. 끝내야 함
3	대길吉	복록만성, 만사형통, 매사 순탄하고 결실을 맺을 수. 재물과 식구가 늘 행운수, 근면성
4	이동수	신의 벌전, 귀신작해, 매사 불길, 하향세 지금 있는 곳에서 떠나야 한다. 파멸불안
5	공방수	어두운 밤길처럼 불안함, 인연을 맺기 힘듬 운이 텅빈상태. 제각각, 대화단절, 빈주머니
6	방해자	매사 불편하고 신통찮음. 일만 실컷하고 공없는소리 들음. 근심걱정, 도둑 사기조심
7	해결	재물, 행운, 재수, 이익과 인연있는 수. 강한 힘 에너지 넘쳐 매사 순탄, 난관해결 됨
8	추진력	재물운이 있고 바쁘게 돌아간다. 원활하다. 매사 힘있게 처리하고 이득발생, 대립갈등
9	이동수	변동 변화가 많은 수, 우왕좌왕 불안한심리 뛰는 만큼 댓가가 없다. 이득없고 몸만 고달픔
10	헛고생	허무한 인생을 살고 있다. 달도 차면 기울듯이 이루어도 득이 없다. 음탐구설 요주의
11	횡재수	조건에 맞춰 새롭게 시작하고 뜻을 이룬다. 고생 끝에 희망 보듯 길함. 재물이 생김.
12	病鬼	귀신의 작용, 두려움이나 공포심, 의욕상실 매사 일이 꼬이고 답답하다. 꼴도보기싫다

•• 실례를 들어보자.

발신자 번호 끝 네 자리를 본다.

만약 그 숫자 중에 불길한 숫자 2, 4, 9, 12가 하나라도 있으면 그 의미에 담긴 발현사 때문에 전화가 걸려 온 목적이다.

숫자	초 사 언
2	꿈자리가 사납고 집안이 시끄러워 마음이 답답하겠구만… 속히 정리해야 할일이 있어…
4	이동수, 이사수가 있구만… 매매할 물건이 있는가?
9	자리가 떴어! 변동, 이동되는 운이야… 마음이 우왕좌왕 좌불안석이네?
12	매사 헛 공사이고, 가족도 소용없네. 모든 것이 지긋지긋하고 몸만 괴롭구나!

∞ 좋은 숫자의 초사언 실례

숫자	초 사 언
1	마음만 바빠, 뭘 새로 시작하고 싶구만--- 말린다고 듣나? 하고 싶은 대로 해야지.
3	운에 덕록이 탔어. 순풍에 돛단배야--- 급속으로 처리 할 일은 그대로 진행해도 좋아.
5	캄캄한 밤중에 혼자서 산을 넘으려니 두려워- 인덕없고 재물복이 텅 비었어! 근심뿐이네.
6	가족끼리 불편하구만 … 방해자가 있어! 남 원망 말고, 내 잘못이라 생각하고 양보 해.
7	꼬였던 일, 골치 아프던 일이 풀리겠어! 집안에 기쁜일, 경사가 생기겠네? 귀인이 도와주겠어!
8	드디어 운이 들어왔어! 하고싶은 일은 추진해. 이제 부터는 바쁘겠어! 잘 풀리겠어, 좋아.
10	몸만 고달프고, 헛고생이야. 남는 게 없어. 구설수가 있으니 여자를 조심하게---
11	금전재화가 보이네? 돈 들어오겠어! 계약이 이뤄지고, 후원자도 있구만---

※ 일진법 三合으로 보는 법.

❉ 앞으로 오는 날은 좋은 것이고, 지나간 것은 나쁜 것으로 본다.
   바로 前 날과 바로 다음 날만 본다.

내 일	오 늘	어 제
丁亥[亥卯未]	丙戌[寅午戌]	乙酉[巳酉丑]
희망, 미래진취적, 의욕능력 있다. 장래총망, 좋은가문, 대졸학력, 잘생김, 유행민감, 신세대, 경제력 좋다.	오늘은 내일과 공존한다. 양쪽병행겸비. 처세술이 좋다. 표준, 보통	힘이 빠졌다. 밉다. 뒤처진 구세대, 보수적, 학력 약함, 유행에 뒤처짐, 못생김, 집안배경도 안 좋다, 경제력도 열악하다.

일진 沖 [申子辰]
오늘은 개의 힘으로 살아야하는데 辰(용)으로 살고 있다. 상황판단 못하는 사람. 망한 사람, 우왕좌왕 망설인다, 돈無, 직장無, 무능력

[실례 3.]
❉ 丙戌日에 띠만 알고, 만세력이 없을 때, 질문을 받았다.
  이럴 때 답변하는 방법:
  Ⓐ 내 딸은 양띠이다. 친구 아들은 용띠라고 한다. 둘이 결혼하면 괜찮을까?

[답] B, 묻는 날이 중요하다. 딸의 띠는 관계없다.
그러나 친구 아들의 띠가 어디에 있는가? 일진沖에 있다.
아마도 무능력하고 직장도 변변치 못하고 돈도 없고
주제파악 안 되는 사람일 것이다.

Ⓑ 옆집 아저씨가 새로 사업을 시작했다한다. 아저씨는 말띠 이다. 잘
되겠냐고?
하고 물어온다면?
[답] 아저씨의 띠가 말띠- 寅午戌 오늘 일진에 있다. 좋다, 좋은
운이다. 나쁘지 않다.

Ⓒ 미스崔가 내일 고스톱을 치러 간다고 한다. 어떻게 하면 운이
좋겠냐고 묻는다.
[답] 내일은 亥日, 亥卯未는 동쪽을 말함, 亥日의 運氣는 동쪽에
몰려있다. 동쪽에 앉아라. 東쪽을 등지고 앉는다.

Ⓓ 새 옷을 사왔다. 시험 보는 날인데 어떤 색 옷을 입으면 좋을까?
[답] 亥卯未日 ⇨ 청색 옷, 푸른색 옷
寅午戌日 ⇨ 빨강색 옷, 붉은 옷
申子辰日 ⇨ 검정색 옷,
巳酉丑日 ⇨ 백색, 흰색 옷이 좋다.

Ⓔ 동창회에서 내일 축구경기를 한다고 한다. 이길 수 있는 방법은?
[답] 내일은 亥日, 亥卯未는 동쪽에 運이 몰려있다, 선수 모두 청색
옷을 갖춰 입으면 이길 확률이 크다.

Ⓕ **庚辰日**날. A 회사에서 중요한 회의가 있다. A는 이날 윗상사에게 좋은 점수를 따야만 승진을 할 수 있다. 잘 할 수 있는 방법은?

[답] 庚辰日은 申子辰日, 運은 북쪽에 모여 있고, 검정색이 吉色象이다. 옷은 필히 검정색계통으로 입고, 회의장소에서 자리를 꼭 북쪽을 등지고 앉는다.

좋은 느낌으로 모든 사람의 집중을 받을 수 있다.

✚알파의 運이 작용해 필히 만족한 결과를 얻을 수 있다.

Ⓖ **癸酉日**날, 시부모님이 오셨다. 돈이 없어서 찬도 그렇고, 용돈도 어려운 상황이다.

[답] 癸酉日은 서쪽에 運이 몰려있다. 시부모님을 서쪽방향에 있는 방으로 모셔라.

그러면 부족한 점이 있어도 이해를 해주시고 서운해 하지 않으신다.

제4장 백초귀장술의 720시좌표 래정비법 공개!

일진별 720시간 핵심 초사언!

甲子日

子時 : 부모에 관한 일이다. 친정의 일이다.
　　　　남으로부터 도움 받을 일이 있다.
　　　　일의 진행은 순조롭다
　　　　지체되면 방해자가 생기고 불리하다.
　　　　형제와 동료가 화합이 잘 안 되겠다.
　　　　음사건 문제는 느긋하게 대처하라!

丑時 : 재물, 금전거래문제로 왔다. 매매사이다.
　　　　귀인의 도움으로 부부화합사이고,
　　　　가정의 경조사이다.
　　　　처음엔 잘 융화가 되나 후에는
　　　　한사람이 배신하겠다.
　　　　시비와 침탈의 해害가 있다.
　　　　결혼은 하면 좋다.

寅時 : 영전사이고 기쁜 일이다.
　　　　이동수, 이동건의 일이다.
　　　　직장의 문제사, 승진문제이다.
　　　　너와나 사이가 팽팽하다.
　　　　자식이 움직일 일이 생긴다.
　　　　움직이지 않는 것이 좋다.
　　　　괴이한 일로 시비가 붙는다.
　　　　관재수를 조심하라!
　　　　진행하고 있는 일이 있다면 정리하라.
　　　　산신님께 지극정성 기도하라!

卯時 : 급 화합사, 결혼문제로 왔다.
　　　　문서구입 件, 가족합의 件으로 왔다.
　　　　위아래 형제 자매간에 시비다툼의 일이다.
　　　　서로 해롭고 일이 지체된다.
　　　　관송사로 발전하겠다.

辰時 : 이동수이다.
　　　　철새처럼 날아가는 운이다.
　　　　해외진출이 유리하고,
　　　　正導를 가면 후원자도 생기고,
　　　　이득이 발생하겠다.
　　　　자식의 일에 투자하거나 관여하지마라!

부동산거래건, 금전투자, 재물구재사이다.
여자의 화합사와 사업관계 일이다.
결과는 안 된다.

巳時 : 자식문제이고,
새로운 사업계획, 창업 문제件이다.
맥 빠지는 소모전이다.
몸만 고달프고 헛 공사만 하고 있다.
일만 실컷 하고 욕만 먹는다.
상해사, 도난사,
화재사가 속 발현 예상된다.
관송사는 지체되고 불리하다.
밤길 조심해라! 나의 실수로 돌아온다.

午時 : 관재구설과 모함사이다.
남녀 간 다툼이 있고,
배신과 이별수도 있다.
터주신 발동하여 이사,
이동수가 속 발현했다.
자식문제로 속 좀 썩겠다.
가족 간에 이별수가 있다.
관재구설이고, 직업변동수가 보인다.
직장은 옮기는 것이 좋다.

남자, 남편문제로 돈 나갈 일이 있다.

未時 : 묘탈이 났다.
숨겨진 모사 재앙이 도사리고 있고,
방해자가 있어 지체된다. 결과는 불리하다.
구직이나 시험문제는
방해자가 훼방을 놓는다.
귀인이 돕지 않으니
매사 지체되고 불편하다.
동자귀신의 원한을 풀어줘라!

申時 : 관송사의 일, 급한 불의 환란사이다.
급 처리 문제이다.
일은 풀리지만 내가 불리하다.
처음은 해결되는 듯 풀리다가
결과는 요란만 했다.
귀인은 서남쪽에 있다.

酉時 : 변동할 일, 이동수이다.
여자가 낀 음사, 색정사이다.
외정남자문제, 관재사로 시끄럽겠다.
여아, 딸 문제이기도 하다.
공문서, 취직문제는 좋다.

금전문제사는 깨진다.
이사라도 해라!
그 집에서는 흉한 일만 벌어진다.
조상천도하면 음덕이 있다.

戌時 : 부동산거래사, 금전투자件,
재물구재사, 문서 잡는 일이다.
여자의 화합사와 사업관계 일이다.
결과는 속빈강정과 같이 유명무실해진다.

亥時 : 형제간의 시비와 침탈의 해이다.
서로 도왔다가 피해만 주었다.
헛수고가 되고 손해 보게 된다.
북서쪽에 뜻밖의 귀인이 있다.
자식에게 도둑을 맞는 수이다.
가깝게 지내는 사람을 주의하라!

乙丑日

子時 : 부동산거래, 금전투자, 재물구재사이다.
부부화합사와 사업관계 일이다.

보이지 않는 귀인이 돕는다. 결과는 좋다
이동, 이사는 매우 불리하다.
자식에게 관재수, 큰 재앙이 닥치겠다.

丑時 : 금전 손실사, 재산 파괴사, 매매거래사이다.
합의, 협상문제는 불성사이고,
여자가 연류 된 경쟁, 투쟁사이다.
결과는 깨지는 일밖에 없다.
동북쪽으로 가면 귀인이 돕는다.
불쌍해서 도와주는데
돌아오는 것은 내 희생뿐이다.
동업, 결혼 화합사는 좋은 운이니 해라!

寅時 : 친구, 형제지간의 시비침탈의 해이다.
가족 뜻이 제각각이라 집안이 불안하다.
무리하게 일을 처리해서 스트레스 받는다.
자신이 무리하게 밀고 나간다. 말려도 한다.
억지로 진행해야 소용없으니
마무리가 최선이다.
숨겨진 재앙이 도사리고 있고,
후환이 따른다.

卯時 : 형제간의 협조사가 있는데

투쟁사로 인연이 끊어진다.
직장의 문제, 승진문제이다.
지금 상태에서 정리할일이 생기겠다.
너와 나가 팽팽하다.
구해질 상황이 아니다. 지체된다.
협상이 되기는 어려워서
정리하는 것이 옳다.
윗사람의 근심과 추궁 질책으로
체면 실추이다.
유산시킨 태자귀를 해원해줘야 한다.

辰時 : 묘이장 件이다. 가족의 의혹사건발생사이다.
여자로 인해 불륜 관재소송사이다.
금전재물을 구하려하나 결과는 흩어졌다.
잘 되는 듯 하다가 깨진다.
물에 빠져 죽은 수살귀의 작해가 있다.
천도, 해원을 해줘야 덕을 보겠다.

巳時 : 딸자식으로 인한 근심사이고 소모사이다.
직장에서의 모함과
구설이 심해 실직위험이 있다.
금전손재수가 주의된다.

새로운 변화가 좋은 때이다.
서쪽에 사는 사람이나
ㅅㅈㅊ姓氏, 酉生과 같이하라!
매사 지체된다. 이동을 하는 것이 제일 좋다.

午時 : 자식의 질병치유목적과 약 효험 건이다.
사업시작계획 건이다.
방해자가 있어서 진행은 어렵겠다.
부부불화 원망, 이별件. 결과는 나쁘다.
소모전이다.
몸만 고달프고 헛 공사만 하고 있다.
일만 실컷 하고 욕만 먹는다.
새 사업 시작은 손실이 크다.
움직이지 마라!
지금은 정성들여 기도하는 때이니
자중함이 옳다.

未時 : 관재구설과 모함사이다.
남녀간 다툼이 있고, 배신과 이별수도 있다.
이동사이다.
부모자식문제,
서로 뜻이 달라서 다투고 배신을 한다.
혈연을 끊기도 한다.

토지거래 件은 성사된다.
묘이장을 하거나 비방하면
이동하지 않아도 된다.
자식 문제로 속 좀 썩겠다.
가족 간에 이별수가 있다

申時: 관송사, 우환질병사는 흉하고 나쁘다.
취업, 임명, 승진, 남편문제,
결혼문제는 좋다
자동차로 큰 손해를 보겠다.
동기일신의 동자귀신이 작해를 한다.
구직이나 시험문제는
방해자가 훼방을 놓는다.
귀인이 돕지 않으니
매사 지체되고 불편하다

酉時: 질병과 빚쟁이들의 괴롭힘의 문제이다.
색정사로 인한 구설수가 들고
두 가지 쌍아리가 진 문제이다.
청춘에 죽은 조상귀가 발동을 했다.
급히 발생한 관재수도 보인다.
결과는 지체되다가 해결된다.
일이든 사람이든 새로운 것이 유리하다.

은밀하게 움직이면 좋은 일 있겠다.

戌時 : 하극상의 배신사가 발생했다.
여자가 낀 금전거래로 인한
관송사가 예상된다.
이기기는 어렵겠고, 헛 공사만 된다.
매사 일이 꼬이고 되는 노릇이 없고,
지체된다.
동북간의 산신님께 기도하라!
기도정성이 절실히 필요한 때이다.

亥時 : 직장이나 집의 이동, 변동件이다.
질병치유 목적과 약 효험件은 아주 좋다.
금전구재 문제는 이득이 있겠다.
조건이 맞으면 돈은 구할 수 있다.
기도하면 사기를 면하고 이롭다.
자식 때문에 지출이 크겠다.
추진하던 일은 불가능하다.
원행, 여행은 불길하다. 근신 자중하라!

丙寅日

子時 : 친정집에 병고가 들었다.
　　　　문서에 도둑이 보인다.
　　　　밤길 조심해라! 관재수로 망신 당 하겠어!
　　　　상대가 더 유리하다.
　　　　자식잉태 件, 금전적인 문제로 왔다.
　　　　시기와 조건만 잘 맞으면 성취되겠다.
　　　　직장취업은 가능하다.

丑時 : 관송사로 벌금이 나간다.
　　　　장사는 잘 되나 모함과
　　　　배신이 있어 손해이다,
　　　　내 지출만 크다.
　　　　상대가 죽이고 싶을 만큼 밉다.
　　　　관송사 시비다툼으로 집안이 시끄럽다.
　　　　매사 일이 꼬이고 되는 노릇이 없고,
　　　　지체된다.
　　　　조상천도 해원이 시급하다.

寅時 : 귀인, 후원자가 있어 사업 동업 이롭다.
　　　　가정 內 화합사나 경조사가 있다.

속결처리가 길하고 지체되면 불리하다.
관재수도 잘 풀리겠다.
산신님의 은혜이다.
산신님께 지극정성 기도하라!

卯時 : 숨겨진 재앙이 도사리고 있고, 색정사이다.
상대는 좋은 상대이나 후에 난폭하겠다.
친정의 도움으로 암매할 일이 있겠다.
원행은 미루어라! 때가 아니다.
자신이 무리하게 밀고 나간다. 말려도 한다.
동기간에 서로 헐뜯고 암투가 심하다.
처음엔 잘 화합이 되다가 후환이 따른다.

辰時 : 자녀진로문제이다. 좋은 학교진학은 어렵고,
가출자는 쉽게 찾기 어렵겠다.
사업의 손재문제, 부도사기件이다.
집안에 동자귀가 작해作害를 부린다.
용궁기도를 많이 해야 풀리겠다.
神의 재앙이 두렵다.

巳時 : 관송사 급 구속건이다.
교통재해발생,
금전 의혹사로 손해가 생기겠다.

출행은 불리하다. 협상, 합의문제件이다.
직장, 취업件은 성사가 된다.
문서구입 件, 가족합의 件으로 왔다.
둘 다 잡아라! 이루어진다.
재물이 늘어나는 형상이다.
부부합의는 지체되겠다.
巳月에 교통사고를 주의하라!

午時 : 먼 이동수가 있다. 이동하는 것이 좋다.
새로운 변화가 좋은 때이다.
친구나 형제의 도움으로
난관을 극복할 수 있겠다.
이사를 하던지 멀리 여행을
갔다 오던지 변화가 필요하다.

未時 : 사고 친 자식문제이다.
모함과 구설이 뒤따른다.
금전 손재수 있고,
남자의 직장해고가 예상된다.
집안에 위계질서가 뒤죽박죽이다.
윗사람, 부모,
직장상사로 인해 스트레스가 크다.
잠시 쉬었다가 시작하라!

집안에 귀신이 들었다.

申時 : 금전 사기, 허위문서로 관재수 발생件이다.
여자가 작용한다.
터주신이 발동하여 이사수가 있다.
움직이지 않으면 관재가 걱정된다.
여자의 상업사 일문제이고,
매매수도 보인다.
금전 돈은 구하면 구할 수 있다.
관재구설이고, 직업변동수가 보인다.
직장은 옮기는 것이 좋다.

酉時 : 금전 구재件은 吉길하다.
주식투자, 매매 건은 속결은 좋고
지체되면 방해자가 생기고 불리하다.
남녀 재혼사는 吉길하고,
초혼은 뜻대로 이루어지지 않는다.
사납고 앙칼진 처녀귀신의 작해이다.
미륵불께 기도하면 음덕이 있다.

戌時 : 묘지탈로 괴이사가 생겼다.
병고로 고생이 심하고, 돈도 자꾸 나간다.
서로 뜻이 맞지 않아 미워하고 원망한다.

남녀 간에 서로 방해자가 되어
훼방을 놓으니, 뜻대로 이루어지지 않는다.
청춘에 죽은 조상귀가 발동을 했다.
급히 발생한 관재수도 보인다.
결과는 지체되다가 해결된다.

亥時 : 질병과 남자문제로 흉한 꼴을 당해
손실이 크다.
윗사람에게 관재, 재해가 발생했다.
북쪽에 돕는 이가 있어
속전속결이 유리하다.
병환은 쉽게 치료되지 않는다.
이사는 할 때가 아니다.

丁卯日

子時 : 관송사 급 구속件, 사업파산件이다.
가정은 색정사로 깨진다. 내가 불리하다.
매사 지체되고 손실이 크다.
자식에게 큰 재앙이 닥치겠다.
매사 지체되고 손실이 크다

丑時 : 사업상 급한 일로 왔다. 금전구재件이다.
자식문제는 어렵게 풀린다.
초상, 문상件 발생한다.
직장구직, 취업은 가능하다.
아르바이트라도 해라!
부인을 통해야 금전이 해결된다.
동북간으로 움직여라!
동업, 결혼 화합사는 좋은 운이니
해도 좋다!

寅時 : 문서이동사, 부모문제, 취업사문제이다.
윗사람으로 후원사 도움문제인데
깨지고 끊어진다.
협상은 이루어지지 않는다. 後는 凶하다.
전생 업이 많다. 덕을 많이 쌓아야 한다.
흉한 꼴을 당해 손실이 크고,
골치만 아프다.
협상은 이루어지지 않는다.
일은 지체되고 소모전이다.
일의 결과는 凶하다.
부처님전에 기도공덕이 필요한 때이다.

卯時 : 결혼사, 화합사는 매우 좋다.

혼자서 결정하기 어려운 문제이다.

허위문서나 금전운은 흉하다.

속이고 숨기는 일 생긴다.

출행은 불리하다.

직장구직, 취직件은 이루어진다.

상업사의 협상 件도 길吉하다.

자식이나 임신여부를 묻는다면 가능하다

辰時 : 가출한 자식문제이다. 쉽게 돌아오지 않겠다.

모함과 구설이 뒤따른다. 금전 손재수 있고,

도난, 도망피해가 있다.

남자의 직장해고가 주의된다.

뜻하는 바가 헛공사가 되겠다.

물에 빠져 죽은 수살귀의 작해가 있다.

천도, 해원을 해줘야 덕을 보겠다.

巳時 : 직장 변동수가 있고, 집도 이사수가 있다.

친구, 형제에 관계된 문제이다.

웃음 속에 칼이 있다.

일이 지체되고, 시비투쟁,

암매하는 일이 발생했다.

청춘에 죽은 조상귀가 산소탈을 부린다.

묘를 이장하는 것이 좋겠다.

지금 진행하고 있는 일은
정리하는 것이 좋다.

午時 : 협상 및 합의 문제사이다.
　　　 직장문제, 친구문제,
　　　 상업문제는 순조롭다.
　　　 가족 간에 속임수로 가정파괴가 걱정된다.
　　　 뭔가 새로 시작하고 싶어서 왔다.
　　　 속 처리가 좋다. 질질 끌면 깨진다.
　　　 잔병으로 고생하겠다.

未時 : 두 가지 쌍아리가 진 문제이다.
　　　 상업문제, 새 일 문제, 창업관계는 길하다.
　　　 새로운 일을 도모해 보지만
　　　 운이 날아간 상태이다.
　　　 직장 변동수가 있고, 집도 이사수가 있다.
　　　 관재구설로 재수가 없다.
　　　 잠시 피하는 것이 좋다.
　　　 되는 일은 없고 매사 꼬이는 수이다.
　　　 도로 객사귀의 작해이다.
　　　 정성들여 기도해줘야 풀린다.

申時 : 급하게 돈을 구하는 문제로 왔다.

귀신이 발동했다.
북쪽사람에게 부탁하거나
돼지띠에게 부탁하라.
문서를 잡으면 사기모함과
구설이 뒤따른다.
금전 환란이 예상된다.
새로 출발하는 것이 좋다.
빈주머니이다. 출행은 불리하다.
교통사고로 죽은 혈광귀신이 작해를 한다.

酉時 : 금전 사기, 허위문서로 관재수 발생件이다.
가정사이고, 여자의 상업사이고,
이동수가 있다.
터주신이 발동했다. 이사, 이동수가 있다.
자식이 집 떠날 일이 있겠다.
손재수가 강하게 들어 금전손실이 크다.
터주대감을 달래줘야 한다.

戌時 : 직장에서 모함과 구설이 뒤따른다.
금전 손재수 있고, 남자의 직장해고 주의,
형제간에 암투가 도사리고 있다.
서로 미워하며 원망하고,
관재구설로 집안이 시끄럽다.

부모의 힘과 충고가 필요하다.
때를 기다려라!

亥時 : 화합하려고 애쓰지만 급성질환과 불의환란으로 불길하다.
속전속결 일처리가 유리하다.
상대가 더 유리하다.
돼지띠나 북쪽에 있는 사람에게 부탁해라!
움직이려면 북쪽으로 움직여라!

戊辰日

子時 : 금전 구재건, 결혼 남녀화합사로 왔다.
길하다.
주식투자, 매매건은 속결은 좋고,
지체되면 방해자가 생기고 불리하다.
자녀 학업문제는 합격하겠다.
매사 서둘지 말고 천천히 추진하라!
임신은 좋지 않다.

丑時 : 묘 이장탈이 발생했다.

가족 간에 색정사로 가정파탄 위기, 이별수,
이혼수가 보인다.
친구 연관된 문제는 불리하다.
후에 깨진다.
객사귀가 집안에 침투했다.
천도재를 지내면 풀리겠다.
집안이 편안해야 모든 일이 성사된다.
자수성가한 사람이다.

寅時 : 관송사 시비다툼으로 집안이 시끄럽다.
권력동원으로 속전속결이 유리하다.
구직은 성사된다.
금전 구재件, 여자 상업 件으로 왔다.
조건을 잘 맞추면 성사되겠다.
조건을 제시하는 후원사의 도움이 있다.

卯時 : 가정은 서로 암투가 있고, 원망만 쌓인다.
가족 간에 미움이 커져
관재수로 속 썩는다.
계속 같이 살기가 어렵다.
직장문제, 공문서件, 임명,件 취업件,
남자 문제는 모두 凶하다.
진행하는 일이 자꾸 지체되고 세월만 간다.

가족 간의 속임수로
가정이 깨질 일이 있고,
이사하면 나쁜 害를 피할 수 있겠다.

辰時 : 상하가 화합이 안 되고, 일은 지체되고,
금전 손실이 크다.
배신사 음모로 관재구설이 예상된다.
상대나 자신이나 팽팽한 상황이고, 막상막하이다.
결혼문제하고 싶은 사람이다.
용신기도를 하면 그 덕이 아주 크겠다.

巳時 : 취업문제건, 직장문제건, 관청문제건,
시험합격에 관한 일로 왔다.
시험은 합격이고, 동북간에 귀인이 있다.
급전은 안 빌리는 것이 좋다. 뒷탈이 크다.
취직, 승진문제는 길하다.
건강 조심해야하고,
일처리 뒷 끝마다 스트레스 받는다.

午時 : 문서사건, 부모사건,
취업문제로 쌓아리가 된 것이다.
윗사람으로 후원사 도움이 있다.
이동 운이 있고, 집안에 경조사가 있고,

시끄러운 일도 발생한다.
여자의 바람기 때문에
가정불화가 악화되었다.
객사한 조상이 산신고에 막혀
구천을 헤메고 있다.
조상천도재가 시급하다.

未時 : 친구, 형제에 관계된 문제이다.
일이 지체되고, 웃음 속에 칼이 있다.
손재수로 시비투쟁件이 발생하고,
결과는 있겠다.
결혼 남녀화합사로 왔다.
금전이득이 생기면,
부모님에게 재앙이 미치겠다.
잠시 잠수를 타는 것도 유익하다.

申時 : 이동수가 있어서 왔다.
좋은 운은 날아간 상태이다.
상업문제, 새 일 문제,
창업관계는 매우 불길하다.
결혼문제, 자식문제에 기쁨과 손실이 있다.
남서쪽에서 숨은 귀인이 돕는다.
두 사람과 얽혔다면 속히 정리하라!

酉時 : 숨겨진 재앙이 도사리고 있고,
색정사件이다.
상대는 좋은 상대가 아니다.
금전손재수, 몸만 힘들고 헛 공사이다.
색정사로 속이고 숨기는 일 생긴다.

戌時 : 금전 사기, 허위문서로 관재수 발생件이다.
친구 형제간 동업사件 배신 주의하라.
아랫사람으로 인해 시비투쟁이 발생하여
관송사로 시끄러워진다.
터주신이 발동했다. 이사, 이동수가 있다.
터주신이 노했기 때문에 이집에서는
되는 노릇이 없다.
이사를 하는 것이 현명하다.
앞뒤가 다 막혀서 답답한 노릇이다.

亥時 : 돈을 구하려 하지만
반대로 손실만 크게 발생한다.
지금은 때가 아니다.
집안에 처녀귀신이 침투했다.
가족끼리 서로 원망하고 방해한다.
기도가 필요하다.
남녀 간에 서로 방해자가 되어

훼방을 놓으니,
뜻대로 이루어지지 않는다.

己巳日

子時 : 금전과 여자문제로 왔다.
구하고자하는 것은 구해진다.
북쪽에 있는 사람에게 부탁해라.
얻고 나서 후에 손재수가 있다.
누군가로부터 후원을 받고 싶지만
어렵겠다.
모든 일이 재해가 생기니 시간을 끌어라!

丑時 : 기도하면 뭐든지 소원성취 되는 운이다.
새로운 일 시작은 순조롭다.
질질 끄는 관재件에서는 내가 유리하다.
해결되겠다.
주식투자, 매매 件은 속결이 좋다.
가정에 화합할 일이 있고,
눈물 흘릴 일도 있다.
윗사람으로 후원사 일로 왔다. 도움이 있다.

寅時 : 관송사 급 구속件이다.
　　　　교통재해발생件이고,
　　　　여자로 인해 금전 의혹사로
　　　　손해가 생기겠다. 출행은 불리하다.
　　　　진행하는 일이 자꾸 지체되고 세월만 간다.
　　　　뭐든 의욕이 없고,
　　　　하고 싶지 않은 사람이다.

卯時 : 도난사, 도주자, 속임수의 암매 件이다.
　　　　출행은 불리하다.
　　　　금전구재件은 조건만 맞으면 구할 수 있다.
　　　　사업상 계약은 이득이 발생한다.
　　　　직장 구직, 시험문제로 왔다.
　　　　시험은 합격한다.
　　　　아랫사람의 우환질병이 발생된다.

辰時 : 고독하고 헛수고로 몸만 힘들다.
　　　　매사 일은 지체되고 침몰상태, 성과가 없다.
　　　　관재, 소송, 병재 난으로
　　　　손상의 일이 벌어졌다.
　　　　살고 있는 집에 상문이 들어서
　　　　변고가 자꾸 생긴다.
　　　　취업, 임명, 승진, 남편문제,

친구문제는 모두 어렵다.
일이 꼬이기만 해서
지긋지긋하게 살기 싫다.
고생 많이 한사람이다.
진행하는 일이 자꾸 지체되고 세월만 간다.
깨질 일이 있고, 이사하면 좋다.
용신기도를 하면 덕이 크다.
때를 기다려라!

巳時 : 문서사건, 부모사건, 취업사문제이다.
윗사람으로 후원사 도움이 있다.
이동 운은 좋고, 집안에 경사가 있다.
두 개의 문서가 보인다. 문서는 잡아라!
북동쪽에 귀인이 있다.
직장문제나 사업문제가
속전속결로 변화하겠다.

午時 : 직장문제, 취직시험,
임명고시 합격여부件이다.
합격된다.
좋은 직장이다.
색정사, 매매사는 성취 유리하다.
뭔가 새로 시작하고 싶어서 왔다.

어차피 말려도 할 사람이다.
오기가 대단한 사람이다.
남녀문제는 관송사로 복잡해지겠다.

未時 : 매사 지체되고,
금전 손실이 크고 낭비가 심하다.
친구나 형제간에 일 도모는 불리하다.
괴이한 일로 시비가 붙는다.
진행하고 있는 일이 있다면 정리하라.
매사 일이 꼬여서 복잡하고,
부딪쳐서 답답한 사람이다.
결혼도 둘 중 하나를 골라야 하는데
결정이 안서서 왔다.
산신기도가 매우 절실한 사람이다.
꼭 촛불을 밝혀라!

申時 : 상하간의 극헌, 윗사람과의 배신으로
관재구설 발생한다.
패한 다음에 다시 화합한다.
서남쪽에서 음덕이 있다.
윗사람으로 후원사 도움문제인데 어렵겠다.
문서를 잡으면 사기모함과
구설이 뒤따른다.

집안의 어른에게 병액이 침투한다.

酉時 : 실속 없는 일 연속이고, 색정사 문제이다.
　　　이동, 변동수도 있다. 딸자식 가출문제이다.
　　　직장 변동수가 있고, 집도 이사수가 있다.
　　　관재구설로 재수가 없다.
　　　잠시 피하는 것이 좋다.
　　　가족 이별수가 예상된다.
　　　새로 출발하는 것이 좋다.

戌時 : 집안에 터구렁이의
　　　작해로 병액이 퍼져있다.
　　　자식의 질병치유목적과 약 효험 건이다.
　　　시비투쟁 건은 불리하고 방해자 있다.
　　　부부불화도 심하다.
　　　들어오는 문서는 허위문서이다.
　　　구설수만 생긴다.
　　　모든 일이 시간이 흘러야 한다.
　　　화합이 되는 듯, 하다가 깨진다.
　　　기도정성뿐이다.

亥時 : 선조상님의 원한 탈이다.
　　　천도해원이 길하다.

매사 불성이다. 이동수, 여자문제로 꼬였다
터주신이 발동하여 이사수가 있다.
부정을 풀어내고 이사를
안 하는 것이 더 좋다.
윗사람, 부모님 일문제이고,
매매수도 보인다.

 庚午日

子時 : 관송사로 집안이 다툼으로 시끄럽다.
타협하면 잘 풀리겠다.
합의사, 교역사는 이동하면 성사된다.
그 집에 그냥 살면
시비다툼사가 끊이질 않는다.
북쪽에 숨은 귀인이 있으니
그쪽에 ㅁ,ㅂ氏를 찾아라.
후환을 막을 수 있겠다.

丑時 : 부모자식 간에 원망과 다툼이 심하다.
직장에서 윗상사와도 암투가 심하다.
타협하면 좋고, 정리하는 것도 좋다.

객사귀가 집안에 침투했다.
천도재를 지내면 풀리겠다.
새로운 일은 때를 기다렸다가 해라!

寅時 : 금전과 여자문제로 투쟁건이다.
상대가 나를 해치려한다.
금전구재는 동쪽사람에게 부탁하라!
서남간에 숨은 귀인이 있다.
결혼화합사는 좋다.

卯時 : 색정사로 가정파탄 위험하다.
여자가 문제이다.
움직이면 재앙이 두렵다.
원행, 여행, 출장 모두 불길하다.
진행하는 일이 자꾸 지체되고 세월만 간다.
가족 간의 속임수로
가정이 깨질 일이 있고,
이사하면 나쁘다.

辰時 : 기도 많이 하라! 복성귀인이 다가오고 있다.
도움 받을 수 있고, 금전이득도 발생한다.
조건을 잘 맞추면 성사되겠다.
동남간의 후원사가 도움이 된다.

관직사나 취업사는 길하다.

巳時 : 관재구설로 골치가 아프다.
친구, 형제와 깨지고
손해 보는 일만 벌어진다.
동업 件도 파탄이 예상되고
해결은 어렵겠다.
속결 처리해야한다.
손재수로 모든 게 소모전이다.
괴이사가 발생하겠고,
병액으로 고통을 받게 된다.
새로운 일은 저지르지 마라!
고생문이 열렸다.

午時 : 관직 件, 취업 件, 갈등사로 온 것이다.
관직사, 취업사는 원하는 곳으로 정해라!
동쪽이 吉하다.
관재수는 불리하다.
은밀하게 조용히 일처리를 해라.
화재조심, 화병 조심해야겠다.
자식이 없어서 천신기도가
간절한 사람이다.

未時 : 문서합의사, 부모자식합의件, 결혼문제이다.
　　　　지금 하고 싶다. 말려도 한다.
　　　　윗사람으로 후원사 도움이 있다.
　　　　집안 내 경사가 있다.
　　　　남서쪽에 숨은 귀인이 있다.

申時 : 친구나 형제에게 얽힌 돈 문제로
　　　　골치가 아프다.
　　　　못 받겠다.
　　　　버리고나면 다른 곳에서 횡재수가 있다.
　　　　남서쪽에서 귀인이 돕는다.
　　　　취업문제, 직장문제, 관청문제,
　　　　시험합격에 관한 일로 왔다.
　　　　시험은 어렵고, 이동은 吉하다.
　　　　남편의 바람문제와
　　　　직장에 복잡하게 얽힌 일이 있다.
　　　　두 사람과 얽혔다면 속히 정리하라!
　　　　깨끗이 정리하면 다시 희망이 보인다.

酉時 : 친구, 형제문제는 시비와 침탈로 지체된다.
　　　　여자로 인해 집안이 시끄럽고 불안하다.
　　　　들어오는 문서를 받으면
　　　　후에 시끄러워진다.

화합하는 듯, 하다가
다시 경쟁사로 돌변한다.

戌時 : 철새처럼 날아가는 운이다.
안개 속처럼 어디로 갔는지
분간이 안 간다.
매사불성이다. 이동을 하는 것이 제일 좋다.
시비가 끊임없이 이어진다.
상대가 쟁쟁하다.
모든 것을 정리하고,
은밀하게 일을 추진함이 옳다.

亥時 : 급변동이 있어 왔는데 지금은 때가 아니다.
운이 텅 비어있다.
일은 실컷 하고 욕만 먹는다.
새 사업 시작은 손실이 크다.
움직이지 마라!
오해로 벌어진 일이다.
지금은 정성들여 기도하는 때이니
자중함이 옳다.

辛未日

子時 : 부모자식 간에 서로 뜻이 맞지 않아
　　　　미워하고 원망한다.
　　　　서로 방해자의 훼방이니
　　　　뜻대로 이루어지지 않는다.
　　　　화합사는 불성사이고,
　　　　가족 간에는 등 돌리게 된다.
　　　　매사 헛 공사이고, 지체된다.
　　　　타협하라! 시작하는 것은 불리하다.

丑時 : 부모형제, 직장상사,
　　　　은사 윗사람과의 시비 다툼 건이다.
　　　　무조건 아랫사람이 굽혀라!
　　　　터주신이 발동하였다.
　　　　이동수이다. 이사하면 유리하고,
　　　　하지 않으면 동기간의 재앙이 따른다.
　　　　비방하면 이동하지 않아도 된다.

寅時 : 금전과 여자문제로 투쟁이다.
　　　　내가 상대에게 피해를 주게 된다.
　　　　금전구재는 힘들고, 지출件만 줄 이었다.

자존심만 상하고 구하기가 힘들다.
객사귀의 작해이다.
조상천도재가 특효이다.

卯時 : 금전 구재件은 길하다.
주식투자, 매매 件은 속결이 좋다.
가정에 식구가 늘고 화합할 일이 있다.
직장 구직, 시험문제로 왔다.
시험은 합격한다.
아랫사람의 우환질병이 발생된다.
유산된 태자귀가 작해를 부린다.

辰時 : 상호간에 협상, 교섭문제로 왔다.
협상 안 된다.
여자로 인한 부정으로 매사불성이다.
관재, 소송, 병재 난으로
손상의 일이 벌어졌다.
뭐든 의욕이 없고
하고 싶지 않은 사람이다.
매사 지체되고,
금전 손실이 크고 낭비가 심하다.

巳時 : 금전구재와 관직 취직사이다.

구하면 얻을 것이다.
돈은 구할 수 있다.
얻고 난 후 바로 지출된다. 소모전이다.
직장문제나 사업문제가
속전속결로 변화하겠다.
불의의 환란이 도사리고 있다.
원행, 여행은 불길하다

午時 : 헛수고로 몸만 힘들다. 백사무효이다.
매사 일은 지체되고 보람, 성과가 없다.
헛수고로 몸만 힘들다. 백사무효이다.
때를 기다려라! 기도가 요망된다.

未時 : 금전 사기, 허위문서로 관재수 발생 件이다.
친구 형제간 동업 事에서 배신주의.
이동수 있다.
교역, 교합사는 불성사이다.
둘 다 괜찮다.
산신기도가 매우 절실한 사람이다.
동쪽에 있는 산신님께 촛불을 밝혀야만
큰 것을 얻겠다.
사업자금으로 인해 지출이 크겠다.

申時 : 급 상황이 벌어졌다.
친구 형제간 동업사 사업시작 件은
배신과 암해가 있다.
소모전인데 말려도 한다.
후원사는 불성사이다.
기대하지마라! 말뿐이다.
동쪽으로 가서 구하라!
한 가지씩 풀리겠다.
윗사람과의 관재수가 예상된다.
되는 듯, 하다가
후에 다시 스트레스 받는다.

酉時 : 청춘귀의 작해로 인해 매사 지체되고,
금전 손실이 크다.
현재 문제된 일 정리해야 한다.
친구나 형제간에 일 도모는 불리하다.
총칼에 간 청춘귀신을 천도해줘야 한다.
그냥은 무슨 일이든 꼬여서 해롭다.

戌時 : 관송사, 법적인 문제 발생.
형사사건으로 발전위기이다.
합의되는 듯 하다가 후에
매사 깨지고 흩어진다.

자식 화합사에서 마음이 안 맞고,
도움이 안 된다.
문서로 투자해서 묻어두면 후에 효자 된다.
움직이면 재앙이 두렵다.
원행, 여행, 출장 모두 불리하다.

亥時 : 이동수이다. 이사를 해야 한다.
타협과 화합을 하려 애써 보지만,
아직 때가 아니다.
자식문제에 모함과 구설이 따른다.
남서쪽에 사는 친구의 꼬임으로 가출했다.
해외여행도 좋고, 새 출발은 유리하다.
사업상 투자는 하여도 금방 이득은 없다.
직장은 옮겨도 좋다.
금전문제는 관재로 이어질 수 있다.

壬申日

子時 : 문서화합사, 부모문제, 결혼문제이다.
윗사람으로 후원사 일로 왔다. 도움이 있다.
가정 내 경사가 있다. 뒷날에 후환이 있다.

멀리 이동을 하면 행운이 따르겠다.
관재수나 병고의 액이 노리고 있다.
색정과욕으로 바람피우다가 들통이 난다.
배신과 이별수도 있다.
결과는 모두 불리하다.
집안에 동자귀가 작해作害를 부린다.

丑時 : 관송사, 우환 질병사는 흉하고,
나쁜 상태여서 왔다.
취업, 임명, 승진, 남편문제,
결혼문제는 모두 어렵다.
진행하는 일이 자꾸 지체되고 세월만 간다.

寅時 : 급 이동사이다. 터주신이 발동했다.
부부불화, 직장이동件이고,
집안이 우왕좌왕 불안하다.
이동하는 것이 유리하다.
동남간쪽에 숨은 귀인이 있으니
그쪽에 ㅇ,ㅎ氏를 찾아라.
행운이 따르겠다.

卯時 : 사고 친 자식이 골치 아파서 왔다.
자식에게 객사동자귀가 붙었다.

모함과 구설이 뒤따른다.
금전 손재수 있고,
남자의 직장에 방해자가 있다.
무모한 행동을 하고 있다.

辰時 : 남편외의 남자문제, 빚쟁이 때문에 왔다.
급성질환, 불의환란, 중도에 좌절한다.
결과는 관재로 얽혔다가
해를 넘긴 후에 해결된다.
이럴 때에는 잠시 잠수를 하는 것이
유리하다.
관직사나 취업사는 길하다.

巳時 : 금전구재 건인데,
상대에게 굴욕 당한 件이다.
후환이 두렵다. 돈은 빌리지 않는 것이 좋다.
남동쪽에 숨은 귀인이 있어 도움을 준다.
결혼, 화합사는 불성사이다.
색정사로 다툼이 있다.
미친 귀신이 집안에 침투했다.
미친귀를 퇴치하지 않으면
집안에 정신병환자가 생긴다.
동남쪽 방향에 가서 도움을 청하라!

午時 : 여자로 인해 집안이 시끄럽다.
　　　빚쟁이에게 모함 당한다.
　　　매매사는 후환이 있다.
　　　나중에 매매하면 좀 더 이득이다.
　　　조건만 잘 맞추면 금전이 구해지겠다.
　　　관송사는 질질 끌며 지체되겠다.

未時 : 남편문제, 직장문제이다.
　　　헛수고로 몸만 힘들다.
　　　매사 일은 지체된다. 때를 기다려라!
　　　자리를 한번 옮겨라!
　　　그대로는 되는 노릇이 없다.
　　　산신님께 기도하면 풀리겠다.
　　　업장이 두터운 사람이다.

申時 : 종교문제, 신내림 문제이다.
　　　질병치료와 수술문제이다.
　　　윗사람에게 도움, 후원사는 좋다.
　　　결과는 유리하다.
　　　일이 지체되니, 망신당하기 전에
　　　꼼꼼히 살피며 추진하라!
　　　친정식구나 후원사는 도움이 되지 않는다.
　　　자동차를 조심해야하겠다.

酉時 : 문서계약 件, 사업 확장件, 친정문제件,
　　　　대학합격여부件이다.
　　　　매사 이득이 발생한다. 귀인, 후원자 있다.
　　　　말려도 한다.
　　　　시작하고 난 후 스트레스 받는다.
　　　　시비와 침탈의 害害를 입고,
　　　　복잡한 사람이다.
　　　　칠성님께, 부처님께 절실한 기도가
　　　　필요한 때이다.

戌時 : 관송사件, 급 우환질병件,
　　　　괴이사 발생 급처리 件이다.
　　　　매사불성이다. 하던 일은 멈추고 정리하라!
　　　　집안에 동자귀가 작해作害를 부린다.
　　　　용궁기도를 많이 해야 풀리겠다.
　　　　모든 것을 정리하고,
　　　　은밀하게 일을 추진함이 옳다.

亥時 : 직장 실직사件, 취업시험은 불리하다.
　　　　승진도 불리하다.
　　　　근신 자중할 때이다. 기도정진이 요망된다.
　　　　자식에 일은 점차적으로 풀린다.
　　　　취직사 件은 순조롭다.

 ## 癸酉日

子時 : 구직사, 승전사, 포상 건으로 왔다.
　　　　결혼문제, 가족 화합사문제이다.
　　　　매사 형통이다.
　　　　여자녀의 재해가 발현된다.
　　　　직장은 구해진다.
　　　　물질적 손실이 따르고 도주하겠다.
　　　　경거망동하지 말고, 고비를 잘 넘겨라!
　　　　용신기도를 하면 덕이 크겠다.
　　　　기도할 때이다.

丑時 : 이동수가 있다.
　　　　두 가지 일이 쌍아리가 졌다.
　　　　관송사 있고 불리하다.
　　　　멀리 떠나는 것이 유리하다.
　　　　불륜사건이면 관재구설로 가족
　　　　이별사가 생길까 두렵다.
　　　　조상 묘지탈이다.
　　　　괴이한 일이 자꾸 발생한다.
　　　　묘 이장을 하면 좋다.
　　　　집안에 동자귀가 작해作害를 부린다.

조상천도 해원을 해서 풀어야겠다.

寅時 : 원수처럼 미움으로 등 돌리게 된 일이
　　　 발생했다.
　　　 매사불편하다. 방해자 있어 힘만 든다.
　　　 애만 쓰고 소득은 없다. 빈주머니이다.
　　　 자존심만 상하고 억울한 일만 생긴다.
　　　 후원사는 이루어지지 않는다.
　　　 집안의 성주님이 노하셨다.

卯時 : 가정의 이동수 있어서 왔다.
　　　 속이고 암매하고 뒤로 모해,
　　　 움직이는 일 발생한다.
　　　 아랫사람의 우환질병이 발생된다.
　　　 자식으로 인해 금전손실이 크다.
　　　 도난사, 도주자, 속임수의 암매 件이다.
　　　 자식으로 인해 금전손실이 크다.
　　　 유산된 태자귀가 작해를 부린다.

辰時 : 색정사로 가정파탄 위험하다.
　　　 방해자가 끼어있다.
　　　 움직이면 재앙이 두렵다.
　　　 원행, 여행, 출장 모두 불길하다.

안개가 낀 날처럼 앞이 잘 안 보인다.
친구간의 금전관계는 주의하라!
움직이면 재앙이 두렵다.
원행, 여행, 출장 모두 불리하다.
매사 지체되고,
금전 손실이 크고 낭비가 심하다.

巳時 : 금전구재문제, 금전투자사업 件이다.
이득이 있으니 투자하면 좋다.
돈은 구할 수 있다.
얻고 난 후 바로 지출된다. 소모전이다.
직장문제나 사업문제가
속전속결로 변화하겠다.
결혼, 재혼은 진행하라! 좋은 배필이다.
남동쪽에 귀인의 도움 있고,
부부의 후원도 길하다.

午時 : 금전구재件으로 왔다.
여자가 낀 사건은 불리하다.
가정에 화합사, 색정사는
모두 흉하고 불리하다.
관재수, 손재수가 있다. 점점 쇠퇴한다.
가족끼리 서로 원망하고 방해한다.

기도가 절실하다.
집안에 원한귀신이 침투했다.
기도정성이 절실히 필요한 때이다.

未時 : 금전구재와 관직 취직사이다.
구하면 얻을 것이다.
자식으로 인해 지출이 크겠다.

申時 : 관재구설로 골치가 아프다.
깨지고 손해 보는 일만 벌어진다.
해결이 어렵겠다.
후원사는 불성사이다.
기대하지마라! 말뿐이다.
딸자식의 변고를 조심하라!
취업, 승진 모두 좋은 운이다.
서남쪽의 산신님께 촛불을 밝혀야만
큰 것을 얻겠다.

酉時 : 새롭게 시작하는 일,
윗사람 후원사 때문에 왔다.
친정거래는 유리하다. 여유 있게 도와준다.
우환질병까지 발생했다.
조금 지체되다가 풀리겠으니

계속 진행함이 옳다.
칠성님, 미륵님께 정성을 다해 기도하라!

戌時 : 금전구재와 관직 취직사 件으로 왔다.
취직은 된다.
후에 윗 상사 때문에 스트레스 받는다.
무리하면 점점 더 어려워진다.
여자로 인한 손상사가 있다.
집안재해 발생件이고,
이로우면서도 뒷탈이 발생한다.
구하고자 하는 것은 모두 구해진다.
서북쪽으로 움직이면 귀신이 침투해서
변고가 생긴다.

亥時 : 급 우환질병,
괴이사 발생 급처리 件으로 왔다.
매사불성이다. 하던 일은 멈추고 정리하라!
이동하면 안 된다.
터부정이 들었으니 풀고 가면 괜찮다.
모든 것이 내가 불리하다.
새 각오로 새 출발함이 옳다.
시비가 끊임없이 이어진다.
모든 것을 정리하고,

은밀하게 일을 추진함이 옳다.

 甲戌日

子時 : 부모에 관한 일이다. 친정의 일이다.
직장과 후원사의 일이다.
배신과 이별수도 있다. 결과는 불리하다.
집안에 동자귀가 작해作害를 부린다.
용궁기도를 많이 해야 풀리겠다.
神의 재앙이 두렵다.

丑時 : 금전을 구하면 시비투쟁의
관송사로 전개된다.
하극상의 배신사가 발현된다.
여행, 출행은 불리하다.
집안 화합사는 지체된다.
시비투쟁사로 바뀌겠고,
추진하는 일이 지체된다.
직장은 구해진다.
하지만 집안에 수술할 사람이 있겠다.
피보고 흉하게 죽은 혈광귀의 귀신이

작해를 부린다.

귀신을 달래서 쫓아야 한다.

寅時 : 이동수가 있다. 직장 취직사,
공무원 시험여부 件이다.
질병치유의 여부 문제다. 결과는 나쁘다.
두 사람에 의해 움직일 일이 진행된다.
옛것을 버리고 새것을 택해라!
자식이 움직일 일이 있다.
동쪽에 숨은 귀인이 있으니
그쪽에 ㄱ,ㅋ氏 성을 찾아라!

卯時 : 친구, 형제지간의 화합사 件이다.
부모자식 간의 화합사.
색정사로 다툼과 시비가 있다.
관송사 급히 발전하겠다.
후원사나 화합하고 싶은 문제는
시간이 걸리겠다.
처음에는 화합이 잘 되다가 후환이 따른다.
결과는 헛 공사가 되고 소모전이다.
이럴 때에는 잠시 잠수를 하는 것이
유리하다.

辰時 : 하극상의 배신사로 좌불안석인 사람이다.
　　　 금전거래로 인한 관송사,
　　　 구속될 기미도 보인다.
　　　 금전손실이 크다. 이별수도 보인다.
　　　 터주신이 발동했기 때문에 이동하면 좋다.

巳時 : 자식문제이고,
　　　 새로운 사업계획은 방해자가 있다.
　　　 집안의 재물이 지출되는 일이다.
　　　 무자귀신이 집안에 침투했다.
　　　 색정사로 다툼이 있다.

午時 : 단체 활동의 문제이다.
　　　 여러 사람의 일로 큰소리가 났다.
　　　 일은 풀리지만 내가 불리하다.
　　　 혼자서 몸만 고달프다.
　　　 관재수가 곳곳에 도사리고 있다.
　　　 여러 명이 화합하여 동업하려한다.
　　　 친정으로 인해 도움도 받고, 지출도 크겠다.
　　　 조왕에 정성을 다하면 그 덕이 크다.
　　　 남쪽에 가서 구하면 얻을 것이다.

未時 : 부모형제件, 직장상사件,

윗사람과의 시비 다툼件 이다.
답답하고 막막해서 찾아 온 사람이다.
점점 더 꼬이니 시간이 필요하다.
자리를 한번 옮겨라!
그대로는 되는 노릇이 없다.
귀인이 돕지 않으니
매사 지체되고 불편하다.
여자동녀귀신의 원한을 풀어줘라!

申時 : 관재, 불의의 환란사이다.
직장 이동수, 집안 이사수이다.
관공소 취업은 공망 되어 성사불가하다.
금전 출납문제에서
상업인은 관재가 발생할 수 있다.
사업조건에서 합의가 잘 맞으면
이득 되는 계약 성사되겠다.
직장은 취업이 된다.
자동차와 관련된 일이다.
돈 들어 올일 있겠다.

酉時 : 질병우환의 탈과 남자문제로 흉한 꼴을
당해 손실이 크다.
여자로 인한 관재가 발생한다.

꼴도 보기 싫다.
계속 같이 살기는 불가능하다.
금전운은 빈주머니이다.
모든 것이 내가 불리하다.
새 각오로 새 출발이 좋겠다.
여식女息의 재앙이 염려된다.
칠성님께, 부처님께,
절실한 기도가 필요한 때이다.

戌時 : 금전 손실사, 재산파괴사, 매매거래사이다.
여자가 연류 된 경쟁, 투쟁사이다.
진행해도 좋다.
속전속결로 처리해야 한다.
시간이 지체되면 관송사로 복잡해진다.
힘든 일은 술술 풀리겠다.

亥時 : 뭔가 시작하고 싶어서 왔다. 말려도 한다.
이로우면서도 뒷 탈이 발생한다.
소모전이다.
주변의 모함과 배신이 있어 손해이다.
내 지출만 크다.
상대가 죽이고 싶을 만큼 밉다.
구하고자 하는 것은 모두 구해진다.

취직은 된다.
후에 윗 상사 때문에 스트레스 받는다.
무리하면 점점 더 어려워진다.
순리대로 풀어나가라!

 乙亥日

子時 : 문서사 件, 부모사 件, 취업사문제로 왔다.
윗사람으로 후원사 도움이 있다.
화합사件, 이동운은 좋다.
북쪽에 귀인의 음덕이 있다.
인간의 합의도 인연되니
좋은 인연으로 색정건도 발생한다.
자식 결혼문제로 다툼이 있다.
자신이 무리하게 밀고 나간다.
동쪽에서 보이지 않는 귀인이 돕는다.

丑時 : 금전 손실사, 재산파괴사,
매매거래사件으로 왔다.
여자가 연류 된 경쟁, 투쟁사이다.
결과는 破파한다.

북동쪽에 숨은 귀인이 있다.
진행하고 있는 일이 있다면 정리하라.
숨겨진 재앙이 도사리고 있다.
조상 묘지탈이다.
괴이한 일이 자꾸 발생한다.
묘 이장을 하면 좋다.
집안에 동자귀가 작해作害를 부린다.

寅時 : 금전문제로 친구, 형제지간의
시비침탈의 해이다.
가정이 위태, 직장자리, 집안이 불안하다.
결과는 일이 지체되고 破파한다.
시비분쟁의 조짐이 있다.
일이 지체되면,
상대에게 굴욕을 당하고 패하겠다.
부부합의는 지체되겠다.
이사는 나쁘다.

卯時 : 직장이나 집의 이동, 변동件으로 왔다.
질병치유는 순조롭다.
취직은 아직 때가 이르다.
나보다도 형제에게 이득이 있겠다.
사업도 바꾸고, 직장도 이동하는 것이 좋다.

도난사, 도주자, 속임수의 암매 件이다.
윗사람의 근심과 추궁 질책으로
체면 실추이다.
유산시킨 태자귀를 해원해줘야 한다.

辰時 : 인간합의 件과 색정사이다.
관재구설로 마음 고생하는 사람이다.
애만 태우고 헛수고만 되겠다.
금전손재수, 몸만 힘들고 헛 공사이다.
빈주머니이다. 출행은 불리하다.
물에 빠져 죽은 수살귀의 작해가 있다.
천도, 해원을 해줘야 덕을 보겠다.

巳時 : 자식문제이고,
직장의 문제사가 있어서 왔다.
터주신이 발동하여
이사수, 이동건의 일이다.
선산 조상 묘에 탈이 났다.
유골이 장충에 감겨있다.
금전 손재수 있고, 다투고, 매사가 꼬인다.
아랫사람으로 인해 시비투쟁이 발생하여
관송사로 시끄러워진다.
자식이 집 떠날 일이 있겠다.

午時 : 관송사 급 구속건이다.
　　　　배신사이고,
　　　　금전 의혹사로 손해가 생겨 시끄럽겠다.
　　　　방해자가 있고, 서로 원망한다.
　　　　집안에 원한귀신이 침투했다.
　　　　기도정성이 절실히 필요한 때이다.

未時 : 화합하려고 애쓰지만 급성질환과
　　　　불의환란으로 불길하다.
　　　　속전속결 일처리가 유리하다.
　　　　이사하면 유리하다.
　　　　급히 돈을 구하려 마음이 바쁜 사람이다.
　　　　서남쪽에 있는 양띠사람이나,
　　　　ㅇ,ㅎ 姓氏를 찾아봐라!
　　　　주식투자, 매매件은 속결로 해결된다.
　　　　취업, 승진 모두 좋은 운인데
　　　　촛불을 밝히고 기도하면 그 공덕이
　　　　매우 크다.

申時 : 직장 실직사件, 취업시험은 불리하다.
　　　　승진도 불리. 근신 자중할 때이다.
　　　　기도정진이 요망된다.
　　　　객사귀가 집안에 침투했다.

천도재를 지내면 풀리겠다.
집안이 편안해야 모든 일이 성사된다.

酉時 : 금전구재와 관직 취직사이다.
구하면 얻을 것이다.
두 가지 일이 쌍아리가 져서 잘못하면
둘 다 깨질 수 있다.
남편으로 인해 지출이 크겠다.
금전구재件은 조건만 맞으면 구할 수 있다.
사업상 계약은 이득이 발생한다.
성급하게 서두르지 말고
순서대로 진행하라!
부처님전의 기도정성이 필요하다.

戌時 : 관재구설로 골치가 아프다.
자식으로 인해 지출이 크겠다.
깨지고 손해 보는 일만 벌어진다.
해결이 어렵겠다.
후원사는 불성사이다.
기대하지마라! 말뿐이다.
진행하는 일이 자꾸 지체되고 세월만 간다.
사방팔방으로 금전이 흩어진다.
고독하고 헛수고로 몸만 힘들다.

亥時 : 급 상황이 벌어졌다.
　　　　상하가 불화합 되어 도움이 안 된다.
　　　　동업사 사업시작 件은 배신과 암해가 있다.
　　　　자신이 결정 못하고 갈등뿐이다.
　　　　처음시작은 크게 벌려 놓고
　　　　뒷마무리를 잘 처리 못하겠다.
　　　　결혼하고 싶은 사람이다.
　　　　용신기도를 하면 그 덕이 아주 크겠다.
　　　　우환 병고를 주의하라!

丙子日

子時 : 직장의 문제사, 관송사의 일,
　　　　급한 불의 환란사이다.
　　　　급 처리 문제이다.
　　　　일은 풀리지만 내가 불리하다.
　　　　처음은 해결되는 듯 풀리다가
　　　　결과는 요란만 했다.
　　　　지체되면 방해자가 생기고 불리하다.
　　　　형제와 동료가 화합이 잘 안 되겠다.
　　　　음사건 문제는 느긋하게 대처하라!

丑時 : 재물, 금전거래문제로 왔다. 매매사이다.
　　　　귀인의 도움으로 부부화합사이고,
　　　　가정의 경조사이다.
　　　　처음엔 잘 융화가 되나 후에는
　　　　한사람이 배신하겠다.
　　　　시비와 침탈의 해害가 있다.
　　　　결혼은 하면 좋다.
　　　　매매물件은 성사되겠다.

寅時 : 자식문제이고, 직장의 문제이다.
　　　　지금 상태에서 정리할일이 생기겠다.
　　　　직장에서의 모함과 구설이 심해
　　　　실직위험이 있다.
　　　　금전손재수가 주의된다.
　　　　자식이 움직일 일이 생긴다.
　　　　움직이지 않는 것이 좋다.
　　　　괴이한 일로 시비가 붙는다.
　　　　관재수를 조심하라!
　　　　진행하고 있는 일이 있다면 정리하라.
　　　　산신님께 지극정성 기도하라!

卯時 : 위아래 형제 자매간에 시비다툼의 일이다.
　　　　서로 해롭고 일이 지체된다.

관송사로 발전하겠다.
이동해 보려 해도 매매도 안 되고,
꼬이기만 한다.
자식의 일에 투자하거나 관여하지마라!
후원사나 화합하고 싶은 문제는
시간이 걸리겠다.
처음에는 화합이 잘 되다가 후환이 따른다.

辰時 : 관재구설과 모함사이다.
남녀 간 다툼이 있고,
배신과 이별수도 있다.
터주신 발동하여 이동사, 이동수
속 발현, 남편문제이다.
추진하던 일을 조금 미뤄라!
지금은 때가 아니다.
해외로 움직이면 성공하겠다.
부동산에 투자하면 3년 후에
큰 이득이 발생한다.

巳時 : 직장 변동수가 급하게 생겼다.
직장에서 모함과 구설이 뒤따른다.
스트레스 심해서 몸만 힘들고 헛 공사이다.
관송사는 지체되고 불리하다.

밤길 조심해라! 나의 실수로 돌아온다.

午時 : 금전 사기, 허위문서로 관재수 발생件이다.
친구 형제간 동료사, 배신 주의하라.
여자로 인해 시비투쟁이 발생하여 관송사로
시끄러워진다. 이동수가 있다.
터주신 발동하여 이사, 이동수가
속 발현했다.
자식문제로 속 좀 썩겠다.
가족 간에 이별수가 있다.
관재구설이고, 직업변동수가 보인다.
직장은 옮기는 것이 좋다.

未時 : 묘탈이 났다.
숨겨진 모사 재앙이 도사리고 있고,
방해자가 있어 지체된다. 결과는 불리하다.
구직이나 시험문제는
방해자가 훼방을 놓는다.
귀인이 돕지 않으니
매사 지체되고 불편하다.
동자귀신의 원한을 풀어줘라!

申時 : 금전 손실사, 여자문제 때문에 왔다.

　　　　속결로 처리할 급한 문제이다.
　　　　사업, 상업사로 해결할 일이 있어서 왔다.
　　　　일은 申月에 해결된다.

酉時 : 새로운 사업계획, 창업 문제件이다.
　　　　색정사로 인한 구설수가 들었다.
　　　　외정남자문제, 관재사로 시끄럽겠다.
　　　　여아, 딸 문제이기도하다.
　　　　금전문제사는 깨진다.
　　　　자식으로 인해 큰돈을 잃겠다.
　　　　조상천도하면 음덕이 있다.
　　　　지금은 때가 아니다.
　　　　기다려야 한다.

戌時 : 부동산거래사, 금전투자件, 재물구재사,
　　　　문서 잡는 일이다.
　　　　여자의 화합사와 사업관계 일이다.
　　　　조건만 잘 맞추면 큰 이득을 보겠다.
　　　　결과는 속빈강정과 같이 유명무실해진다.

亥時 : 부모자식간의 시비와 침탈의 해이다.
　　　　서로 도왔다가 피해만 주었다.
　　　　관재사로 시끄럽겠다.

헛수고가 되고 손해 보게 된다.
북서쪽에 뜻밖의 귀인이 있다.
내 지출만 크다.
상대가 죽이고 싶을 만큼 밉다.
상대에게 굴욕을 당한 뒤,
후회하고 화해한다.
자식에게 도둑을 맞는 수이다.
가깝게 지내는 사람을 주의하라!

 丁丑日

子時 : 직장의 문제사, 관송사의 일,
급한 불의 환란사이다.
급 처리 문제이다.
일은 풀리지만 내가 불리하다.
후환이 두렵다. 합의사는 불성사이다.
전후前後가 다르다.
이동, 이사는 매우 불리하다.
자식에게 관재수, 큰 재앙이 닥치겠다.

丑時 : 금전 손실사, 재산 파괴사, 매매거래사이다.

합의, 협상문제는 불성사이고,
여자가 연류 된 경쟁, 투쟁사이다.
가까운 친구나 형제, 동료 때문에
손재수가 생긴다.
불쌍해서 도와주는데,
돌아오는 것은 내 희생뿐이다.
결과는 깨지는 일밖에 없다.
동북쪽으로 가면 귀인이 돕는다.

寅時 : 관재구설과 남녀 간 다툼이 있고,
배신과 이별수도 있다.
사업시작계획 건이다.
귀인, 후원자가 있어 사업 동업 이롭다.
전생 업이 많다. 덕을 많이 쌓아야 한다.
흉한 꼴을 당해 손실이 크고,
골치만 아프다.
자신이 무리하게 밀고 나간다.
말려도 한다.
억지로 진행해야 소용없으니
마무리가 최선이다.
숨겨진 재앙이 도사리고 있고,
후환이 따른다.

卯時 : 관송사 시비다툼으로 집안이 시끄럽다.
       상하가 화합이 안 되고, 일은 지체되고,
       금전 손실이 크다.
       배신사 음모로 관재구설이 예상된다.
       상대나 자신이나 팽팽한 상황이고,
       막상막하이다.
       윗사람의 근심과 추궁 질책으로
       체면 실추이다.
       유산시킨 태자귀를 해원해줘야 한다.

辰時 : 결혼 남녀화합사로 왔다.
       가족 간에 색정사로 가정파탄 위기,
       이별수, 이혼수가 보인다.
       친구 연관된 문제는 불리하다.
       후에 깨진다.
       물에 빠져 죽은 수살귀의 작해가 있다.
       천도, 해원을 해줘야 덕을 보겠다.

巳時 : 이동수가 있어서 왔다.
       좋은 운은 날아간 상태이다.
       상업문제, 친정문제, 창업관계는
       매우 불길하다.
       매사 지체되고, 금전 손실이 크고

낭비가 심하다.
새로운 변화가 좋은 때이다.
서쪽에 사는 사람이나
ㅅㅈㅊ姓氏, 酉生과 같이하라!
매사 지체된다.
이동을 하는 것이 제일 좋다.

午時 : 직장 취업문제이다.
친구에게 피해를 본 일로 왔다.
사업시작계획 건이다.
방해자가 있어서 진행은 어렵겠다.
부부불화 원망, 이별건. 결과는 나쁘다.
소모전이다.
몸만 고달프고 헛 공사만 하고 있다.
일만 실컷 하고 욕만 먹는다.
새 사업 시작은 손실이 크다.
움직이지 마라!
지금은 정성들여 기도하는 때이니
자중함이 옳다.

未時 : 관재구설과 모함사이다.
남녀 간 다툼이 있고,
배신과 이별수도 있다. 이동사이다.

터주신이 발동하였다. 이동수이다.
이사하면 유리하고,
하지 않으면 동기간의 재앙이 따른다.
부모자식문제, 서로 뜻이 달라서 다투고
배신을 한다.
혈연을 끊기도 한다.
촛불을 밝히고 기도를 하면 좋다.

申時 : 상업문제, 새 일 문제,
창업관계의 일로 왔다.
돈을 구하려 하지만 반대로
손실만 크게 발생한다.
집안에 믿고 방해부리는 자가 있다.
동기일신의 동자귀신이 작해를 한다.
구직이나 시험문제는
방해자가 훼방을 놓는다.
귀인이 돕지 않으니
매사 지체되고 불편하다.

酉時 : 새 일 문제, 창업관계로 왔다.
자식문제는 어렵게 풀린다.
풀리지 않던 일이 서쪽에서 풀린다.
재혼은 시간을 더 끌어라!

일이든 사람이든 새로운 것이 유리하다.
은밀하게 움직이면 좋은 일 있겠다.
원하는 대로 이루어진다.

戌時 : 하극상의 배신사가 발생했다.
예상된다.
이기기는 어렵겠고, 헛 공사만 된다.
매사 일이 꼬이고 되는 노릇이 없고,
지체된다.
동북간의 산신님께 기도하라!
기도정성이 절실히 필요한 때이다.

亥時 : 관송사로 벌금이 나간다.
직장이나 집의 이동, 변동件이다.
질병치유 목적과 약 효험件은 아주 좋다.
금전구재 문제는 이득이 있겠다.
조건이 맞으면 돈은 구할 수 있다.
기도하면 사기를 면하고 이롭다.
자식 때문에 지출이 크겠다.
추진하던 일은 불가능하다.
원행, 여행은 불길하다. 근신 자중하라!
시간이 흐르면 점차적으로 풀린다.

戊寅日

子時 : 금전구재 문제는 이득이 있겠다.
　　　　자식잉태 件, 사업적인 문제로 왔다.
　　　　시기와 조건만 잘 맞으면 성취되겠다.

丑時 : 하극상의 배신사가 발생했다.
　　　　여자가 낀 금전거래로 인한
　　　　관송사가 예상된다.
　　　　이기기는 어렵겠고, 헛 공사만 된다.
　　　　매사 일이 꼬이고 되는 노릇이 없고,
　　　　지체된다.
　　　　잠시 피하는 것이 좋다.
　　　　여행을 하라!

寅時 : 관송사 급 구속건이다.
　　　　도장, 인장을 찍어야하나,
　　　　찍지 말아야하나 고민하고 있다.
　　　　취업, 임명, 승진, 남편문제는 좋다.
　　　　관재수도 잘 풀리겠다.
　　　　상대가 나보다 유리하다.
　　　　산신님의 은혜이다.

산신님께 지극정성 기도하라!

卯時 : 남녀 색정사, 불륜문제로
피해야할 입장이다.
자신이 무리하게 밀고 나간다. 말려도 한다.
동기간에 서로 헐뜯고 암투가 심하다.
처음엔 잘 화합이 되다가 후환이 따른다.

辰時 : 직장구직, 취업문제로 왔다.
쉽게 구해질 상황이 아니다. 지체된다.
숨겨진 재앙이 도사리고 있다.
친정의 도움으로 암매할 일이 있겠다.
원행은 미루어라! 때가 아니다.
조상 묘지탈이다.
괴이한 일이 자꾸 발생한다.
묘 이장을 하면 좋다.
집안에 동자귀가 작해作害를 부린다.
용궁기도를 많이 해야 풀리겠다.

巳時 : 화합사와 사업관계 일이다.
문서구입 件, 가족합의 件으로 왔다.
잡아라! 이루어진다.
재물이 늘어나는 형상이다.

가내가 화목하고 기쁨이 충만하다.
巳月에 교통사고를 주의하라!

午時 : 먼 이동수가 있다. 이동하는 것이 좋다.
새로운 변화가 좋은 때이다.
두 가지 일이 쌍아리 진 문제이다.
친구나 형제의 도움으로
난관을 극복할 수 있겠다.
이사를 하던지 멀리 여행을 갔다
오던지 변화가 필요하다.

未時 : 금전 사기, 허위문서 발생件이다.
문서에 도둑이 보인다.
집안에 위계질서가 뒤죽박죽이다.
밤길 조심해라!
불량배에게 봉변 당 하겠다.

申時 : 터주신이 발동하여 이사수가 있다.
부정을 풀어내고,
이사를 안 하는 것이 좋다.
여자의 상업사 일문제이고,
매매수도 보인다. 매매가능하다.
자식문제로 돈 나갈 일이 있다.

직장은 옮기는 것이 좋다.

酉時 : 질병과 자식문제로 흉한 꼴을 당해
손실이 크다.
상업사는 방해자가 있어 지체되고,
돌아오는 것은 원망과 욕설뿐이다.
서쪽에 숨은 귀인이 있다.
남녀 간에 서로 방해자가 되어
훼방을 놓으니,
뜻대로 이루어지지 않는다.
사납고 앙칼진 처녀귀신의 작해이다.
미륵불께 기도하면 음덕이 있다.

戌時 : 질병과 빚쟁이들의 괴롭힘의 문제이다.
색정사로 인한 구설수가 들었다.
청춘에 죽은 조상귀가 발동을 했다.
급히 발생한 관재수도 보인다.
결과는 지체되다가 해결된다.

亥時 : 금전문제, 여자문제 때문에
관송사로 시끄럽다.
질병과 이성문제로 흉한 꼴을 당해
손실이 크다.

속결처리가 유리하다.
뒷탈이 예상된다.
후원사는 모두 막히고,
여자로 인해 지체된다.
관송사 시비다툼으로 집안이 시끄럽다.
병환은 쉽게 치료되지 않는다.
이사는 할 때가 아니다.

 己卯日

子時 : 관송사 급 구속件, 사업파산件이다.
가정은 색정사로 깨진다. 내가 불리하다.
상하가 불화합하고,
가정은 색정사로 깨진다.
자식에게 큰 재앙이 닥치겠다.
매사 지체되고 손실이 크다.

丑時 : 금전 구재件으로 왔다.
매사 꼬여있고, 지체된다.
남편을 통해야 금전이 해결된다.
직장구직, 취업은 가능하다.

아르바이트라도 해라!
동업, 결혼 화합사는 좋은 운이니
해도 좋다!
가정에 우환이 있어, 눈물 흘릴 일이 있다.

寅時 : 친정문제, 후원사문제로 왔다.
문서로 인해 관재가 발생했다.
전생 업이 많다. 덕을 많이 쌓아야 한다.
흉한 꼴을 당해 손실이 크고,
협상은 이루어지지 않는다. 後는 凶하다.
일은 지체되고 소모전이다.
일의 결과는 凶하다.
부처님전에 기도공덕이 필요한 때이다.

卯時 : 결혼사, 화합사는 매우 좋다.
혼자서 결정하기 어려운 문제이다.
상업사의 협상 件은 이루어진다.
확신과 명분이 있는 일에 여럿이서
도모하는 것은 吉하다.
자식이나 임신여부를 묻는다면 가능하다.
유산시킨 태자귀를 해원해줘야 한다.

辰時 : 친구, 형제간에 시비와 다툼 때문에 왔다.

모함과 구설이 뒤따른다.
　　웃음 속에 칼이 있다.
　　금전 손재수가 있다.
　　터부정이 들어 심하다.
　　이사를 하는 것이 좋다.
　　뜻하는 바가 헛공사가 되겠다.
　　물에 빠져 죽은 수살귀의 작해가 있다.
　　천도, 해원을 해줘야 덕을 보겠다.

巳時 : 똑같은 일로 봉변을 당하겠다.
　　합의를 봐야하는데
　　모함과 구설이 뒤따른다.
　　친정식구의 도움으로 도망함이 유리하다.
　　남자의 직장해고가 주의된다.
　　정리함이 옳다.

午時 : 결혼사, 화합사는 매우 좋다.
　　문서이동사, 부모문제, 취업사문제이다.
　　윗사람으로 후원사 도움문제이다.
　　잡아라! 이루어진다.
　　재물이 늘어나는 형상이다.
　　뭔가 새로 시작하고 싶어서 왔다.
　　속 처리가 좋다. 질질 끌면 깨진다.

잔병으로 고생하겠다.

未時 : 직장 변동수가 있고, 집도 이사수가 있다.
멀리 이동하는 것이 좋다.
자식문제, 사업문제로 해외진출이 유리하다.
일은 지체되어 헛고생만 한다.
이동수가 들었지만,
이동을 안 하는 것이 더 좋다.
새로 출발하는 것이 좋다.

申時 : 허위문서나 금전운은 흉하다.
급히 처리할 일이 있지만
일은 지체되어 헛고생만 한다.
속이고 숨기는 일 생긴다.
금전 환란이 예상된다.
빈주머니이다. 출행은 불리하다.
교통사고로 죽은 귀신이 작해를 한다.

酉時 : 금전 사기, 허위문서로 관재수 발생件이다.
유명무실해진다.
아랫사람의 우환질병 件이다.
터주신이 발동했다. 이사, 이동수가 있다.

자식이 집 떠날 일이 있겠다.

戌時 : 색정사 件이다. 배신 주의하라.
　　　　관재구설로 집안이 시끄럽다.
　　　　서로 미워하며 원망하고,
　　　　부모의 힘과 충고가 필요하다.
　　　　동북간의 산신님께 기도하라!
　　　　숨은 귀인이 돕는다.
　　　　기도정성이 절실히 필요한 때이다.

亥時 : 금전과 여자문제로 왔다.
　　　　구하고자하는 것은 구해진다.
　　　　여자의 상업사 일문제이고,
　　　　매매수도 보인다.
　　　　돼지띠나 북쪽에 있는 사람에게 부탁해라!
　　　　임신가능은 10월에 된다.

庚辰日

子時 : 관재구설문제, 자식문제, 남자문제로 왔다.
　　　　합의가 잘 되어 해결된다.

원하는 대로 잘 해결된다. 대길한 운이다.
서둘지 말고 천천히 추진하라!
임신은 좋지 않다.

丑時 : 실물수, 파재 件, 부도 件으로 왔다.
후원사는 모두 막히고,
여자로 인해 지체된다.
관송사 시비다툼으로 집안이 시끄럽다.
객사귀가 집안에 침투했다.
천도재를 지내면 풀리겠다.

寅時 : 금전 구재件, 여자 상업 件으로 왔다.
조건을 잘 맞추면 성사되겠다.
후원사의 도움이 있다. 후환이 생기겠다.
취업, 임명, 남편문제, 친구문제는
동쪽에서 귀인이 돕는다.

卯時 : 문서합의사, 친정문제件, 돈 문제이다.
돈은 구해지겠는데
도장 찍는 것이 시끄러워진다.
동기간에 서로 헐뜯고 암투가 심하다.
진행하는 일이 자꾸 지체되고 세월만 간다.
가족 간의 속임수로

가정이 깨질 일이 있고,
이사하면 나쁜 害해를 피할 수 있겠다.

辰時 : 두 가지 문제로 관송사가 예상된다.
상대보다는 내가 더 유리하다.
징징거리며 보채더라도 시간을 끌어라!
처음시작은 크게 벌려 놓고
뒷마무리를 잘 처리 못하겠다.
결혼문제하고 싶은 사람이다.
용신기도를 하면 그 덕이 아주 크겠다.

巳時 : 관재구설로 골치가 아프다.
속결 처리해야한다.
급전은 안 빌리는 것이 좋다.
뒷 탈이 크다.
괴이사가 발생하겠고,
새로운 일은 저지르지 마라!
건강 조심해야하고, 일처리
뒷 끝마다 스트레스 받는다.

午時 : 부모자식 간에 원망과 다툼이 심하다.
직장에서 윗상사와도 암투가 심하다.
가족 간에 미움이 커져

관재수로 속 썩는다.
타협하면 좋고, 정리하는 것도 좋다.
객사한 조상이 산신고에 막혀
구천을 헤매고 있다.
조상천도재가 시급하다.

未時 : 금전 구재件, 결혼 남녀화합사로 왔다.
길하다.
서남간에 귀인이 있어
후원사로 도움을 받겠다.
주식투자, 매매件은 속결은 좋고,
지체되면 방해자가 생기고 불리하다.
금전이득이 생기면,
부모님에게 재앙이 미치겠다.
잠시 잠수를 타는 것도 유익하다.

申時 : 이동수가 있어서 왔다.
좋은 운은 날아간 상태이다.
취업문제件, 직장문제件, 관청문제件,
시험합격에 관한 일로 왔다.
시험은 불합격이고, 취업도 어렵다.
선조상의 두 분 할머니의 원한 작해 이다.

酉時 : 숨겨진 재앙이 도사리고 있고,
색정사件이다.
상대는 좋은 상대가 아니다.
금전손재수, 몸만 힘들고 헛 공사이다.
재혼은 길하다. 빈주머니이다.
새로운 일 시작이 좋은 기회이다.

戌時 : 터주신이 발동하였다. 이동수이다.
이사하면 유리하고,
하지 않으면 관재수의 재앙이 따른다.
집안이 위태롭다.
시끄럽게 깨지는 일이 발생하겠다.
손재수, 파재 도난수가 노리고 있다.
이사를 하는 것이 현명하다.
아랫사람의 우환질병 件이다.
앞뒤가 다 막혀서 답답한 노릇이다.
자식이 집 떠날 일이 있겠다.

亥時 : 서로 뜻이 맞지 않아 미워하고 원망한다.
남녀 간에 서로 방해자가 되어 훼방이니
뜻대로 이루어지지 않는다.
모든 게 헛수고이고 지체된다.
사납고 앙칼진 처녀귀신의 작해이다.

辛巳日

子時 : 부모자식 간에 서로 뜻이 맞지 않아
　　　　미워하고 원망한다.
　　　　서로 방해를 부린다.
　　　　자식의 불효이다.
　　　　누군가로부터 후원을 받고 싶지만
　　　　어렵겠다.
　　　　모든 일이 재해가 생기니 시간을 끌어라!

丑時 : 금전 구재件은 길하다.
　　　　주식투자, 매매 件은 속결이 좋다.
　　　　가정에 식구가 늘고 화합할 일이 있다.
　　　　윗사람으로 후원사 일로 왔다. 도움이 있다.
　　　　가정 내 경사가 있다.
　　　　직장 구직, 시험문제로 왔다.
　　　　시험은 합격한다.
　　　　아랫사람의 우환질병이 발생된다.

寅時 : 관송사, 우환 질병사는 흉하고,
　　　　나쁜 상태여서 왔다.
　　　　취업, 임명, 승진, 남편문제,

친구문제는 모두 어렵다.
진행하는 일이 자꾸 지체되고 세월만 간다.
깨질 일이 있고, 이사하면 나쁘다.

卯時 : 두 가지 일이 쌍아리가 졌다.
금전구재件으로 왔다. 가능하다.
조건이 붙는 좋은 계약이 성립되겠다.
직장 구직, 시험문제로 왔다.
시험은 합격한다.
아랫사람의 우환질병이 발생된다.
자식이나 임신여부를 묻는 다면 가능하다.

辰時 : 자식으로 인해 지출이 크겠다.
깨지고 손해 보는 일만 벌어진다.
해결이 어렵겠다.
후원사는 불성사이다.
잠시 쉬는 것이 유리하다.
취업, 임명, 승진, 남편문제,
친구문제는 모두 어렵다.
일이 꼬이기만 해서
지긋지긋하게 살기 싫다.
고생 많이 한사람이다.
진행하는 일이 자꾸 지체되고 세월만 간다.

　　　　　깨질 일이 있고, 이사하면 좋다.

巳時 : 두 가지 일이 겹쳐서 다툼과 시비가 있다.
　　　　친정 일과 자식문제이다.
　　　　직장문제나 사업문제가
　　　　속전속결로 변화하겠다.
　　　　불의의 환란이 도사리고 있다.
　　　　원행, 여행은 불길하다.
　　　　빚쟁이에게 관재를 당하겠다.
　　　　상업상의 결정문제는
　　　　서로 양보를 안 하는데
　　　　상대가 더 유리하다.
　　　　신경정신계통의 病병 질환이 예상된다.

午時 : 금전문제件, 여자문제로 왔다.
　　　　뭔가 새로 시작하고 싶어서 왔다.
　　　　어차피 말려도 할 사람이다.
　　　　오기가 대단한 사람이다.
　　　　남녀문제는 관송사로 복잡해지겠다.
　　　　열 받는 일이 발생, 혈압상승 위험,
　　　　화재주의를 요한다.
　　　　때를 기다려라! 기도가 요망된다.

未時 : 매사 지체되고, 금전 손실이 크고,
낭비가 심하다.
친구나 형제간에 다툼과 시기가
관재구설로 커진다.
돈 문제로 괴이한 일이 발생한다.
사업을 하고 있다면 정리하라.
마무리를 잘 해야 할 사람이다.
산신기도가 매우 절실한 사람이다.
꼭 촛불을 밝혀라!

申時 : 결혼사, 화합사는 매우 좋다.
윗사람으로 후원사 도움문제인데 어렵겠다.
문서를 잡으면 사기모함과
구설이 뒤따른다.
집안의 어른에게 병액이 침투한다.
속결로 치료하지 못하면 변고를 당한다.
관직사는 유리하고,
관재구설은 설상가상이다.

酉時 : 새로운 일을 도모해 보지만
운이 날아간 상태이다.
직장 변동수가 있고, 집도 이사수가 있다.
관재구설로 재수가 없다.

잠시 피하는 것이 좋다.
새로 출발하는 것이 좋다.

戌時 : 준비해오던 일을 새롭게 시작하는 운이다.
하지만 술술 풀리지는 않고,
지체되면서 풀린다.
들어오는 문서는 허위문서이다.
모든 일이 시간이 흘러야 한다.

亥時 : 터주신이 발동하였다. 이동수이다.
집을 이사하던지, 직장을 옮겨야 좋다.
이동하지 않으면 자식에게 재앙이 따른다.
조상 섬김을 잘 해야겠다.
물에 빠져죽은 수살귀가 고초를 준다.
금전으로 환란을 겪게 된다.

壬午日

子時 : 형제, 친구, 동료 간의 다툼이 발생했다.
타협하면 잘 풀리겠다.
합의사, 교역사는 이동하면 성사된다.

이동하는 것이 유리하다.
금전손실이 크다
그 집에 그냥 살면
시비다툼사가 끊이질 않는다.
북쪽에 숨은 귀인이 있으니
그쪽에 ㅁ,ㅂ氏를 찾아라.
후환을 막을 수 있겠다.

丑時 : 매사 일이 지체되고, 방해자가 있다.
직장에서 윗 상사와도 암투가 심하다.
색정사로 집안에 원망과 미움으로
가득 찼다.
객사귀가 집안에 침투했다.
천도재를 지내면 풀리겠다.

寅時 : 두 가지 일이 쌍아리 졌다.
이러고도 싶고, 저러고도 싶다.
합의 봐야 할 문제, 해결해야 할 문제는
모두 해결된다.
결혼화합도 좋다.
취업, 임명, 승진, 남편문제, 친구문제는
동쪽에서 귀인이 돕는다.

卯時 : 문서합의사, 친정문제件, 동업사 문제이다.
　　　동쪽의 귀인 도움으로 일은 순조롭다.
　　　취업, 시험 본 件은 행운이 따른다.
　　　여자가 끼면 끝이 나쁘다.
　　　가족 간의 속임수로
　　　가정이 깨질 일이 있고,
　　　이사하면 나쁘다.

辰時 : 사업문제, 자식문제이다.
　　　금전 구재件, 여자 상업 件으로 왔다.
　　　조건을 잘 맞추면 성사되겠다.
　　　동남간의 후원사가 도움이 된다.
　　　관직사나 취업사는 길하다.

巳時 : 하는 일마다 꼬이고 골치가 아프다.
　　　속결 처리해야한다.
　　　손재수로 모든 게 소모전이다.
　　　괴이사가 발생하겠고,
　　　금전고통을 받게 된다.
　　　새로운 일은 저지르지 마라!
　　　건강 조심해야하고, 어두운 곳은 가지마라!

午時 : 금전 구재件, 여자 상업 件으로 왔다.

은밀하게 조용히 일처리를 해라.
화재조심, 화병 조심해야겠다.
자식이 없어서
천신기도가 간절한 사람이다.
기도하면 그 덕이 아주 크다.
촛불을 밝혀라!

未時 : 색정사 件이다. 화합하고 싶다.
결혼하고 싶다.
취업문제, 직장문제, 관청문제,
시험합격에 관한 일로
왔다. 시험은 문제가 생긴다.
집안에 자살귀가 침투했다. 후환이 두렵다.
사표내면 안 된다.
인내하며 기다리면 다시 희망이 보인다.

申時 : 급변동이 있어 왔는데 지금은 때가 아니다.
관재구설로 골치가 아프다.
남편의 바람문제와
직장에 복잡하게 얽힌 일이 있다.
정리하라!
깨끗이 정리하면 다시 희망이 보인다.
교통사고를 조심해라!

酉時 : 관직 件, 취업 件, 화합사로 온 것이다.
상하간의 극헨, 윗사람과의 배신으로
관재구설 발생한다.
화합하는 듯 하다가 파破한다.

戌時 : 문서사件, 부모사件, 취업사문제이다.
이동 운은 좋다. 움직여라!
속결로 움직이는 것은 좋고,
나중 것은 모두 날라 간다.
거주 목적인 집문서는 잡아라!
투자문서는 위험하다.
시비가 끊임없이 이어진다.
상대가 쟁쟁하다.
모든 것을 정리하고,
은밀하게 일을 추진함이 옳다.

亥時 : 친구나 형제의 후원사 도움이 필요한데
아직 때가 이르다.
상하간의 극헨, 아랫사람과의 배신으로
금전손실이 크다.
오해로 벌어진 일이다.
후원사는 이루어지지 않는다.
애만 쓰고 소득은 없다. 빈주머니이다.

용궁기도를 하면 덕이 크겠다.

癸未日

子時 : 자식문제, 형제간의 금전문제,
실물사 件으로 왔다.
결혼문제, 가족 화합사문제이다.
매사 지체된다.
지금은 방해자가 있어 성사가 안 된다.
매사 헛고생이고, 빈주머니이다.

丑時 : 쌍아리가 져서 우왕좌왕 심사가 불안하다.
터주신이 발동하였다.
부모형제간에 다툼이 있다.
이동수이다. 이사하면 유리하고,
하지 않으면 동기간의 재앙이 따른다.
비방하면 이동하지 않아도 된다.
가족의 이별수도 보인다.
멀리 떠나는 것이 좋다.
정리하고, 헤어져 새로 시작하는 것도
괜찮다.

이대로는 계속 불가능하다.
산신기도하면 덕이 크겠다.

寅時 : 색정사로 모함과 구설수가 있다.
상업사에 방해자가 있어 일이 꼬인다.
금전구재문제로
급히 처리할 일이 있어서 왔다.
자존심만 상하고 구하기가 힘들다.
객사귀의 작해이다.
천도재가 특효이다.

卯時 : 금전 구재件은 길하다.
주식투자, 매매 件은 속결이 좋다.
자식으로 인해 식구가 늘고
화합할 일이 있다.
직장 구직, 시험문제로 왔다.
시험은 합격한다.
아랫사람의 우환질병이 발생된다.
유산된 태자귀가 작해를 부린다.

辰時 : 상호간에 협상, 교섭문제로 왔다.
협상 안 된다.
여자로 인한 부정으로 매사불성이다.

관재, 소송, 병재 난으로
손상의 일이 벌어졌다.
뭐든 의욕이 없고
하고 싶지 않은 사람이다.
움직이면 재앙이 두렵다.
원행, 여행, 출장 모두 불리하다.

巳時 : 금전구재와 관직 취직사이다.
구하면 얻을 것이다.
불의의 환란이 도사리고 있다.
원행, 여행은 불길하다.
빚쟁이에게 관재를 당하겠다.
직장문제나 사업문제가
속전속결로 변화하겠다.

午時 : 관재구설로 골치가 아프다.
금전문제이다.
헛수고로 몸만 힘들다. 백사무효이다.
매사 일은 지체되고 보람, 성과가 없다.
때를 기다려라! 기도가 요망된다.

未時 : 문서합의사, 부모자식합의件,
결혼문제이다.

둘 중 하나를 골라야 하는데
결정이 안서서 왔다.
둘 다 괜찮다. 최상의 운이다.
동쪽에 있는 것으로,
물가에 있는 것으로 정해라.

申時 : 후원사, 문서합의사,
친정문제로 골치가 아프다.
서남간에 가서 구하라!
한 가지씩 풀리겠다.
윗사람과의 관재수가 예상된다.
되는 듯하다가 후에 다시 스트레스 받는다.
잃어버린 물건은 차안에 있다.

酉時 : 후원사, 문서합의사,
부모자식간의 모든 문제는 안된다.
엎친 데 덮친 격으로
가족끼리 합심이 안 되어
다툼만 한다. 위아래가 불화합이다.
구천을 헤매는 조상귀신의 원한이다.
청춘귀신을 천도해줘야 한다.
그냥은 무슨 일이든 꼬여서 해롭다.

戌時 : 합의사, 교역사, 결혼문제로 왔다.
색정사로 가정파탄 위험하다.
여자가 문제이다.
화합이 되는 듯하다가 깨진다.
문서로 투자해서 묻어두면 후에 효자 된다.
움직이면 재앙이 두렵다.
원행, 여행, 출장 모두 해롭다.

亥時 : 급변동이 있어 왔는데
지금은 이사할 때이다.
두 사람이 같이 움직이는 것이 좋다.
해외여행도 좋고, 새 출발은 유리하다.
두 가지 일 모두 같은 입장이다.
사업상 투자는 하여도 금방 이득은 없다.
직장은 옮겨도 좋다.
금전문제는 관재로 이어질 수 있다.

甲申日

子時 : 문서합의사, 부모자식합의件, 결혼문제이다.
전화상으로 같은 일이 두 번 일어난다.

처음엔 지체되는 듯하다가 활기를 얻는다.
금년 후반기에 행운이 따르겠다.
관재수나 병고의 액이 노리고 있다.
색정과욕으로 바람피우다가 들통이 난다.
배신과 이별수도 있다.
결과는 모두 불리하다.
집안에 동자귀가 작해作害를 부린다.
용궁기도를 많이 해야 풀리겠다.

丑時 : 형제, 친구와 관송사가 발생했다.
자식의 우환 질병사로 고심하고 있다.
걱정거리이고 흉하다.
진행하는 일이 자꾸 지체되고 세월만 간다.
운이 텅 비어있다. 빈주머니이다.
새로운 일은 때를 기다렸다가 해라!

寅時 : 급 이동사이다. 터주신이 발동했다.
부부불화, 직장이동件
집안이 우왕좌왕 불안하다.
이동하는 것이 유리하다.
가족의 이별수도 보인다.
멀리 떠나는 것이 좋다.
정리하고, 헤어져 새로 시작하는 것도

괜찮다.
이대로는 계속 불가능하다.
산신기도하면 덕이 크겠다.

卯時 : 직장문제, 취업시험문제로
골치 아파서 왔다.
자식에게 객사동자귀가 붙었다.
모함과 구설이 뒤따른다.
금전 손재수 있고,
남자의 직장에 방해자가 있다.
무모한 행동을 하고 있다.

辰時 : 금전구재 件, 상업사로
해결할 일이 있어서 왔다.
금전문제는 해결된다.
해외로 진출하면 유리하다.
몸만 고달픈 소모전이다.
이럴 때에는 잠시 잠수를 하는 것이
유리하다.
관직사나 취업사는 길하다

巳時 : 옳고 그른 것을 가리는 급한 일로 왔다.
여자로 인해 손재수가 발생했고,

배신당하겠다.
관송사로 퇴보했다가 합의하겠다.
결혼, 화합사는 불성사이다.
색정사로 다툼이 있다.
미친 귀신이 집안에 침투했다.
미친귀를 퇴치하지 않으면
집안에 정신병환자가 생긴다.
동남쪽 방향에 가서 도움을 청하라!

午時 : 관송사, 우환 질병사는 흉,
나쁜 상태여서 왔다.
자식 때문에 속 썩고 있다.
이러지도, 저러지도 못하고 방황하고 있다.
조건만 잘 맞추면 금전은 구해지겠다.
관송사는 질질 끌며 지체되겠다.

未時 : 남편문제, 직장문제이다.
헛수고로 몸만 힘들다.
매사 일은 지체된다. 의지할 곳을 잃었다.
때를 기다려라! 지금은 최악의 상태이다.
산신님께 기도하면 풀리겠다.
업장이 두터운 사람이다.

申時 : 새로운 사업계획은 방해자가 있어
　　　관재가 보인다.
　　　망신당하기 전에 꼼꼼히 살피며 추진하라!
　　　친정식구나 후원사는 도움이 되지 않는다.
　　　자동차를 조심해야하겠다.

酉時 : 후원사여부, 새로운 일
　　　추진여부를 알고 싶어서 왔다.
　　　말려도 할 사람이다.
　　　시작하고 난 후 스트레스 받는다.
　　　색정사 문제로 관재구설로 복잡한 사람이다.
　　　시비와 침탈의 해害를 입고,
　　　복잡한 사람이다.
　　　칠성님께, 부처님께 절실한 기도가
　　　필요한 때이다.

戌時 : 금전손실사, 삼각관계문제가
　　　두 가지가 쌍아리 져서 왔다.
　　　두 남자가 연류 된 경쟁, 투쟁사이다.
　　　시비가 끊임없이 이어진다.
　　　상대가 쟁쟁하다.
　　　모든 것을 정리하고,
　　　은밀하게 일을 추진함이 옳다.

묘 이장을 하면 좋다.
집안에 동자귀가 작해作害를 부린다.
용궁기도를 많이 해야 풀리겠다.

亥時 : 친구, 형제지간의 화합사 件이다.
부모자식 간의 화합사,
직장과 후원사의 일이다.
성실함을 인정받아 여기저기에서
도움의 손길이 온다.
근신 자중함이 현명하다.
자식에 일은 점차적으로 풀린다.
취직사 件은 순조롭다.

乙酉日

子時 : 친구, 형제지간의 화합사 件이다.
부모자식 간의 화합사 문제이다.
서로 화합이 되는 듯하다가 破破한다.
물질적 손실이 따르고 도주하겠다.
경거망동하지 말고, 고비를 잘 넘겨라!
용신기도를 하면 덕이 크겠다.

기도할 때이다.

丑時 : 이동수가 있다. 직장 이동수이다.
가족의 이별수도 보인다.
멀리 떠나는 것이 좋다.
정리하고, 헤어져 새로 시작하는 것도 괜찮다.
이대로는 계속 불가능하다.
묘 이장을 하면 좋다.
집안에 동자귀가 작해作害를 부린다.
조상천도 해원을 해서 풀어야겠다.

寅時 : 금전구재문제로
급히 처리할 일이 있어서 왔다.
자존심만 상하고 구하기가 힘들다.
애만 쓰고 소득은 없다. 빈주머니이다.
집안의 성주님이 노하셨다.
부부합의는 지체되겠다.
이사는 나쁘다.

卯時 : 가정의 이동수 있어서 왔다.
속이고 암매하고 뒤로 모해,
움직이는 일 발생한다.

아랫사람의 우환질병이 발생된다.
자식으로 인해 금전손실이 크다.
유산된 태자귀가 작해를 부린다.

辰時 : 색정사로 가정파탄 위험하다.
방해자가 끼어있다.
원수처럼 미움으로 등 돌리게 된 일이
발생했다.
친구간의 금전관계는 주의하라!
움직이면 재앙이 두렵다.
원행, 여행, 출장 모두 불길하다.
매사 지체되고, 금전 손실이 크고
낭비가 심하다.

巳時 : 금전구재문제, 금전투자사업 件이다.
이득이 있으니 투자하면 좋다.
돈은 구할 수 있다.
얻고 난 후 바로 지출된다. 소모전이다.
직장문제나 사업문제가
속전속결로 변화하겠다.
결혼, 재혼은 진행하라! 좋은 배필이다.
일을 질질 끌면 관송사로 돌변한다.

午時 : 친정문제, 후원사로 일이 얽히어서 왔다.
여자로 인해 손실도 크고,
더욱 복잡하게 시끄러워진다.
색정사로 도주할 수도 있다.
이사는 할 때가 아니니 뒤로 미루라!
가족끼리 서로 원망하고 방해한다.
집안에 원한귀신이 침투했다.
기도정성이 절실히 필요한 때이다.

未時 : 금전구재와 관직 취직사이다.
구하면 얻을 것이다.
사업자금으로 인해 지출이 크겠다.
천천히 숨 돌리고 가야겠다.
지금은 모든 게 때가 아니다.
딸자식의 변고를 조심하라!
취업, 승진 모두 좋은 운이다.
서남쪽의 산신님께 촛불을 밝혀야만
큰 것을 얻겠다.

申時 : 관재구설로 골치가 아프다.
모든 게 꼴도 보기 싫다.
질병우환의 탈과 남자문제로
흉한 꼴을 당해 손실이 크다.

깨지고 손해 보는 일만 벌어진다.
해결이 어렵겠다.
후원사는 불성사이다.
기대하지마라! 말뿐이다.
서남쪽과 북쪽이 유리하다.

酉時 : 여식으로 인해 가정에 손상사가 발생했다.
엎친 데 덮친 격으로 일이 겹쳐서
어찌할 바를 모르는 상황이다.
우환질병까지 발생했다.
화합하려는 일은 잘 풀린다.
조금 지체되다가 풀리겠으니
계속 진행함이 옳다.
칠성님, 미륵님께 정성을 다해 기도하라!

戌時 : 뭔가 시작하고 싶어서 왔다.
말려도 한다.
묘지이장, 토지문서 件으로 움직임이 있다.
이로우면서도 뒷탈이 발생한다.
구하고자 하는 것은 모두 구해진다.
서북쪽으로 움직이면 귀신이 침투해서
변고가 생긴다.

亥時 : 질병우환의 탈과 자식문제로 흉한 꼴을
당해 손실이 크다.
여자로 인한 관재가 발생한다.
꼴도 보기 싫다.
계속 같이 살기는 불가능하다.
금전운은 빈주머니이다.
모든 것이 내가 불리하다.
새 각오로 새 출발함이 옳다.
시비가 끊임없이 이어진다.
모든 것을 정리하고,
은밀하게 일을 추진함이 옳다.

丙戌日

子時 : 자식에 관한 일이다. 상업상의 일이다.
직장과 후원사의 일이다.
색정과욕으로 바람피우다가 들통이 난다.
배신과 이별수도 있다. 결과는 불리하다.
임신은 아직 이르다.
집안에 동자귀가 작해作害를 부린다.
용궁기도를 많이 해야 풀리겠다.

丑時 : 구직사, 승전사, 포상 건으로 왔다.
결혼문제, 가족 화합사문제이다.
하극상의 배신사로 관재해가 발현된다.
시비투쟁사로 바뀌겠고, 지체된다.
직장은 구해진다.
하지만 집안에 수술할 사람이 있겠다.
피보고 흉하게 죽은
혈광귀의 귀신이 작해를 부린다.
귀신을 달래서 쫓아야 한다.

寅時 : 이동수가 있다. 직장 취직사,
공무원 시험여부 件이다.
금전구재의 여부 문제다. 결과는 나쁘다.
북쪽에 숨은 귀인이 있으니
그쪽에 ㅁ,ㅂ氏를 찾아라.
행운이 따르겠다.
옛것을 버리고 새것을 택해라!
자식이 움직일 일이 있다.

卯時 : 친구, 형제지간의 화합사 件이다.
부모자식 간의 화합사.
색정사로 다툼과 시비가 있다.
후원사나 화합하고 싶은 문제는

시간이 걸리겠다.
처음에는 화합이 잘 되다가 후환이 따른다.
결과는 헛 공사가 되고 소모전이다.
이럴 때에는 잠시 잠수를 하는 것이
유리하다.

辰時 : 하극상의 배신사로 좌불안석인 사람이다.
금전거래로 인한 관송사,
구속될 기미도 보인다.
금전손실이 크다.
이별수도 보인다.
터주신이 발동했기 때문에 이동하면 좋다.
동쪽이나 동북간으로 이사하라!

巳時 : 관재, 불의의 환란사이다.
새로운 사업계획은 방해자가 있다.
집안의 재물이 지출되는 일이다.
무자귀신이 집안에 침투했다.
색정사로 다툼이 있다.
기도하면 술술 풀리겠다.
색정사로 다툼이 있다.
미친 귀신이 집안에 침투했다.
미친귀를 퇴치하지 않으면

집안에 정신병환자가 생긴다.

午時 : 금전구재와 관직 취직사이다.
　　　　남쪽에 가서 구하면 얻을 것이다.
　　　　친정으로 인해 도움도 받고, 지출도 크겠다.
　　　　조왕에 정성을 다하면 그 덕이 크다.
　　　　남쪽에 가서 구하면 얻을 것이다.

未時 : 관재구설로 골치가 아프다.
　　　　깨지고 손해 보는 일만 벌어진다.
　　　　해결이 어렵겠다.
　　　　후원사는 불성사이다.
　　　　기대하지마라! 말뿐이다.
　　　　자리를 한번 옮겨라!
　　　　그대로는 되는 노릇이 없다.
　　　　귀인이 돕지 않으니
　　　　매사 지체되고 불편하다.
　　　　여자동녀귀신의 원한을 풀어줘라!

申時 : 금전구재와 관직 취직사이다.
　　　　구하면 얻을 것이다.
　　　　두 가지 일이 쌓아리가 졌다.
　　　　양쪽으로 뛰어야겠다.

둘 다 이득이다. 자동차와 관련된 일이다.
자식으로 인해 지출이 크겠다.
직장은 취업이 된다.
조건을 잘 맞춰라! 이득이 발생한다.

酉時 : 관송사, 우환 질병사는 흉,
모든 게 꼴도 보기싫어서 왔다.
취업, 임명, 승진, 친정문제, 결혼문제는
모두 어렵다.
산전수전 다 겪은 사람으로 빠삭이 이다.
사람이든 일이든
새것으로 바꾸는 것이 좋다.
진행하는 일이 자꾸 지체되고 세월만 간다.
칠성님께, 부처님께,
절실한 기도가 필요한 때이다.

戌時 : 새롭게 시작하는 일, 자식문제 때문에 왔다.
친정거래는 유리하다. 여유 있게 도와준다.
속전속결로 처리해야 한다.
힘든 일은 술술 풀린다.
집터가 묘지 터이니
이사를 하는 것이 좋다.

亥時 : 금전구재와 관직 취직사 件으로 왔다.
　　　 취직은 된다. 후에
　　　 윗상사 때문에 스트레스 받는다.
　　　 무리하면 점점 더 어려워진다.
　　　 자식문제로 스트레스가 심하다.

 丁亥日

子時 : 색정사로 관송사 시비다툼으로
　　　 집안이 시끄럽다.
　　　 금전문제로 서로 칼을 휘두르며
　　　 더욱 심화된다.
　　　 경거망동하지 말고, 고비를 잘 넘겨라!
　　　 자식 결혼문제로 다툼이 있다.
　　　 자신이 무리하게 밀고 나간다.
　　　 동쪽에서 보이지 않는 귀인이 돕는다.

丑時 : 매사 지체되고, 금전 손실이 크고
　　　 낭비가 심하다.
　　　 친구나 형제간에 일 도모는 불리하다.
　　　 괴이한 일로 시비가 붙는다.

진행하고 있는 일이 있다면 정리하라.
조상 묘지탈이다.
괴이한 일이 자꾸 발생한다.
묘 이장을 하면 좋다.
집안에 동자귀가 작해作害를 부린다.

寅時 : 문서사件, 부모사件, 취업사 문제이다.
윗사람으로 후원사 도움이 있다.
이동 운은 좋고, 집안에 경사가 있다.
문서를 잡아라!
일이 지체되면 상대에게
굴욕을 당하고 패하겠다.
부부합의는 지체되겠다.
이사는 나쁘다.

卯時 : 남편, 남자문제는 끝내는 것이 좋다.
인연이 다 되었다.
이동수가 있어서 왔다.
좋은 운은 날아간 상태이다.
도난사, 도주자, 속임수의 암매 件이다.
윗사람의 근심과 추궁 질책으로
체면 실추이다.
유산시킨 태자귀를 해원해줘야 한다.

辰時 : 자식문제, 상업 손실사 문제로 왔다.
　　　　숨겨진 재앙이 도사리고 있고,
　　　　관재사건이다.
　　　　상대는 좋은 상대가 아니다.
　　　　금전손재수, 몸만 힘들고 헛 공사이다.
　　　　빈주머니이다. 출행은 불리하다.
　　　　물에 빠져 죽은 수살귀의 작해가 있다.
　　　　천도, 해원을 해줘야 덕을 보겠다.

巳時 : 금전 사기, 허위문서로 관재수 발생건이다.
　　　　친구 형제간 동업사건 배신 주의하라.
　　　　아랫사람으로 인해 시비투쟁이 발생하여
　　　　관송사로 시끄러워진다.
　　　　터주신이 발동하였다. 이동수이다.
　　　　이사하면 유리하고,
　　　　하지 않으면 동기간의 재앙이 따른다.
　　　　비방하면 이동하지 않아도 된다.

午時 : 돈을 구하려 하지만 반대로 손실만
　　　　크게 발생한다.
　　　　지금은 때가 아니다.
　　　　집안에 원한귀신이 침투했다.
　　　　가족끼리 서로 원망하고 방해한다.

기도정성이 절실히 필요한 때이다.

未時 : 금전 구재件, 결혼 남녀화합사로 왔다.
　　　길하다.
　　　두 가지 중에 하나를 골라야한다.
　　　둘 다 괜찮다.
　　　양띠나 서남간에 사는 사람이던가,
　　　ㅇ,ㅎ姓氏이면 좋다.
　　　주식투자, 매매件은 속결로 해결된다.
　　　취업, 승진 모두 좋은 운인데
　　　촛불을 밝히고 기도하면
　　　그 공덕이 매우 크다.

申時 : 자식문제, 상업사문제이다.
　　　속전속결로 금전재물을 움직일 일이다.
　　　추진하던 일이 취소가 되겠다.
　　　아랫사람으로 인해 시비투쟁이
　　　발생하여 관송사로 시끄러워진다.
　　　근신 자중하라!
　　　객사귀가 집안에 침투했다.
　　　천도재를 지내면 풀리겠다.
　　　집안이 편안해야 모든 일이 성사된다.

酉時 : 금전과 여자문제로 왔다.
　　　금전구재件은 조건만 맞으면 구할 수 있다.
　　　사업상 계약은 이득이 발생한다.
　　　성급하게 서두르지 말고
　　　순서대로 진행하라!
　　　부처님전의 기도정성이 필요하다.

戌時 : 금전구재件이다.
　　　사방팔방으로 금전이 흩어진다.
　　　고독하고 헛수고로 몸만 힘들다.
　　　동기간에 서로 헐뜯고 암투가 심하다.
　　　진행하는 일이 자꾸 지체되고 세월만 간다.
　　　사방팔방으로 금전이 흩어진다.
　　　매사 일은 지체되고 침몰상태, 성과가 없다.
　　　때를 기다려라!

亥時 : 관송사 급 구속件이다.
　　　두가지일로 얽히어있다
　　　집안재해 발생件이고,
　　　여자로 인해 금전 의혹사로
　　　손해가 생기겠다.
　　　살고 있는 터주신의 발동이다.
　　　이사하면 좀 낫다.

처음시작은 크게 벌려 놓고,
뒷마무리를 잘 처리 못하겠다.
결혼하고 싶은 사람이다.
용신기도를 하면 그 덕이 아주 크겠다.

 戊子日

子時 : 금전 구재件, 남녀화합사로 왔다. 길하다.
주식투자, 사업투자件은 속결은 좋고
지체되면 방해자가 생기고 불리하다.
상하가 화합이 잘 안 되겠다.
멀리 이동을 하면 행운이 따르겠다.
관재수나 병고의 액이 노리고 있다.

丑時 : 가족 화합사, 부부 융합사문제이다.
화합을 하고 싶어 하고, 하게 된다.
처음엔 잘 융화가 되나 후에는
한사람이 무섭게 돌변하겠다.
시비와 침탈의 해害가 있다.
결혼은 하면 좋다.
새로운 일은 때를 기다렸다가 해라!

寅時 : 남편, 남자의 문제로 왔다.
　　　한사람이 바람을 피우고 있다.
　　　매사 지체되고, 금전 손실이 크고
　　　낭비가 심하다.
　　　자식이 움직일 일이 있다.
　　　움직이지 않는 것이 좋다.
　　　괴이한 일로 시비가 붙는다.
　　　관재수를 조심하라!
　　　진행하고 있는 일이 있다면 정리하라.

卯時 : 급 사건처리문제로 왔다. 관재 구속件이다.
　　　사업부도, 이별수의 문제이다.
　　　자식의 일에 투자하거나 관여하지마라!
　　　후원사나 화합하고 싶은 문제는
　　　시간이 걸리겠다.
　　　부모자식 간의 화합사,
　　　색정사로 다툼과 시비가 있다.
　　　결과는 헛 공사가 되고 소모전이다.
　　　무모한 행동을 하고 있다.

辰時 : 이동수가 있어서 왔다.
　　　좋은 운은 날아간 상태이다.
　　　상업문제, 부모문제, 창업관계는

매우 불길하다.
결혼문제, 자식문제에
기쁨과 손실이 같이 있다.
해외로 움직이면 성공하겠다.
부동산에 투자하면 3년 후에
큰 이득이 발생한다.

巳時 : 친정문제이고, 직장 취직件으로 왔다.
문서에 도둑이 보인다. 허위문서이다.
밤길 조심해라!
나의 실수로 돌아온다.

午時 : 무서운 두 사람과 경쟁하면서
배반과 모함사이다.
남녀 간 다툼이 있고, 후원사는 불성사이다.
터주신 발동하여 이사,
이동수가 속 발현했다.
부모님 문제로 속 좀 썩겠다.
가족 간에 이별수가 있다.
직장은 옮기는 것이 좋다.

未時 : 형제간의 시비와 침탈의 해이다.
서로 해롭고 일이 지체된다.

관송사로 발전하겠다.
동기일신의 동자귀신이 작해를 한다.
구직이나 시험문제는
방해자가 훼방을 놓는다.
귀인이 돕지 않으니
매사 지체되고 불편하다.
동자귀신의 원한을 풀어줘라!

申時 : 자식문제이다. 결혼, 화합사, 경조사 件이다.
속결로 처리할 급한 문제이다.
하나씩 잘 해결이 되겠다.
귀인은 서남쪽에 있다.

酉時 : 금전 환란수이다.
자식으로 인해 큰돈을 잃겠다.
여자가 돈을 가지고 도망을 갔다.
딸의 유괴사건이 두렵다.
여자로 인한 색정사는
관재소송사로 이어진다.
이사라도 해라!
그 집에서는 흉한 일만 벌어진다.

戌時 : 부동산거래사, 금전투자件, 재물구재사,

문서 잡는 일이다.
여자의 화합사와 사업관계 일이다.
조건만 잘 맞추면 큰 이득을 보겠다.

亥時 : 장사도 안 되고 주변의 모함과
배신이 있어 손해이다.
내 지출만 크다.
상대가 죽이고 싶을 만큼 밉다.
상대에게 굴욕을 당한 뒤,
후회하고 화해한다.
동업종에게 도둑을 맞는 수이다.
가깝게 지내는 사람을 주의하라!

 己丑日

子時 : 부동산거래, 재물구재사 件이다.
골치 아픈 문젯거리뿐이다.
불성사이다.
부부화합사와 결혼관계 일이다.
북쪽에서 보이지 않는 귀인이 돕는다.
노력한 만큼 결실이 없다.

기도가 많이 필요하다.
이동, 이사는 매우 불리하다.
자식에게 관재수, 큰 재앙이 닥치겠다.

丑時 : 금전 손실사, 관재송사, 매매거래사이다.
매사 되는 일이 없고 지체된다.
가까운 친구나 형제, 동료 때문에
손재수가 생긴다.
불쌍해서 도와주는데 돌아오는 것은
내 희생뿐이다.

寅時 : 친정집에 병고, 관재가 침투해서 왔다.
급히 정리해야할 문제이다.
매사 꼬이고 되는 일이 없다.
전생 업이 많다. 덕을 많이 쌓아야 한다.
흉한 꼴을 당해 손실이 크고,
골치만 아프다.
억지로 진행해야 소용없으니
마무리가 최선이다.

卯時 : 木神 부정이 들었다.
가족의 의혹사건발생사이다.
남녀 간 다툼이 있고,

배신과 여자로 인해 불륜 관재소송사이다.
금전재물을 구하려하나 결과는 흩어졌다.
결과는 나쁘다,
협상이 되기는 어려워서 정리하는 것이 옳다.
윗사람의 근심과 추궁 질책으로
체면 실추이다.
유산시킨 태자귀를 해원해줘야 한다.

辰時 : 형제간의 협조사가 있는데
투쟁사로 인연이 끊어진다.
직장의 문제, 승진문제이다.
동료로 인하여 일이 지연된다.
시간이 필요하다.
잘 되는 듯 하다가 깨진다.
물에 빠져 죽은 수살귀의 작해가 있다.
천도, 해원을 해줘야 덕을 보겠다.

巳時 : 새 사업 시작하려는데 두 사람이 붙었다.
둘 다 아니다. 지금은 이동할 시기이다.
철새처럼 날아가는 운이다.
해외진출이 유리하고,
정도正導를 가면 후원자도 생기고,
이득이 발생하겠다.

둘 중 하나 고른다면 서쪽에 사는 사람이나
ㅅㅈㅊ姓氏, 酉生과 같이하라!
매사 지체된다.
이동을 하는 것이 제일 좋다.

午時 : 운이 텅 비어있는데 쓸데없는 일로
돌아다니는 사람이다.
소모전이다.
몸만 고달프고 헛 공사만 하고 있다.
일만 실컷 하고 욕만 먹는다.
새 사업 시작은 손실이 크다.
움직이지 마라!
지금은 정성들여 기도하는 때이니
자중함이 옳다.

未時 : 부모형제, 직장상사, 은사 윗사람과의
시비 다툼 건이다.
무조건 아랫사람이 굽혀라!
터주신이 발동하였다.
이동수이다. 이사하면 유리하고,
하지 않으면 동기간의 재앙이 따른다.
비방하면 이동하지 않아도 된다.

申時 : 금전과 여자문제로 투쟁이다.
　　　　내가 상대에게 피해를 주게 된다.
　　　　금전구재는 힘들고, 지출件만 줄이었다.
　　　　자동차로 큰 손해를 보겠다.
　　　　동기일신의 동자귀신이 작해를 한다.
　　　　구직이나 시험문제는 방해자가
　　　　훼방을 놓는다.
　　　　귀인이 돕지 않으니
　　　　매사 지체되고 불편하다.

酉時 : 금전 구재件은 길하다.
　　　　주식투자, 매매 件은 속결이 좋다.
　　　　가정에 식구가 늘고 화합할 일이 있다.
　　　　일이든 사람이든 새로운 것이 유리하다.
　　　　원하는 대로 이루어진다. 문젯거리는
　　　　서쪽에 사는 사람이나 ㅅㅈㅊ姓氏,
　　　　酉生에게 부탁하라!

戌時 : 상호간에 협상, 교섭문제로 왔다.
　　　　협상 안 된다.
　　　　여자로 인한 부정으로 매사불성이다.
　　　　관재, 소송, 병재 난으로
　　　　손상의 일이 벌어졌다.

하극상의 배신사로 시비투쟁이 벌어졌다.
뭐든 의욕이 없고
하고 싶지 않은 사람이다.
동북간의 산신님께 기도하라!
기도정성이 절실히 필요한 때이다.

亥時 : 금전구재와 관직 취직사이다.
구하면 얻을 것이다.
북쪽에 숨은 귀인이 있다.
시간이 흐르면 점차적으로 풀린다.
원행, 여행은 불길하다.

庚寅日

子時 : 금전구재 문제는 이득이 있겠다.
자식잉태 件, 사업적인 문제로 왔다.
시기와 조건만 잘 맞으면 성취되겠다.
직장취업은 가능하다.

丑時 : 하극상의 배신사가 발생했다.
여자가 낀 금전거래로 인한

관송사가 예상된다.
이기기는 어렵겠고, 헛 공사만 된다.
매사 일이 꼬이고 되는 노릇이 없고,
지체된다.
잠시 피하는 것이 좋다.
북쪽으로 여행을 하라!
귀인이 후원하려한다.

寅時 : 관송사 급 구속건이다.
금전으로 인한 후원사와 상업적 교역은
중대사 결정件이다.
도장, 인장을 찍어야하나, 찍지 말아야하나
고민하고 있다.
찍지 마라! 후환이 두렵다.
취업, 임명, 승진, 남편문제는 좋다.
관재수도 잘 풀리겠다.
상대가 나보다 유리하다.
산신님의 은혜이다.
산신님께 지극정성 기도하라!

卯時 : 남녀 색정사, 불륜문제로
피해야할 입장이다.
자신이 무리하게 밀고 나간다.

말려도 한다.
처음엔 잘 화합이 되다가 후환이 따른다.

辰時 : 직장구직, 취업문제, 자식문제 件으로 왔다.
쉽게 구해질 상황이 아니다. 지체된다.
숨겨진 재앙이 도사리고 있다.
집안의 무서운 어른 두 명 때문에
사는 것이 고달프다.
불륜문제로 피해야겠다.
들키면 반 죽음이다.
원행은 미루어라! 때가 아니다.
집안에 동자귀가 작해作害를 부린다.
용궁기도를 많이 해야 풀리겠다.

巳時 : 친구나 형제의 화합사이다.
돈으로 인한 관송사와 사업관계 일이다.
문서구입 件, 가족합의 件으로 왔다.
잡아라! 이루어진다.
재물이 늘어나는 형상이다.
부부합의는 지체되겠다.
사월에 교통사고를 주의하라!

午時 : 먼 이동수가 있다. 이동하는 것이 좋다.

집안에 병액이 침투했다.
이대로는 치료가 안 된다.
새로운 변화가 좋은 때이다.
이사를 하던지 멀리 여행을 갔다 오던지
변화가 필요하다.

未時 : 금전 사기, 허위문서 발생건이다.
문서에 도둑이 보인다.
집안에 위계질서가 뒤죽박죽이다.
윗사람, 부모, 직장상사로 인해
스트레스가 크다.
잠시 쉬었다가 시작하라!

申時 : 터주신이 발동하여 이사수가 있다.
집안에 피보고 죽은 청춘귀신이 침투했다.
귀신을 풀어내고
이사를 안 하는 것이 좋다.
가정의 불화문제이고, 직업변동수가 보인다.
직장은 옮기는 것이 좋다.
친구나 형제문제로 돈 나갈 일이 있다.

酉時 : 질병과 친구, 동료문제로 흉한 꼴을
당해 손실이 크다.

상업사는 방해자가 있어 지체되고,
돌아오는 것은 원망과 욕설뿐이다.
서쪽에 칼 들고 설치는 사람이 있다.
미륵불께 기도하면 음덕이 있다.

戌時 : 질병과 빚쟁이들의 괴롭힘의 문제이다.
색정사로 인한 구설수가 들었다.
청춘에 죽은 조상귀가 발동을 했다.
급히 발생한 관재수도 보인다.
결과는 지체되다가 해결된다.

亥時 : 금전문제, 남자문제, 자식 때문에
관송사로 시끄럽다.
질병과 이성문제로 흉한 꼴을 당해
손실이 크다.
속결처리가 유리하다. 집안이 불안하다.
상대에게 굴욕을 당한 뒤 후에 화해한다.
병환은 쉽게 치료되지 않는다.

辛卯日

子時 : 관송사 급 구속건, 사업파산건이다.
　　　　가정은 색정사로 깨진다. 내가 불리하다.
　　　　자식에게 큰 재앙이 닥치겠다.
　　　　상하, 위아래가 불화합 되어 뭐든지
　　　　불성사이다.
　　　　매사 지체되고 손실이 크다.

丑時 : 금전 구재건으로 왔다.
　　　　매사 지체되던 일이 풀리기 시작한다.
　　　　직장구직, 취업은 가능하다.
　　　　아르바이트라도 해라!
　　　　금전은 구할 수 있다.
　　　　부인을 통해야 금전이 해결된다.
　　　　동업, 결혼 화합사는 좋은 운이니 해라!
　　　　가정에 우환이 있어, 눈물 흘릴 일이 있다.

寅時 : 친구, 동업문제, 관송사문제로 왔다.
　　　　돈과 문서로 인해 관재가 발생했다.
　　　　전생 업이 많다. 덕을 많이 쌓아야 한다.
　　　　흉한 꼴을 당해 손실이 크고,

협상은 이루어지지 않는다. 後는 凶하다.

卯時 : 두 사람이 결합해서 나를 이용하며
가지고 노는 문제이다.
흉기를 들고 나를 공격하니
무력함을 한탄한다.
나 혼자서는 버티기 힘들지만 잘 참고
견디면 승리할 수 있다. 정도正導를 가라!
직장구직, 취직件은 이루어진다.
상업사의 협상 件도 길吉하다.
부처님전에 기도공덕이 필요한 때이다.

辰時 : 부모 자식 간에 시비와 다툼 때문에 왔다.
토지 상속件이다.
선산묘지 탈이다.
뱀이 유골을 휘감고 있다.
모함과 구설이 뒤따른다.
웃음 속에 칼이 있다.
금전 손재수가 있다.

巳時 : 직장 변동수가 있고, 집도 이사수가 있다.
멀리 이동하는 것이 좋다.
자식에게 문제가 생기겠다.

합의를 봐야하는데 모함과
구설이 뒤따른다.

午時 : 결혼사, 화합사는 매우 좋다.
문서이동사, 부모문제, 취업사문제이다.
윗사람으로 후원사 도움문제이다.
後後에 가족 간의 속임수로
서로 상처받고 깨지겠다.
일은 지체되어 헛고생만 한다.

未時 : 직장 변동수가 있고, 집도 이사수가 있다.
멀리 이동하는 것이 좋다.
부모자식문제, 가정불화문제로 옮겨야 한다.
해외진출이 유리하다.
새로 출발하는 것이 좋다.

申時 : 허위문서나 금전운은 흉하다.
급히 처리할 일이 있지만
일은 지체되어 헛고생만 한다.
색정사로 속이고 숨기는 일 생긴다.
금전 환란이 예상된다.
빈주머니이다. 출행은 불리하다.
교통사고로 죽은 귀신이 작해를 한다

酉時 : 금전 사기, 허위문서로 관재수 발생件이다.
　　　　유명무실해진다.
　　　　아랫사람의 우환질병 件이다.
　　　　터주신이 발동했다. 이사, 이동수가 있다.
　　　　자식이 집 떠날 일이 있겠다.
　　　　손재수가 강하게 들어 금전손실이 크다.

戌時 : 색정사 件이다. 배신 주의하라.
　　　　가정이 화목한 듯 하지만
　　　　암투가 도사리고 있다.
　　　　서로 미워하며 원망하고,
　　　　관재구설로 집안이 시끄럽다.
　　　　부모의 힘과 충고가 필요하다.
　　　　서북간의 산신님께 기도하라!
　　　　숨은 귀인이 돕는다.
　　　　기도정성이 절실히 필요한 때이다.

亥時 : 금전과 자식문제로 왔다.
　　　　구하고자하는 것은 구해진다.
　　　　여자의 상업사 일문제이고,
　　　　매매수도 보인다.
　　　　구하고자하는 것은 구해진다.
　　　　돼지띠나 북쪽에 있는 사람에게 부탁해라!

임신가능은 10월에 된다.

 ## 壬辰日

子時 : 문서 합의사, 후원사, 상업화합사,
결혼문제로 왔다.
원하는 대로 잘 해결된다.
서둘지 말고 천천히 추진하라!

丑時 : 실물수, 파재 件, 부도 件으로 왔다.
후원사는 모두 막히고,
여자로 인해 지체된다.
관송사 시비다툼으로 집안이 시끄럽다.
조상 묘 이장 탈이다.
집안이 편안해야 일이 풀리겠다.
객사귀가 집안에 침투했다.
천도재를 지내면 풀리겠다.

寅時 : 금전 구재件, 여자 상업 件으로 왔다.
조건을 잘 맞추면 성사되겠다.
쌍아리가 져서 각각 조건을 제시한다.

후원사의 도움이 있다.
취업, 임명, 승진, 남편문제, 친구문제는
동쪽에서 귀인이 돕는다.

卯時 : 문서합의사, 친정문제件, 자식 문제이다.
결혼문제에서 도장 찍는 것이
시끄러워진다.
동기간에 서로 헐뜯고 암투가 심하다.
진행하는 일이 자꾸 지체되고 세월만 간다.
가족 간의 속임수로
가정이 깨질 일이 있고,
이사하면 나쁜 害를 피할 수 있겠다.

辰時 : 두 가지 문제로 관송사가 예상된다.
상하가 불 화합하니 지금은 지체된다.
상대가 더 유리하다.
징징거리며 보채더라도 시간을 끌어라!
처음시작은 크게 벌려 놓고
뒷마무리를 잘 처리 못하겠다.
결혼문제하고 싶은 사람이다.
용신기도를 하면 그 덕이 아주 크겠다.

巳時 : 자식과 금전문제로 급 처리할 문제이다.

상업상으로 급전이 필요하다.
급전은 안 빌리는 것이 좋다.
건강 조심해야하고,
일처리 뒷 끝마다 스트레스 받는다.
임신가능성이 있다.

午時 : 금전문제로 원망과 다툼이 심하다.
직장에서 윗상사와도 암투가 심하다.
가족 간에 미움이 커져 관재수로
속 썩는다.
타협하면 좋고, 정리하는 것도 좋다.
여자의 바람기 때문에
가정불화가 악화되었다.
건강 조심해야하고,
일처리 뒷 끝마다 스트레스 받는다.

未時 : 금전 구재件, 결혼 남녀화합사로 왔다.
길하다.
서남간에 귀인이 있어
후원사로 도움을 받겠다.
주식투자, 매매件은 속결은 좋고,
지체되면 방해자가 생기고 불리하다.
금전이득이 생기면,

부모님에게 재앙이 미치겠다.
잠시 잠수를 타는 것도 유익하다.

申時 : 이동수가 있어서 왔다.
좋은 운은 날아간 상태이다.
관송사, 우환 질병사로 흉하고,
나쁜 상태여서 왔다.
시험은 불합격이고, 취업도 어렵다.
선조상의 두 분 할머니(첩)의
원한에 맺힌 작해이다.
어머니와 합심하여 천도재를 지내야
집안이 안정되겠다.

酉時 : 금전손재수, 몸만 힘들고 헛 공사이다.
허위문서나 금전운은 흉하다.
급히 처리할 일이 있지만
일은 지체되어 헛고생만 한다.
자녀의 일로 속이고 숨기는 일 생긴다.
금전 환란이 예상된다.
빈주머니이다. 출행은 불리하다.

戌時 : 금전 사기, 허위문서로 관재수 발생件이다.
유명무실해진다.

아랫사람의 우환질병 件이다.
터주신이 발동했다. 이사, 이동수가 있다.
터주신이 노했기 때문에
이집에서는 되는 노릇이 없다.
이사를 하는 것이 현명하다.
자식이 집 떠날 일이 있겠다.

亥時 : 직장구직, 취업문제로 왔다.
금전을 구하는 상업사 件이다.
쉽게 구해질 상황이 아니다. 지체된다.
서로 뜻이 맞지 않아 미워하고 원망한다.
남녀 간에 서로 방해자가 되어 훼방이니
뜻대로 이루어지지 않는다.
사납고 앙칼진 처녀귀신의 작해이다.

 癸巳日

子時 : 부모자식 간에 서로 뜻이 맞지 않아
미워하고 원망한다.
서로 방해자로써 훼방을 부린다.
자식의 불효이다.

누군가로부터 후원을 받고 싶지만
어렵겠다.

丑時 : 금전 구재件은 길하다.
쌍아리가 진 문제이다.
주식투자, 매매 件은 속결이 좋다.
가정에 화합할 일이 있고,
눈물 흘릴 일도 있다.
윗사람으로 후원사 일로 왔다.
도움이 있다.
집안 내에 움직이지 않는
답답한 문제가 있다.

寅時 : 관송사, 우환 질병사는 흉,
나쁜 상태여서 왔다.
손재수로 인해 피해가 커서 급하게
움직일 일 때문에 왔다.
뭐든 의욕이 없고 하고 싶지 않은 사람이다.
진행하는 일이 자꾸 지체되고 세월만 간다.
깨질 일이 있고, 이사하면 나쁘다.
때를 기다리는 것이 현명하다.

卯時 : 자식문제, 상업사로 손해가 커서 왔다.

금전구재件으로 왔다. 가능하다.
조건이 붙는 좋은 계약이 성립되겠다.
자식이나 임신여부를 묻는 다면 가능하다.
직장 구직, 시험문제로 왔다.
시험은 합격한다.
아랫사람의 우환질병이 발생된다.

辰時 : 관송사, 금전 손실문제이고,
우환 질병사가 나쁜 상태여서 왔다.
취업, 임명, 승진, 남편문제,
친구문제는 모두 어렵다.
일이 꼬이기만 해서 지긋지긋하게
살기 싫다.
고생 많이 한사람이다.
진행하는 일이 자꾸 지체되고 세월만 간다.
깨질 일이 있고, 이사하면 나쁘다.

巳時 : 돈 문제로 원망과 다툼이 심하다.
별것도 아닌 것 가지고
시비다툼이 되어 관재를 부른다.
금전 구재件, 여자 상업 件으로 왔다.
금전은 구할 수 있겠다.
남동쪽에 귀인이 있다.

직장문제나 사업문제가 속전속결로
변화하겠다.
불의의 환란이 도사리고 있다.
원행, 여행은 불길하다.

午時 : 금전문제件, 여자문제로 왔다.
뭔가 새로 시작하고 싶어서 왔다.
어차피 말려도 할 사람이다.
오기가 대단한 사람이다.
남녀문제는 관송사로 복잡해지겠다.
유명무실해진다.
임신을 천천히 해라!

未時 : 매사 지체되고, 금전 손실이 크고
낭비가 심하다.
친구나 형제간에 다툼과 시기가
관재구설로 커진다.
돈 문제로 괴이한 일이 발생한다.
사업을 하고 있다면 정리하라.
마무리를 잘 해야 할 사람이다.
산신기도가 매우 절실한 사람이다.
꼭 촛불을 밝혀라!

申時 : 결혼사, 화합사는 매우 좋다.
　　　　윗사람으로 후원사 도움문제인데 어렵겠다.
　　　　문서를 잡으면 사기모함과
　　　　구설이 뒤따른다.
　　　　집안의 어른에게 병액이 침투한다.
　　　　속결로 치료하지 못하면 변고를 당한다.

酉時 : 새로운 일을 도모해 보지만
　　　　운이 날아간 상태이다.
　　　　직장 변동수가 있고, 집도 이사수가 있다.
　　　　관재구설로 재수가 없다.
　　　　잠시 피하는 것이 좋다.
　　　　새로 출발하는 것이 좋다.

戌時 : 준비해오던 일을 새롭게 시작하는 운이다.
　　　　하지만 술술 풀리지는 않고
　　　　지체되면서 풀린다.
　　　　들어오는 문서는 허위문서이다.
　　　　구설수만 생긴다.
　　　　모든 일이 시간이 흘러야 한다.
　　　　화합이 되는 듯, 하다가 깨진다.

亥時 : 두 가지 일이 쌍아리 진 문제이다.

터주신이 발동하여 이사수가 있다.
부정을 풀어내고
이사를 안 하는 것이 좋다.
여자의 상업사 일문제이고,
매매수도 보인다.
형제, 친구, 동료문제로 돈 나갈 일이 있다.

甲午日

子時 : 문서합의사, 부모자식합의件, 결혼문제이다.
전화상으로 같은 일이 두 번 일어난다.
형제, 친구, 동료 간의 다툼이 발생했다.
타협하면 잘 풀리겠다.
합의사, 교역사는 이동하면 성사된다.
금년 후반기에 행운이 따르겠다.

丑時 : 매사 일이 지체되고, 방해자가 있다.
직장에서 윗 상사와도 암투가 심하다.
색정사로 집안에 원망과 미움으로
가득 찼다.
객사귀가 집안에 침투했다.

천도재를 지내면 풀리겠다.
새로운 일은 때를 기다렸다가 해라!

寅時 : 두 가지 일이 쌍아리 져서
　　　 도장 찍을 일이 있다.
　　　 합의 봐야 할 문제, 해결해야 할 문제는
　　　 모두 해결된다.
　　　 결혼화합도 좋다.
　　　 취업, 임명, 승진, 남편문제, 친구문제는
　　　 동쪽에서 귀인이 돕는다.

卯時 : 여자의 색정사로 집안에 배신과
　　　 미움으로 가득 찼다.
　　　 형제, 친구, 동료 간의
　　　 시비다툼이 발생했다.
　　　 진행하는 일이 자꾸 지체되고 세월만 간다.
　　　 가족 간의 속임수로 가정이 깨질 일이
　　　 있고,
　　　 이사하면 나쁘다.

辰時 : 사업문제, 자식문제이다.
　　　 금전 구재件, 여자 상업 件으로 왔다.
　　　 조건을 잘 맞추면 성사되겠다.

　　　　　동남간의 후원사가 도움이 된다.
　　　　　해외로 진출하면 성공하겠다.

巳時 : 하는 일마다 꼬이고 골치가 아프다.
　　　　속결 처리해야한다.
　　　　손재수로 모든 게 소모전이다.
　　　　괴이사가 발생하겠고,
　　　　병액으로 고통을 받게 된다.
　　　　새로운 일은 저지르지 마라!

午時 : 관재, 소송, 병재 난으로
　　　　손상의 일이 벌어졌다.
　　　　금전 화합사件, 상업교역 件으로 왔다.
　　　　화재조심, 화병 조심해야겠다.
　　　　자식이 없어서 천신기도가
　　　　간절한 사람이다.
　　　　칠성기도하면 그 덕이 아주 크다.
　　　　촛불을 밝혀라!

未時 : 급변동이 있어 왔는데 지금은 때가 아니다.
　　　　관재구설로 골치가 아프다.
　　　　직장상사의 괴롭힘으로
　　　　복잡하게 얽힌 일이 있다.

사표내면 안 된다.
인내하며 기다리면 다시 희망이 보인다.

申時 : 급변동이 있어 왔는데 지금은 때가 아니다.
관재구설로 골치가 아프다.
남편의 바람문제와 직장에
복잡하게 얽힌 일이 있다.
정리하라! 깨끗이 정리하면
다시 희망이 보인다.

酉時 : 관직 件, 취업 件, 화합사로 온 것이다.
상하간의 극헌, 윗사람과의 배신으로
관재구설 발생한다.
화합하는 듯 하다가 다시 경쟁사로
돌변한다.

戌時 : 이동 운은 좋다. 움직여라!
속결로 움직이는 것은 좋고,
나중 것은 모두 날라 간다.
금전 구재件, 여자 상업 件으로 왔다.
이미 날아간 운이다. 지금은 구할 수 없다.
거주 목적인 집문서는 잡아라!
투자문서는 위험하다.

亥時 : 친구나 형제의 후원사 도움이 필요한데
아직 때가 이르다.
상하간의 극헌, 아랫사람과의 배신으로
금전손실이 크다.
오해로 벌어진 일이다.

 乙未日

子時 : 자식문제, 형제간의 금전문제,
실물사 件으로 왔다.
결혼문제, 가족 화합사문제이다.
매사 지체된다.
지금은 방해자가 있어 성사가 안 된다.

丑時 : 터주신이 발동하였다.
부모형제간에 다툼이 있다.
이동수이다. 이사하면 유리하고,
하지 않으면 동기간의 재앙이 따른다.
비방하면 이동하지 않아도 된다.
가족의 이별수도 보인다.
멀리 떠나는 것이 좋다.

정리하고, 헤어져 새로 시작하는 것도
괜찮다.
이대로는 계속 불가능하다.

寅時 : 색정사로 모함과 구설수가 있다.
　　　상업사에 방해자가 있어 일이 꼬인다.
　　　금전구재문제로 급히 처리할 일이
　　　있어서 왔다.
　　　자존심만 상하고 구하기가 힘들다.
　　　객사귀의 작해이다.
　　　천도재가 특효이다.

卯時 : 금전 구재件은 길하다.
　　　주식투자, 매매 件은 속결이 좋다.
　　　자식으로 인해 식구가 늘고
　　　화합할 일이 있다.
　　　직장 구직, 시험문제로 왔다.
　　　시험은 합격한다.
　　　아랫사람의 우환질병이 발생된다.

辰時 : 색정사로 가정파탄 위험하다.
　　　방해자가 끼어있다.
　　　여자로 인한 부정으로 매사불성이다.

관재, 소송, 병재 난으로
손상의 일이 벌어졌다.
뭐든 의욕이 없고
하고 싶지 않은 사람이다.
움직이면 재앙이 두렵다.
원행, 여행, 출장 모두 불리하다.

巳時 : 금전구재와 관직 취직사이다.
구하면 얻을 것이다.
이득이 있으니 투자하면 좋다.
돈은 구할 수 있다.
얻고 난 후 바로 지출된다. 소모전이다.
직장문제나 사업문제가 속전속결로
변화하겠다.
불의의 환란이 도사리고 있다.
원행, 여행은 불길하다.
빚쟁이에게 관재를 당하겠다.

午時 : 친정문제, 후원사로 일이 얽히어서 왔다.
관재구설로 골치가 아프다. 금전문제이다.
헛수고로 몸만 힘들다. 백사무효이다.
매사 일은 지체되고 보람, 성과가 없다.
때를 기다려라! 기도가 요망된다.

未時 : 문서합의사, 부모자식합의件, 결혼문제이다.
　　　둘 중 하나를 골라야 하는데
　　　결정이 안서서 왔다.
　　　둘 다 괜찮다. 최상의 운이다.
　　　동쪽에 있는 것으로,
　　　물가에 있는 것으로 정해라!
　　　사업자금으로 인해 지출이 크겠다.

申時 : 관재구설로 골치가 아프다.
　　　모든 게 꼴도 보기 싫다.
　　　질병우환의 탈과 남자문제로
　　　흉한 꼴을 당해 손실이 크다.
　　　깨지고 손해 보는 일만 벌어진다.
　　　해결이 어렵겠다.
　　　후원사는 불성사이다.
　　　기대하지마라! 말뿐이다.
　　　서남간에 가서 구하라!
　　　한 가지씩 풀리겠다.
　　　윗사람과의 관재수가 예상된다.
　　　되는 듯하다가 후에 다시 스트레스 받는다.
　　　잃어버린 물건은 차안에 있다.

酉時 : 두 가지 일로 쌍아리가 져서

배신과 원망뿐이다.
관재구설로 골치가 아프다.
모든 문제는 안 된다.
구천을 헤매는 조상귀신의 원한이다.
청춘귀신을 천도해줘야 한다.
그냥은 무슨 일이든 꼬여서 해롭다.

戌時 : 금전구재와 관직 취직사이다.
합의사, 교역사, 결혼문제로 왔다.
자식 화합사에서 마음이 안 맞고,
도움이 안된다.
화합이 되는 듯하다가 깨진다.
움직이면 재앙이 두렵다.
원행, 여행, 출장 모두 나쁘다.

亥時 : 급변동이 있어 왔는데
지금은 이사할 때이다.
두 사람이 같이 움직이는 것이 좋다.
해외여행도 좋고, 새 출발은 유리하다.
두 가지 일 모두 같은 입장이다.
직장은 옮겨도 좋다.

丙申日

子時 : 관직사과 후원사의 일이다.
　　　　자식에 관한 일이다. 상업상의 일이다.
　　　　처음엔 지체되는 듯하다가 활기를 얻는다.
　　　　멀리 이동을 하면 행운이 따르겠다.
　　　　관재수나 병고의 액이 노리고 있다.

丑時 : 금전 자금문제, 관송사가 발생했다.
　　　　자식의 우환 질병사로 고심하고 있다.
　　　　흉하다.
　　　　운이 텅 비어있다. 빈주머니이다.
　　　　새로운 일은 때를 기다렸다가 해라!

寅時 : 급 이동사이다. 터주신이 발동했다.
　　　　부부불화, 직장이동件이고,
　　　　집안이 우왕좌왕 불안하다.
　　　　이동하는 것이 유리하다. 금전손실이 크다
　　　　북쪽에 숨은 귀인이 있으니
　　　　그쪽에 ㅁ,ㅂ氏를 찾아라.
　　　　행운이 따르겠다.

卯時 : 후원사문제, 취업시험문제로
　　　 골치 아파서 왔다.
　　　 자식에게 객사동자귀가 붙었다.
　　　 모함과 구설이 뒤따른다.
　　　 금전 손재수 있고, 남자의 직장에
　　　 방해자가 있다.
　　　 부모자식 간의 화합사. 색정사로
　　　 다툼과 시비가 있다.
　　　 결과는 헛 공사가 되고 소모전이다.
　　　 무모한 행동을 하고 있다.

辰時 : 금전구재 件, 상업사로 해결할 일이
　　　 있어서 왔다.
　　　 금전문제는 해결된다.
　　　 해외로 진출하면 유리하다.
　　　 몸만 고달픈 소모전이다.
　　　 이럴 때에는 잠시 잠수를 하는 것이
　　　 유리하다.

巳時 : 옳고 그른 것을 가리는 급한 일로 왔다.
　　　 여자로 인해 손재수가 발생했고,
　　　 배신당하겠다.
　　　 관송사로 퇴보했다가 합의하겠다.

직장문제나 사업문제가
속전속결로 변화하겠다.
불의의 환란이 도사리고 있다.
원행, 여행은 불길하다.

午時 : 후원사, 친정 부모문제로 왔다.
금전구재와 관직 취직사이다.
남쪽에 가서 구하면 얻을 것이다.
돈 때문에 속 썩고 있다.
이러지도, 저러지도 못하고 방황하고 있다.
조건만 잘 맞추면 금전은 구해지겠다.

未時 : 남편문제, 직장문제이다.
헛수고로 몸만 힘들다.
매사 일은 지체된다. 의지할 곳을 잃었다.
때를 기다려라! 지금은 최악의 상태이다.
산신님께 기도하면 풀리겠다.
업장이 두터운 사람이다.

申時 : 금전구재와 관직 취직사이다.
두 가지가 얽혀서 왔다.
새로운 사업계획은 방해자가 있어
관재가 보인다.

망신당하기 전에 꼼꼼히 살피며 추진하라!
친정식구나 후원사는 도움이 되지 않는다.
자동차를 조심해야하겠다.

酉時 : 후원사여부, 새로운 일 추진여부를
알고 싶어서 왔다.
말려도 할 사람이다.
시작하고 난 후 스트레스 받는다.
시비와 침탈의 해害를 입고,
복잡한 사람이다.
구천을 헤매는 조상귀신의 원한이다.
총칼에 간 청춘귀신을 천도해줘야 한다.
그냥은 무슨 일이든 꼬여서 해롭다.

戌時 : 금전손실사, 자식문제로 왔다.
친정거래는 유리하다. 여유 있게 도와준다.
힘든 일은 술술 풀린다.
두 남자가 연류 된 경쟁, 투쟁사이다.
시비가 끊임없이 이어진다.
상대가 쟁쟁하다.
모든 것을 정리하고,
은밀하게 일을 추진함이 옳다.

亥時 : 금전구재와 상업화합사 件이다.
　　　　부모자식 간의 화합사,
　　　　직장과 후원사의 일이다.
　　　　성실함을 인정받아 여기저기에서
　　　　도움의 손길이 온다.
　　　　근신 자중함이 현명하다.
　　　　자식에 일은 점차적으로 풀린다.
　　　　취직사 件은 순조롭다.

 ## 丁酉日

子時 : 사업상 동업의 화합사 件이다.
　　　　부모자식 간의 화합사 문제이다.
　　　　서로 화합이 되는 듯하다가 파破한다.
　　　　물질적 손실이 따르고 도주하겠다.

丑時 : 이동수가 있다. 직장 이동수이다.
　　　　가족의 우환질병이 예상된다.
　　　　멀리 떠나는 것이 좋다.
　　　　정리하고, 헤어져
　　　　새로 시작하는 것도 괜찮다.

이대로는 계속 불가능하다.
해외로 나갈 일이 있겠다.

寅時 : 금전구재문제로 급히 처리할 일이
있어서 왔다.
색정사로 가정파탄 위험하다
자존심만 상하고 억울한 일만 생긴다.
후원사는 이루어지지 않는다.
애만 쓰고 소득은 없다. 빈주머니이다.

卯時 : 가정의 이동수 있어서 왔다.
관재, 소송, 병재 난으로
손상의 일이 벌어졌다.
속이고 암매하고 뒤로 모해,
움직이는 일 발생한다.
아랫사람의 우환질병이 발생된다.
자식으로 인해 금전손실이 크다.

辰時 : 색정사로 가정파탄 위험하다.
방해자가 끼어있다.
원수처럼 미움으로 등 돌리게 된 일이
발생했다.
친구간의 금전관계는 주의하라!

움직이면 재앙이 두렵다.
원행, 여행, 출장 모두 불리하다.
매사 지체되고, 금전 손실이 크고
낭비가 심하다.

巳時 : 금전구재문제, 동업, 형제문제 件이다.
이득이 있으니 투자하면 좋다.
돈은 구할 수 있다.
얻고 난 후 바로 지출된다. 소모전이다.
직장문제나 사업문제가
속전속결로 변화하겠다.
일을 질질 끌면 관송사로 돌변한다.

午時 : 친정문제, 후원사로 일이 얽히어서 왔다.
여자로 인해 손실도 크고,
더욱 복잡하게 시끄러워진다.
색정사로 도주할 수도 있다.
가족끼리 서로 원망하고 방해한다.
기도가 절실하다.
집안에 원한귀신이 침투했다.
기도정성이 절실히 필요한 때이다.

未時 : 금전구재와 관직 취직사이다.

구하면 얻을 것이다.
사업자금으로 인해 지출이 크겠다.
천천히 숨 돌리고 가야겠다.
지금은 모든 게 때가 아니다.
서남쪽의 산신님께 촛불을 밝혀야만
큰 것을 얻겠다.

申時 : 관재구설로 골치가 아프다.
모든 게 꼴도 보기 싫다.
질병우환의 탈과 남자문제로 흉한 꼴을
당해 손실이 크다.
돈 깨지고 손해 보는 일만 벌어진다.
해결이 어렵겠다.
후원사는 불성사이다.
기대하지마라! 말뿐이다.
집안에 피보고 죽은 청춘귀신,
객사귀가 침투했다.
귀신을 풀어내고 해원해줘야 한다.

酉時 : 자식으로 인해 가정에 손상사가 발생했다.
엎친 데 덮친 격으로 가족끼리
합심이 안 되어 다툼만 한다.
위아래가 불화합이다.

일이 겹쳐서 어찌할 바를 모르는 상황이다.
우환질병까지 발생했다.

戌時 : 뭔가 시작하고 싶어서 왔다. 말려도 한다.
묘지이장, 토지문서 件으로 움직임이 있다.
집안재해 발생件이고,
이로우면서도 뒷탈이 발생한다.
구하고자 하는 것은 모두 구해진다.

亥時 : 급속으로 처리할 일이 있어서 손실이 크다.
관송사 급 구속件이다.
집안재해 발생件이고,
여자로 인한 금전 의혹사로 손해가 생기겠다.
계속 같이 살기는 불가능하다.
금전운은 빈주머니이다.
모든 것이 내가 불리하다.
새 각오로 새 출발함이 옳다.

戊戌日

子時 : 자식에 관한 일이다. 상업상의 일이다.

금전 구재件, 남녀화합사로 왔다.
색정과욕으로 바람피우다가 들통이 난다.
배신과 이별수도 있다. 결과는 불리하다.
임신은 아직 이르다.

丑時 : 구직사, 관송사 件으로 왔다.
결혼문제, 가족 화합사문제이다.
하극상의 배신사로 관재해가 발현된다.
처음엔 잘 융화가 되나 후에는
한사람이 무섭게 돌변하겠다.
시비투쟁사로 바뀌겠고, 지체된다.
직장은 구해진다.

寅時 : 이동수가 있다. 직장 취직사,
공무원 시험여부 件이다.
금전구재의 여부 문제다.
결과는 나쁘다.
매사 지체되고, 금전 손실이 크고
낭비가 심하다.
자식이 움직일 일이 있다.
북쪽에 숨은 귀인이 있으니
그쪽에 ㅁ,ㅂ氏를 찾아라.
행운이 따르겠다.

卯時 : 친구, 형제지간의 화합사 件이다.
　　　　 부모자식 간의 화합사.
　　　　 색정사로 다툼과 시비가 있다.
　　　　 관송사 급히 발전하겠다.
　　　　 결과는 헛 공사가 되고 소모전이다.
　　　　 이럴 때에는 잠시 잠수를 하는 것이
　　　　 유리하다.

辰時 : 하극상의 배신사로 좌불안석인 사람이다.
　　　　 금전거래로 인한 관송사,
　　　　 구속될 기미도 보인다.
　　　　 금전손실이 크다. 이별수도 보인다.
　　　　 터주신이 발동했기 때문에 이동하면 좋다.
　　　　 남쪽으로 이사하라!

巳時 : 관재, 불의의 환란사이다.
　　　　 직장 취직건으로 왔다.
　　　　 새로운 사업계획은 방해자가 있다.
　　　　 집안의 재물이 지출되는 일이다.
　　　　 무자귀신이 집안에 침투했다.
　　　　 색정사로 다툼이 있다.
　　　　 기도하면 술술 풀리겠다.

午時 : 금전구재와 관직 취직사이다.
　　　　남쪽에 가서 구하면 얻을 것이다.
　　　　여러 명이 화합하여 동업하려한다.
　　　　정도正導를 가면 괜찮다.
　　　　친정으로 인해 도움도 받고, 지출도 크겠다.

未時 : 관재구설로 골치가 아프다.
　　　　형제와 친구가 훼방을 논다.
　　　　깨지고 손해 보는 일만 벌어진다.
　　　　해결이 어렵겠다.
　　　　후원사는 불성사이다.
　　　　기대하지마라! 말뿐이다.
　　　　자리를 한번 옮겨라!
　　　　그대로는 되는 노릇이 없다.
　　　　여자동녀귀신의 원한을 풀어줘라!

申時 : 금전구재와 관직 취직사이다.
　　　　구하면 얻을 것이다.
　　　　자식의 사업문제이다.
　　　　귀인은 서남쪽에 있다.
　　　　조건을 잘 맞춰라! 이득이 발생한다.
　　　　자동차와 관련된 일이다.
　　　　돈 들어 올일 있겠다.

자식으로 인해 지출이 크겠다.

酉時 : 관송사, 우환 질병사는 흉하고,
모든 게 꼴도 보기 싫어서 왔다.
취업, 임명, 승진, 친정문제, 결혼문제는
모두 어렵다.
산전수전 다 겪은 사람으로 빠꼼이 이다.
여식女息의 재앙이 염려된다.
진행하는 일이 자꾸 지체되고 세월만 간다.

戌時 : 금전투자件, 재물 구재件,
문서 잡는 일이다.
여자의 화합사와 사업관계 일이다.
자식문제 때문에 왔다.
힘든 일은 술술 풀린다.
집터가 묘지 터이니
이사를 하는 것이 좋다.

亥時 : 금전구재와 관직 취직사 件으로 왔다.
취직은 된다.
후에 윗상사 때문에 스트레스 받는다.
무리하면 점점 더 어려워진다.
여자문제로 스트레스가 심하다.

己亥日

子時 : 색정사로 관송사 시비다툼으로
　　　　집안이 시끄럽다.
　　　　금전문제로 서로 칼을 휘두르며
　　　　더욱 심화된다.
　　　　경거망동하지 말고, 고비를 잘 넘겨라!
　　　　북쪽에서 보이지 않는 귀인이 돕는다.
　　　　노력한 만큼 결실이 없다.
　　　　기도가 많이 필요하다.

丑時 : 관재, 우환질병, 시비투쟁으로
　　　　괴이사가 발생한 사람이다.
　　　　매사 지체되고,
　　　　금전 손실이 크고 낭비가 심하다.
　　　　친구나 형제간에 일 도모는 불리하다.
　　　　경쟁사, 배반의 일로 시비가 붙는다.
　　　　진행하고 있는 일이 있다면 정리하라.

寅時 : 문서사件, 부모사件, 취업사 문제이다.
　　　　윗사람으로 후원사 도움이 있다.
　　　　사업 운은 좋고, 집안에 경사가 있다.

문서를 잡아라!
일이 지체되면 상대에게
굴욕을 당하고 패하겠다.
이사는 나쁘다.

卯時 : 남편, 남자문제는 끝내는 것이 좋다.
인연이 다되었다.
이동수가 있어서 왔다.
좋은 운은 날아간 상태이다.
사업도 바꾸고, 직장도 이동하는 것이 좋다.
도난사, 도주자, 속임수의 암매 件이다.

辰時 : 자식문제, 상업 손실사 문제로 왔다.
동료로 인하여 일이 지연된다.
시간이 필요하다.
숨겨진 재앙이 도사리고 있고,
관재사件이다.
상대는 좋은 상대가 아니다.
금전손재수, 몸만 힘들고 헛 공사이다.

巳時 : 금전 사기, 허위문서로 관재수 발생件이다.
친구 형제간 동업사件 배신 주의하라.
아랫사람으로 인해 시비투쟁이 발생하여

관송사로 시끄러워진다.
일이 쌍아리가 졌다.
터주신이 발동하였다.
이동수이다. 이사하면 유리하고,
하지 않으면 동기간의 재앙이 따른다.
비방하면 이동하지 않아도 된다.

午時 : 자식문제이다. 결혼, 화합사문제이다.
취업, 임명, 승진문제는
모두 좋은 결과가 있다.
돈을 구하려 하지만 반대로 손실만
크게 발생한다.
지금은 때가 아니다.
집안에 원한귀신이 침투했다.
가족끼리 서로 원망하고 방해한다.
기도가 절실하다.

未時 : 금전 구재件, 결혼 남녀화합사로 왔다.
길하다.
두 가지 중에 하나를 골라야한다.
둘 다 괜찮다.
양띠나 서남간에 사는 사람이던가,
ㅇ,ㅎ姓氏이면 좋다.

주식투자, 매매件은 속결로 해결된다.
취업, 승진 모두 좋은 운인데 촛불을
밝히고 기도하면
그 공덕이 매우 크다.

申時 : 자식문제, 상업사문제이다.
　　　 속전속결로 금전재물을 움직일 일이다.
　　　 추진하던 일이 취소가 되겠다.
　　　 아랫사람으로 인해 시비투쟁이 발생하여
　　　 관송사로 시끄러워진다.
　　　 근신 자중하라!

酉時 : 금전과 여자문제로 왔다.
　　　 금전구재件은 조건만 맞으면 구할 수 있다.
　　　 사업상 계약은 이득이 발생한다.

戌時 : 금전구재件이다.
　　　 사방팔방으로 금전이 흩어진다.
　　　 고독하고 헛수고로 몸만 힘들다.
　　　 매사 일은 지체되고 침몰상태, 성과가 없다.
　　　 때를 기다려라!

亥時 : 관송사 급 구속件이다.

두가지일로 얽히어있다
집안재해 발생件이고, 여자로 인해 금전
의혹사로 손해가 생기겠다.
살고 있는 집에 터주신의 발동이다.
이사하면 좀 낫다.
금전이 얻으면 절약 조절을 잘 해라!
헤프게 행동하지 말고 야무지게 살아라!

 庚子日

子時 : 금전 구재件, 남녀화합사로 왔다. 길하다.
주식투자, 사업투자件은 속결은 좋고
지체되면 방해자가 생기고 불리하다.
상하가 화합이 잘 안 되겠다.
느긋하게 대치하라!

丑時 : 가족 화합사, 부부 융합사문제이다.
화합을 하고 싶어 하고, 하게 된다.
처음엔 잘 융화가 되나
후에는 한사람이 배신하겠다.
시비와 침탈의 해害가 있다.

결혼은 하면 좋다.
매매물건은 성사되겠다.

寅時 : 남편, 남자의 문제로 왔다.
한사람이 바람을 피우고 있다.
이별수가 있다.
매사 지체되고, 금전 손실이 크고
낭비가 심하다.
자식이 움직일 일이 있다.
움직이지 않는 것이 좋다.
괴이한 일로 시비가 붙는다.
관재수를 조심하라!
진행하고 있는 일이 있다면 정리하라.

卯時 : 급 사건처리문제로 왔다.
금전구재 문제件이다.
문서구입 件, 가족합의 件으로 왔다.
자식의 일에 투자하거나 관여하지마라!
후원사나 화합하고 싶은 문제는
시간이 걸리겠다.

辰時 : 이동수가 있어서 왔다.
좋은 운은 날아간 상태이다.

상업문제, 부모문제, 창업관계는
매우 불길하다.
결혼문제, 자식문제에
기쁨과 손실이 같이 있다.
해외로 움직이면 성공하겠다.
부동산에 투자하면 3년 후에
큰 이득이 발생한다.

巳時 : 친구나 형제문제이고,
직장 취직건으로 왔다.
돈으로 인한 관송사와 사업관계 일이다.
관송사는 지체되고 불리하다.
밤길 조심해라! 나의 실수로 돌아온다.

午時 : 윗사람, 부모과 언쟁하면서
배반과 모함사이다.
남녀 간 다툼이 있고, 후원사는 불성사이다.
터주신 발동하여 이사, 이동수가
급속히 발현했다.
자식문제로 속 좀 썩겠다.
가족 간에 이별수가 있다.

未時 : 부모자식과의 시비와 침탈의 해이다.

서로 해롭고 일이 지체된다.
관송사로 발전하겠다.
동기일신의 동자귀신이 작해를 한다.
구직이나 시험문제는
방해자가 훼방을 놓는다.
귀인이 돕지 않으니
매사 지체되고 불편하다.
동자귀신의 원한을 풀어줘라!

申時 : 관직사, 취직문제이다.
결혼, 화합사, 경조사 件이다.
하나씩 잘 해결이 되겠다.
귀인은 서남쪽에 있다.

酉時 : 색정사로 인한 구설수가 들었다.
자식으로 인해 큰돈을 잃겠다.
여자가 돈을 가지고 도망을 갔다.
딸의 유괴사건이 두렵다.
여자로 인한 색정사는
관재소송사로 이어진다.
미륵불께 기도하면 음덕이 있다.

戌時 : 관송사, 후원사, 남자문제 件이다.

질병과 빚쟁이들의 괴롭힘의 문제이다.
여자의 화합사와 사업관계 일이다.
조건만 잘 맞추면 큰 이득을 보겠다.

亥時 : 금전문제, 남자문제,
자식 때문에 관송사로 시끄럽다.
소모전이다.
주변의 모함과 배신이 있어 손해이다.
내 지출만 크다.
상대가 죽이고 싶을 만큼 밉다.
자식에게 도둑을 맞는 수이다.
가깝게 지내는 사람을 주의하라!

辛丑日

子時 : 부동산거래, 재물구재사 件이다.
부부화합이 안되고,
골치 아픈 문젯거리뿐이다.
매사 지체되고 손실이 크다. 불성사이다.
북쪽에서 보이지 않는 귀인이 돕는다.
노력한 만큼 결실이 없다.

기도가 많이 필요하다.
이동, 이사는 매우 불리하다.
자식에게 관재수, 큰 재앙이 닥치겠다.

丑時 : 금전 손실사, 관재송사, 매매거래사이다.
매사 지체되던 일이 풀리기 시작한다.
가까운 친구나 형제, 동료 때문에
손재수가 생긴다.
불쌍해서 도와주는데 돌아오는 것은
내 희생뿐이다.
동업, 결혼 화합사는 좋은 운이니 해라!

寅時 : 윗사람, 부모, 직장상사로 인해
스트레스가 크다.
형제, 동료간에 시비 침탈의 해害이다.
자신이 무리하게 밀고 나간다.
말려도 한다.
억지로 진행해야 소용없으니
마무리가 최선이다.
숨겨진 재앙이 도사리고 있고,
후환이 따른다.

卯時 : 木神 부정이 들었다.

두 가지 일로 쌍아리가 졌다.
남녀 간 다툼이 있고, 불륜 관재소송사이다.
금전재물을 구하려하나 결과는 흩어졌다.
쉽게 구해질 상황이 아니다. 지체된다.
협상이 되기는 어려워서
정리하는 것이 옳다.
원행은 미루어라! 때가 아니다.

辰時 : 형제간의 협조사가 있는데
투쟁사로 인연이 끊어진다.
직장의 문제, 승진문제이다.
동료로 인하여 일이 지연된다.
시간이 필요하다.
잘 되는 듯 하다가 깨진다.
묘이장 件이다.

巳時 : 지금은 이동할 시기이다. 이별수도 들었다.
철새처럼 날아가는 운이다.
해외진출이 유리하고,
정도正導를 가면 후원자도 생기고,
이득이 발생하겠다.
새로운 변화가 좋은 때이다.
서쪽에 사는 사람이나 ㅅㅈㅊ姓氏,

酉生과 같이하라!
매사 지체된다.
이동을 하는 것이 제일 좋다.

午時 : 운이 텅 비어있는데
쓸데없는 일로 돌아다니는 사람이다.
색정사는 관재소송사로 이어진다.
소모전이다.
몸만 고달프고 헛 공사만 하고 있다.
일만 실컷 하고 욕만 먹는다.
새 사업 시작은 손실이 크다.
움직이지 마라!
지금은 정성들여 기도하는 때이니
자중함이 옳다.

未時 : 관송사 시비 다툼 건이다.
가정불화, 문서이동 件이다.
터주신이 발동하였다. 이동수이다.
이사하면 유리하고,
하지 않으면 동기간의 재앙이 따른다.
비방하면 이동하지 않아도 된다.
자식 문제로 속 좀 썩겠다.
가족 간에 이별수가 있다.

申時 : 금전과 여자문제로 투쟁이다.
　　　　형제간의 시비와 침탈의 해이다.
　　　　금전구재는 힘들고, 지출건만 줄이었다.
　　　　자동차로 큰 손해를 보겠다.
　　　　동기일신의 동자귀신이 작해를 한다.
　　　　구직이나 시험문제는
　　　　방해자가 훼방을 놓는다.
　　　　귀인이 돕지 않으니
　　　　매사 지체되고 불편하다.

酉時 : 금전 구재件은 길하다.
　　　　색정사件은 속결이 좋다.
　　　　취업, 시험, 승진 모두 좋은 운이다.
　　　　일이든 사람이든 새로운 것이 유리하다.
　　　　은밀하게 움직이면 좋은 일 있겠다.
　　　　원하는 대로 이루어진다.
　　　　문젯거리는 서쪽에 사는 사람이나
　　　　ㅅㅈㅊ姓氏, 酉生에게 부탁하라!

戌時 : 상호간에 협상, 교섭문제로 왔다.
　　　　협상 안 된다.
　　　　여자로 인한 부정으로 매사불성이다.
　　　　관재, 소송, 병재 난으로

손상의 일이 벌어졌다.
하극상의 배신사로 시비투쟁이 벌어졌다.
뭐든 의욕이 없고,
하고 싶지 않은 사람이다.

亥時 : 금전구재와 관직 취직사이다.
구하면 얻을 것이다.
후원사는 조건을 잘 맞추면
크게 도움을 받겠다.
북쪽에 숨은 귀인이 있다.
자식 때문에 지출이 크겠다.
추진하던 일은 불가능하다.
원행, 여행은 불길하다. 근신 자중하라!
시간이 흐르면 점차적으로 풀린다.

壬寅日

子時 : 문서 합의사, 후원사, 상업화합사,
결혼문제로 왔다.
자식잉태 件, 사업적인 문제로 왔다.
시기와 조건만 잘 맞으면 성취되겠다.

丑時 : 하극상의 배신사가 발생했다.
여자가 낀 금전거래로 인한
관송사가 예상된다.
이기기는 어렵겠고, 헛 공사만 된다.
매사 일이 꼬이고 되는 노릇이 없고,
지체된다.
잠시 피하는 것이 좋다.
북쪽으로 여행을 하라!
귀인이 후원하려한다.

寅時 : 문서합의사, 친정문제, 후원사,
상업사, 결혼문제로 왔다.
두 가지 중 선택하여
도장, 인장을 찍어야하는 결정이다.
북쪽에 있는 것, 돼지띠, ㅁ,ㅂ姓氏나,
亥월에 찍어라!
웃음 속에 칼이 숨겨있다. 후환이 두렵다.
취업, 임명, 승진, 남편문제는 좋다.
관재수도 잘 풀리겠다.
산신님께 지극정성 기도하라!

卯時 : 색정사 불륜 문제로 피해야할 입장이다.
자식 결혼문제로 다툼이 있다.

자신이 무리하게 밀고 나간다. 말려도 한다.
처음엔 잘 화합이 되다가 후환이 따른다.

辰時 : 직장구직, 취업문제, 자식문제 件으로 왔다.
쉽게 구해질 상황이 아니다. 지체된다.
숨겨진 재앙이 도사리고 있다.
조상 묘지탈이다.
괴이한 일이 자꾸 발생한다.
묘 이장을 하면 좋다.
집안에 동자귀가 작해作害를 부린다.
용궁기도를 많이 해야 풀리겠다.
神의 재앙이 두렵다.

巳時 : 자식과 금전문제로 급 처리할 문제이다.
돈으로 인한 관송사와 사업관계 일이다.
문서구입 件, 가족합의 件으로 왔다.
잡아라! 이루어진다.
재물이 늘어나는 형상이다.
부부합의는 지체되겠다.
巳月에 교통사고를 주의하라!

午時 : 먼 이동수가 있다. 이동하는 것이 좋다.
금전문제로 원망과 다툼이 심하다.

새로운 변화가 좋은 때이다.
이사를 하던지 멀리 여행을 갔다 오던지
변화가 필요하다.

未時 : 금전 사기, 허위문서 발생件이다.
색정사가 발각되어 망신수가 보인다.
집안에 위계질서가 뒤죽박죽이다.
윗사람, 부모, 직장상사로 인해
스트레스가 크다.
잠시 쉬었다가 시작하라!

申時 : 터주신이 발동하여 이사수가 있다.
집안에 피보고 죽은 청춘귀신이 침투했다.
귀신을 풀어내고
이사를 안 하는 것이 좋다.
관재구설이고, 직업변동수가 보인다.
직장은 옮기는 것이 좋다.
남자, 남편문제로 돈 나갈 일이 있다.

酉時 : 관송사, 후원사, 우환 질병사로 왔다.
상업사는 방해자가 있어 지체되고,
돌아오는 것은 원망과 욕설뿐이다.
서쪽에 칼 들고 설치는 사람이 있다.

미륵불께 기도하면 음덕이 있다.

戌時 : 관송사, 자식문제, 하극상의 배신사로 왔다.
　　　문서취득 件인데 일단 잡아라.
　　　잡는데 순탄치는 않지만
　　　문서는 내 것이 되겠다.
　　　청춘에 죽은 조상귀가 발동을 했다.
　　　급히 발생한 관재수도 보인다.
　　　결과는 지체되다가 해결된다.

亥時 : 급히 처리할 금전문제, 남자문제,
　　　자식 때문에 왔다.
　　　직장, 친구, 동료, 형제와 같은 일을
　　　도모하지마라!
　　　속결처리가 유리하다. 집안이 불안하다.
　　　상대에게 굴욕을 당한 뒤
　　　후회하고 화해한다.
　　　병환은 쉽게 치료되지 않는다.
　　　이사는 할 때가 아니다.

癸卯日

子時 : 형제, 동료 간에 뜻이 맞지 않아
시비다툼이 벌어졌다.
관송사 급 구속件, 사업파산件이다.
상하가 불화합하고, 가정은 색정사로 깨진다.
자식에게 큰 재앙이 닥치겠다.
매사 지체되고 손실이 크다.

丑時 : 금전 구재件으로 쌍아리가 져서 왔다.
구하고자하는 돈이 들어온다.
단 조건을 맞추어라!
매사 지체되던 일이 풀리기 시작한다.
노력하면 순조롭다.
직장구직, 취업은 가능하다.
아르바이트라도 해라!
부인을 통해야 금전이 해결된다.
동북간으로 움직여라!
동업, 결혼 화합사는 좋은 운이니
해도 좋다!
가정에 우환이 있어, 눈물 흘릴 일이 있다.

寅時 : 사업문제, 자식문제,
매사 일이 꼬여서 왔다.
돈과 문서로 인해 관재가 발생했다.
전생 업이 많다. 덕을 많이 쌓아야 한다.
흉한 꼴을 당해 손실이 크고,
골치만 아프다.
협상은 이루어지지 않는다.
일은 지체되고 소모전이다.
일의 결과는 凶하다.
부처님전에 기도공덕이 필요한 때이다.

卯時 : 금전 손재수 문제이고, 자식문제로 왔다.
나 혼자서는 버티기 힘들지만
잘 참고 견디면 승리할 수 있다.
정도正導를 가라!
직장구직, 취직件은 이루어진다.
상업사의 협상 件도 길吉하다.
자식이나 임신여부를 묻는다면 가능하다.
유산시킨 태자귀를 해원해줘야 한다.

辰時 : 돈 때문에 시비와 다툼이 발생했다.
관송사, 금전 손실, 우환 질병사 문제이다.
모함과 구설이 뒤따른다.

　　　　웃음 속에 칼이 있다.
　　　　뜻하는 바가 헛공사가 되겠다.
　　　　물에 빠져 죽은 수살귀의 작해가 있다.
　　　　천도, 해원을 해줘야 덕을 보겠다.

巳時 : 이동사 문제인데 지금은 움직이면 안 된다.
　　　　윗사람으로 후원사 도움문제인데 어렵겠다.
　　　　금전문제는 사기모함과 배반이 뒤따른다.
　　　　청춘에 죽은 조상귀가 산소탈을 부린다.
　　　　묘를 이장하는 것이 좋겠다.
　　　　지금 진행하고 있는 일은
　　　　정리하는 것이 좋다.

午時 : 화합사, 후원자가 있고, 상업사도 좋다.
　　　　문서구입 件, 가족합의 件으로 왔다.
　　　　잡아라! 이루어진다.
　　　　재물이 늘어나는 형상이다.
　　　　부부합의는 지체되겠다.
　　　　속 처리가 좋다. 질질 끌면 깨진다.
　　　　잔병으로 고생하겠다.

未時 : 새로운 일을 도모해 보지만
　　　　운이 날아간 상태이다.

직장 변동수가 있고, 집도 이사수가 있다.
관재구설로 재수가 없다.
잠시 피하는 것이 좋다.
되는 일은 없고 매사 꼬이는 수이다.
後後에 가족 간의 속임수로
서로 상처받고 깨지겠다.
일은 지체되어 헛고생만 한다.
이동수가 들었지만 이동을
안 하는 것이 더 좋다.

申時 : 허위문서나 금전운은 흉하다.
급히 처리할 일이 있지만
일은 지체되어 헛고생만 한다.
색정사로 속이고 숨기는 일 생긴다.
금전 환란이 예상된다.
빈주머니이다. 출행은 불리하다.
교통사고로 죽은 귀신이 작해를 한다.

酉時 : 금전 사기, 허위문서로 관재수 발생件이다.
가까운 사람의 배반이다.
아랫사람의 우환질병 件이다.
터주신이 발동했다. 이사, 이동수가 있다.
자식이 집 떠날 일이 있겠다.

손재수가 강하게 들어 금전손실이 크다.

戌時 : 색정사 件이다. 배신 주의하라.
가정이 화목한 듯, 하지만 서로 방해하고,
형제간에 암투가 도사리고 있다.
서로 미워하며 원망하고,
관재구설로 집안이 시끄럽다.
부모의 힘과 충고가 필요하다.
동북간의 산신님께 기도하라!
숨은 귀인이 돕는다.
기도정성이 절실히 필요한 때이다.

亥時 : 친구, 동료와 동업사, 금전문제로 왔다.
두 가지의 선택의 귀로에 섰다.
해도 좋다.
구하고자하는 것은 구해진다.
돼지띠나 북쪽에 있는 사람에게 부탁해라!
움직이려면 북쪽으로 움직여라!
임신가능은 10월에 된다.

 **甲辰日**

子時 : 문서 합의사, 후원사, 상업화합사,
결혼문제로 왔다.
원하는 대로 잘 해결된다. 대길한 운이다.
서둘지 말고 천천히 추진하라!

丑時 : 실물수, 파재 件, 부도 件으로 왔다.
후원사는 모두 막히고,
여자로 인해 지체된다.
관송사 시비다툼으로 집안이 시끄럽다.
조상 묘 이장 탈이다.
객사귀가 집안에 침투했다.
천도재를 지내면 풀리겠다.
집안이 편안해야 모든 일이 성사된다.

寅時 : 금전 구재件, 여자 상업 件으로 왔다.
조건을 잘 맞추면 성사되겠다.
쌍아리가 져서 각각 다른 조건을 제시한다.
후원사의 도움이 있다.
취업, 임명, 승진, 남편문제, 친구문제는
동쪽에서 귀인이 돕는다.

卯時 : 문서합의사, 친정문제件, 자식 문제이다.
결혼문제에서 도장 찍는 것이
시끄러워진다.
동기간에 서로 헐뜯고 암투가 심하다.
진행하는 일이 자꾸 지체되고 세월만 간다.
가족 간의 속임수로
가정이 깨질 일이 있고,
이사하면 나쁘다.

辰時 : 다른 일을 새로 시작하는 문제로
결정이 안서서 왔다.
지금은 상하가 불 화합하니
금전문제가 지체된다.
처음시작은 크게 벌려 놓고
뒷마무리를 잘 처리 못하겠다.
결혼문제, 결혼하고 싶은 사람이다.
용신기도를 하면 그 덕이 아주 크겠다.

巳時 : 색정사와 금전문제로 급 처리할 문제이다.
상업상으로 급전이 필요하다.
급전은 안 빌리는 것이 좋다.
뒷탈이 크다.
건강 조심해야하고,

일처리 뒷 끝마다 스트레스 받는다.

午時 : 금전과 자식문제로 원망과 다툼이 심하다.
가족 간에 미움이 커져
관재수로 속 썩는다.
타협하면 좋고, 정리하는 것도 좋다.
여자의 바람기 때문에
가정불화가 악화되었다.
객사한 조상이 산신고에 막혀
구천을 헤매고 있다.
조상천도재가 시급하다.

未時 : 금전 구재件, 결혼 남녀화합사로 왔다.
길하다.
서남간에 귀인이 있어
후원사로 도움을 받겠다.
주식투자, 매매件은 속결은 좋고,
지체되면 방해자가 생기고 불리하다.
금전이득이 생기면,
부모님에게 재앙이 미치겠다.

申時 : 이동수가 있어서 왔다.
좋은 운은 날아간 상태이다.

관송사, 우환 질병사로 흉하고,
나쁜 상태여서 왔다.
시험은 불합격이고, 취업도 어렵다.
선조상의 두 분 할머니(첩)의
원한에 맺힌 작해이다.
어머니와 합심하여 천도재를 지내야
집안이 안정되겠다.

酉時 : 금전손재수, 몸만 힘들고 헛 공사이다.
허위문서나 금전운은 흉하다.
급히 처리할 일이 있지만
일은 지체되어 헛고생만 한다.
색정사로 속이고 숨기는 일 생긴다.
관재 환란이 예상된다.
빈주머니이다. 출행은 불리하다.

戌時 : 금전 사기, 여자문제로 관재수 발생件이다.
전화사기를 조심해라! 후환이 생기겠다.
터주신이 발동했다. 이사, 이동수가 있다.
터주신이 노했기 때문에 이집에서는
되는 노릇이 없다.
이사를 하는 것이 현명하다.
아랫사람의 우환질병 件이다.

자식이 집 떠날 일이 있겠다.

亥時 : 화합사 후원사문제로 왔다.
길흉의 희비가 엇갈린다.
금전을 구하는 상업사 件이다.
쉽게 구해질 상황이 아니다. 지체된다.
서로 뜻이 맞지 않아 미워하고 원망한다.
남녀 간에 서로 방해자가 되어
훼방을 놓으니,
뜻대로 이루어지지 않는다.
사납고 앙칼진 처녀귀신의 작해이다.

 乙巳日

子時 : 부모자식 간에 서로 뜻이 맞지 않아
미워하고 원망한다.
서로 방해자를 부린다. 자식의 불효이다.
누군가로부터 후원을 받고 싶지만
어렵겠다.
결혼문제는 시간을 끌어라!

丑時 : 금전 구재件은 길하다.
　　　주식투자, 매매 件은 속결이 좋다.
　　　가정에 화합할 일이 있고,
　　　눈물 흘릴 일도 있다.
　　　윗사람으로 후원사 일로 왔다.
　　　도움이 있다.
　　　집안 내에 움직이지 않는
　　　답답한 문제가 있다.
　　　직장 구직, 시험문제로 왔다.
　　　시험은 합격한다.
　　　아랫사람의 우환질병이 발생된다.

寅時 : 관송사, 우환 질병사는 흉,
　　　나쁜 상태여서 왔다.
　　　손재수로 인해 피해가 커서 급하게
　　　움직일 일 때문에 왔다.
　　　진행하는 일이 자꾸 지체되고 세월만 간다.
　　　뭐든 의욕이 없고, 하고 싶지 않은 사람이다.
　　　움직이면 재앙이 두렵다.
　　　원행, 여행, 출장 모두 불리하다.
　　　깨질 일이 있고, 이사하면 나쁘다.
　　　때를 기다리는 것이 현명하다.

卯時 : 금전문제로 속 썩고 있어서 왔다.
　　　금전구재건으로 왔다. 가능하다.
　　　취업, 임명, 승진사는 어렵다.
　　　조건이 붙는 좋은 계약이 성립되겠다.
　　　자식이나 임신여부를 묻는다면 가능하다.

辰時 : 색정사로 가정파탄 위험하다.
　　　방해자가 끼어있다.
　　　여자로 인한 부정으로 매사불성이다.
　　　관재, 소송, 병재 난으로
　　　손상의 일이 벌어졌다.
　　　뭐든 의욕이 없고,
　　　하고 싶지 않은 사람이다.
　　　취업, 임명, 승진, 남편문제,
　　　친구문제는 모두 어렵다.
　　　일이 꼬이기만 해서
　　　지긋지긋하게 살기 싫다.
　　　고생 많이 한사람이다.
　　　진행하는 일이 자꾸 지체되고 세월만 간다.
　　　깨질 일이 있고, 이사하면 나쁘다.

巳時 : 돈 문제로 원망과 다툼이 심하다.
　　　별것도 아닌 것 가지고

시비다툼이 되어 관재를 부른다.
금전 구재件, 여자 상업 件으로 왔다.
남동쪽에 귀인이 있다.
금전구재와 관직 취직사이다.
구하면 얻을 것이다.
이득이 있으니 투자하면 좋다.
돈은 구할 수 있다.
얻고 난 후 바로 지출된다. 소모전이다.

午時 : 금전문제件, 후원사, 친정문제로 왔다.
뭔가 새로 시작하고 싶어서 왔다.
어차피 말려도 할 사람이다.
오기가 대단한 사람이다.
남녀문제는 관송사로 복잡해지겠다.
열 받는 일이 발생, 혈압상승 위험,
화재주의를 요한다.

未時 : 매사 지체되고, 금전 손실이 크고
낭비가 심하다.
친구나 형제간에 다툼과 시기가
관재구설로 커진다.
문서상 문제로 괴이한 일이 발생한다.
사업을 하고 있다면 정리하라.

마무리를 잘 해야 할 사람이다.

申時 : 결혼사, 화합사는 매우 좋다.
　　　 윗사람으로 후원사 도움문제인데 어렵겠다.
　　　 문서를 잡으면 사기모함과
　　　 구설이 뒤따른다.
　　　 집안의 어른에게 병액이 침투한다.
　　　 속결로 치료하지 못하면 변고를 당한다.
　　　 관직사는 유리하고,
　　　 관재구설은 설상가상이다.

酉時 : 새로운 일을 도모해 보지만
　　　 운이 날아간 상태이다.
　　　 두 가지 일이 쌍아리가 져서 바쁘다.
　　　 직장 변동수가 있고, 집도 이사수가 있다.
　　　 관재구설로 재수가 없다.
　　　 잠시 피하는 것이 좋다.
　　　 가족 이별수가 예상된다.
　　　 새로 출발하는 것이 좋다.

戌時 : 금전구재와 관직 취직사이다.
　　　 합의사, 교역사, 결혼문제로 왔다.
　　　 준비해오던 일을 새롭게 시작하는 운이다.

하지만 술술 풀리지는 않고
지체되면서 풀린다.
들어오는 문서는 허위문서이다.
구설수만 생긴다.
모든 일이 시간이 흘러야 한다.

亥時 : 급변동이 있어 왔는데 지금은
이사할 때이다.
터주신이 발동하여 이사수가 있다.
부정을 풀어내고
이사를 안 하는 것이 더 좋다.
여자의 상업사 일문제이고,
매매수도 보인다.
형제, 친구, 동료문제로 돈 나갈 일이 있다.

丙午日

子時 : 급 이동사이다. 터주신이 발동했다.
부부불화, 직장이동件이고,
집안이 우왕좌왕 불안하다.
이동하는 것이 유리하다. 금전손실이 크다

그 집에 그냥 살면
시비다툼사가 끊이질 않는다.
북쪽에 숨은 귀인이 있으니
그쪽에 ㅁ,ㅂ氏를 찾아라.
후환을 막을 수 있겠다.

丑時 : 매사 일이 손해나고, 지체되고,
방해자가 있다.
직장에서 윗 상사와도 암투가 심하다.
색정사로 집안에 원망과 미움으로
가득 찼다.
객사귀가 집안에 침투했다.
천도재를 지내면 풀리겠다.

寅時 : 관재구설로 속 썩는 일이 있어서 왔다.
합의 봐야 할 문제, 해결해야 할 문제는
모두 해결된다.
결혼화합사는 좋다.
취업, 임명, 승진, 남편문제, 친구문제는
동쪽에서 귀인이 돕는다.

卯時 : 여자의 색정사로 집안에 배신과
미움으로 가득 찼다.

형제, 친구, 동료 간의 시비다툼이
발생했다.
진행하는 일이 자꾸 지체되고 세월만 간다.
가족 간의 속임수로
가정이 깨질 일이 있고,
이사하면 나쁘다.

辰時 : 사업문제, 자식문제로 손실이 크다.
　　　금전 구재件, 여자 상업 件으로 왔다.
　　　조건을 잘 맞추면 성사되겠다.
　　　동남간의 후원사가 도움이 된다.

巳時 : 취업도 안 되고,
　　　하는 일마다 꼬이고 골치가 아프다.
　　　속결 처리해야한다.
　　　손재수로 모든 게 소모전이다.
　　　괴이사가 발생하겠고,
　　　병액으로 고통을 받게 된다.
　　　새로운 일은 저지르지 마라!

午時 : 금전구재와 후원사이다.
　　　친정문제까지 얽혀서 왔다.
　　　새로운 사업계획은 방해자가 있어

관재가 보인다.
자식이 없어서
천신기도가 간절한 사람이다.
칠성기도하면 그 덕이 아주 크다.
촛불을 밝혀라!

未時 : 급변동이 있어 왔는데 지금은 때가 아니다.
관재구설로 골치가 아프다.
직장상사의 괴롭힘으로
복잡하게 얽힌 일이 있다.
사표내면 안 된다.
인내하며 기다리면 다시 희망이 보인다.

申時 : 급변동이 있어 왔는데 지금은 때가 아니다.
관재구설로 골치가 아프다.
금전지출만 많다.
남편의 바람문제와
직장에 복잡하게 얽힌 일이 있다.
두 사람과 얽혔다면 속히 정리하라!
깨끗이 정리하면 다시 희망이 보인다.

酉時 : 관직 件, 취업 件, 화합사로 온 것이다.
상하간의 극尅, 윗사람과의 배신으로

관재구설 발생한다.
화합하는 듯, 하다가
다시 경쟁사로 돌변한다.

戌時 : 이동 운은 좋다. 움직여라!
속결로 움직이는 것은 좋고,
나중 것은 모두 날아간다.
금전 구재件, 여자 상업 件으로 왔으나
되는 일은 없다.
이미 날아간 운이다. 지금은 구할 수 없다.
거주 목적인 집문서는 잡아라!
투자문서는 위험하다.

亥時 : 급한 금전구재 件으로 왔는데 허송사이다.
친구나 형제의 후원사 도움이 필요한데
아직 때가 이르다.
상하간의 극尅, 아랫사람과의 배신으로
금전손실이 크다.
오해로 벌어진 일이다.

 ## 丁未日

子時 : 형제간의 금전문제, 실물사 件으로 왔다.
　　　　매사 헛 공사이고, 지체된다.
　　　　빈주머니이다.
　　　　지금은 방해자가 있어 성사가 안 된다.

丑時 : 터주신이 발동하였다.
　　　　부모형제간에 다툼이 있다.
　　　　이별수이다. 이사하면 유리하고,
　　　　하지 않으면 동기간에 재앙이 따른다.
　　　　비방하면 이동하지 않아도 된다.
　　　　가족의 이별수도 보인다.
　　　　멀리 떠나는 것이 좋다.
　　　　정리하고, 헤어져
　　　　새로 시작하는 것도 괜찮다.
　　　　이대로는 계속 불가능하다.

寅時 : 색정사로 모함과 구설수가 있다.
　　　　상업사에 방해자가 있어 일이 꼬인다.
　　　　금전구재문제로
　　　　급히 처리할 일이 있어서 왔다.

자존심만 상하고 구하기가 힘들다.
객사귀의 작해이다.
조상천도재가 특효이다.

卯時 : 금전 구재件은 길하다.
주식투자, 매매 件은 속결이 좋다.
자식으로 인해 식구가 늘고
화합할 일이 있다.
직장 구직, 시험문제로 왔다.
시험은 합격한다.
아랫사람의 우환질병이 발생된다.

辰時 : 색정사로 가정파탄 위험하다.
방해자가 끼어있다.
여자로 인한 부정으로 매사불성이다.
관재, 소송, 병재 난으로
손상의 일이 벌어졌다.
뭐든 의욕이 없고,
하고 싶지 않은 사람이다.
움직이면 재앙이 두렵다.
원행, 여행, 출장 모두 불리하다.

巳時 : 금전구재와 관직 취직사이다.

구하면 얻을 것이다.
이득이 있으니 투자하면 좋다.
돈은 구할 수 있다.
얻고 난 후 바로 지출된다. 소모전이다.
직장문제나 사업문제가
속전속결로 변화하겠다.
불의의 환란이 도사리고 있다.
원행, 여행은 불길하다.
빚쟁이에게 관재를 당하겠다.

午時 : 친정문제, 후원사로 일이 얽히어서 왔다.
관재구설로 골치가 아프다. 금전문제이다.
헛수고로 몸만 힘들다. 백사무효이다.
매사 일은 지체되고 보람, 성과가 없다.
때를 기다려라! 기도가 요망된다.

未時 : 매사 일이 꼬여서 복잡하고,
부딪쳐서 답답한 사람이다.
결혼을 둘 중 하나를 골라야 하는데
결정이 안서서 왔다.
둘 다 괜찮다.
산신기도가 매우 절실한 사람이다.
동쪽에 있는 것으로,

물가에 있는 것으로 정해라!
사업자금으로 인해 지출이 크겠다.

申時 : 관재구설로 골치가 아프다.
모든 게 꼴도 보기 싫다.
질병우환의 탈과 남자문제로
흉한 꼴을 당해 손실이 크다.
깨지고 손해 보는 일만 벌어진다.
해결이 어렵겠다.
후원사는 불성사이다.
기대하지마라! 말뿐이다.
서남간에 가서 구하라!
한 가지씩 풀리겠다.
윗사람과의 관재수가 예상된다.
되는 듯, 하다가 후에
다시 스트레스 받는다.

酉時 : 하는 일과 자식일 때문에
돈 나갈 일이 생겼다.
관재구설로 골치가 아프다.
모든 문제는 안 풀린다.
구천을 헤매는 조상귀신의 원한이다.
총칼에 간 청춘귀신을 천도해줘야 한다.

그냥은 무슨 일이든 꼬여서 해롭다.

戌時 : 금전구재와 관직 취직사이다.
　　　합의사, 교역사, 결혼문제로 왔다.
　　　자식 화합사에서 마음이 안 맞고,
　　　도움이 안 된다.
　　　화합이 되는 듯, 하다가 깨진다.
　　　움직이면 재앙이 두렵다.
　　　원행, 여행, 출장 모두 불리하다.

亥時 : 급변동이 있어 왔는데
　　　지금은 이사할 때이다.
　　　두 사람이 같이 움직이는 것이 좋다.
　　　해외여행도 좋고, 새 출발은 유리하다.
　　　두 가지 일 모두 같은 입장이다.
　　　직장은 옮겨도 좋다.
　　　금전문제는 관재로 이어질 수 있다.

戊申日

子時 : 금전 구재件, 남녀화합사로 왔다.

관직사와 후원사의 일이다.
자식에 관한 일이다. 상업상의 일이다.
처음엔 지체되는 듯, 하다가 활기를 얻는다.
멀리 이동을 하면 행운이 따르겠다.
관재수나 병고의 액이 노리고 있다.

丑時 : 금전 파산문제, 관송사가 발생했다.
일이 지체된다.
자식의 우환 질병사로 고심하고 있다.
흉하다.
운이 텅 비어있다. 빈주머니이다.
새로운 일은 때를 기다렸다가 해라!

寅時 : 급 이동사이다. 터주신이 발동했다.
부부불화, 직장이동件 집안이
우왕좌왕 불안하다.
이동하는 것이 유리하다. 금전손실이 크다
동남간쪽에 숨은 귀인이 있으니
그쪽에 ㅇ,ㅎ氏를 찾아라.
행운이 따르겠다.

卯時 : 후원사문제, 취업시험문제로
골치 아파서 왔다.

자식에게 객사동자귀가 붙었다.
모함과 구설이 뒤따른다.
금전 손재수 있고, 남자의 직장에
방해자가 있다.
부모자식 간의 화합사.
색정사로 다툼과 시비가 있다.
결과는 헛 공사가 되고 소모전이다.
무모한 행동을 하고 있다.
때를 기다려라!

辰時 : 금전구재 件, 상업사로
해결할 일이 있어서 왔다.
금전문제는 해결된다.
해외로 진출하면 유리하다.
몸만 고달픈 소모전이다.
이럴 때에는 잠시 잠수를 하는 것이
유리하다.
관직사나 취업사는 길하다.

巳時 : 옳고 그른 것을 가리는 급한 일로 왔다.
여자로 인해 손재수가 발생했고,
배신당하겠다.
관송사로 퇴보했다가 합의하겠다.

집이 급 이동사가 발생하나
이사하는 것보다
예방하고 이사를 안 하는 것이 더 좋다.

午時 : 후원사, 친정 부모문제로 왔다.
금전구재와 관직 취직사이다.
두 가지가 모두 굳건하게 버텨준다. 길하다.
남쪽에 가서 구하면 얻을 것이다.
조건만 잘 맞추면 금전은 구해지겠다.

未時 : 남편문제, 직장문제이다.
헛수고로 몸만 힘들다.
매사 일은 지체된다. 의지할 곳을 잃었다.
때를 기다려라! 지금은 최악의 상태이다.
산신님께 기도하면 풀리겠다.
업장이 두터운 사람이다.

申時 : 금전구재와 관직 취직사이다.
두 가지가 얽혀서 왔다.
자식의 사업문제이다.
귀인은 서남쪽에 있다.
새로운 사업계획은 방해자가 있어
관재수가 보인다.

일이 지체되니, 망신당하기 전에
꼼꼼히 살피며 추진하라!
친정식구나 후원사는 도움이 되지 않는다.
자동차를 조심해야하겠다.

酉時 : 후원사여부, 새로운 일 추진여부를
알고 싶어서 왔다.
말려도 할 사람이다.
시작하고 난 후 스트레스 받는다.
시비와 침탈의 해害를 입고,
복잡한 사람이다.

戌時 : 금전손실사, 직장구직, 취업문제,
자식문제 件으로 왔다.
쉽게 구해질 상황이 아니다. 지체된다.
숨겨진 재앙이 도사리고 있다.
조상 묘지탈이다.
괴이한 일이 자꾸 발생한다.
묘 이장을 하면 좋다.
집안에 동자귀가 작해作害를 부린다.
용궁기도를 많이 해야 풀리겠다.
神의 재앙이 두렵다.
시비가 끊임없이 이어진다.

상대가 쟁쟁하다.
모든 것을 정리하고,
은밀하게 일을 추진함이 옳다.

亥時 : 금전구재와 자식문제 件이다.
부모자식 간의 화합사, 금전지출의 일이다.
성실함을 인정받아
여기저기에서 도움의 손길이 온다.
근신 자중함이 현명하다.
자식에 일은 점차적으로 풀린다.

己酉日

子時 : 사업상 동업의 화합사 件이다.
부모자식 간의 화합사 문제이다.
서로 화합이 되는 듯하다가
害해하고 파破한다.
물질적 손실이 따르고 도주하겠다.

丑時 : 이동수가 있다. 직장 이동수이다.
가족의 우환질병이 예상된다.

멀리 떠나는 것이 좋다.
정리하고, 헤어져
새로 시작하는 것도 괜찮다.
이대로는 계속 지체되고 불가능하다.
산신기도하면 덕이 크겠다.
해외로 나갈 일이 있겠다.

寅時 : 금전구재문제로
급히 처리할 일이 있어서 왔다.
후원사, 관직사로 속 처리 件이다.
아직은 때가 아니니 기다려야 한다.
자존심만 상하고 억울한 일만 생긴다.
후원사는 이루어지지 않는다.
애만 쓰고 소득은 없다. 빈주머니이다.
집안의 성주님이 노하셨다.

卯時 : 터주신이 발동하여
가정의 이동수 있어서 왔다.
결혼과 화합사는 지체되지만 성사된다.
속이고 암매하고 뒤로 모해,
움직이는 일이 발생한다.
아랫사람의 우환질병이 발생된다.
자식으로 인해 금전손실이 크다.

유산된 태자귀가 작해를 부린다.

辰時 : 색정사로 가정파탄 위험하다.
　　　　방해자가 끼어있다.
　　　　원수처럼 미움으로 등
　　　　돌리게 된 일 발생했다.
　　　　친구간의 금전관계는 주의하라!
　　　　움직이면 재앙이 두렵다.
　　　　원행, 여행, 출장 모두 불리하다.
　　　　매사 지체되고, 금전 손실이 크고
　　　　낭비가 심하다.

巳時 : 금전구재문제, 동업, 형제문제 件이다.
　　　　이득이 있으니 투자하면 좋다.
　　　　돈은 구할 수 있다.
　　　　얻고 난 후 바로 지출된다. 소모전이다.
　　　　직장문제나 사업문제가
　　　　속전속결로 변화하겠다.
　　　　결혼, 재혼은 진행하라! 좋은 배필이다.
　　　　일을 질질 끌면 관송사로 돌변한다.

午時 : 자식문제, 형제문제로 일이 얽히어서 왔다.
　　　　여자로 인해 손실도 크고,

더욱 복잡하게 시끄러워진다.
색정사로 도주할 수도 있다.
이사는 할 때가 아니니 뒤로 미루라!

未時 : 금전구재와 관직 취직사이다.
구하면 얻을 것이다.
사업자금으로 인해 지출이 크겠다.
천천히 숨 돌리고 가야겠다.
딸자식의 변고를 조심하라!
지금은 모든 게 때가 아니다.
서남쪽의 산신님께 촛불을 밝혀야만
큰 것을 얻겠다.

申時 : 관재구설로 골치가 아프다.
모든 게 꼴도 보기 싫다.
질병우환의 탈과 남자문제로
흉한 꼴을 당해 손실이 크다.
돈 깨지고 손해 보는 일만 벌어진다.
해결이 어렵겠다.
후원사는 불성사이다.
기대하지마라! 말뿐이다.
집안에 피보고 죽은 청춘귀신,
객사귀가 침투했다.

귀신을 풀어내고 해원해줘야 한다.

酉時 : 돈으로 인해 아랫사람이
　　　손윗사람을 배신했다.
　　　엎친 데 덮친 격으로 가족끼리
　　　합심이 안 되어 다툼만 한다.
　　　위아래가 불 화합이다.
　　　일이 겹쳐서 어찌할 바를 모르는 상황이다.
　　　우환질병까지 발생했다.
　　　조금 지체되다가 풀리겠으니
　　　계속 진행함이 옳다.
　　　칠성님, 미륵님께 정성을 다해 기도하라!

戌時 : 뭔가 시작하고 싶어서 왔다. 말려도 한다.
　　　되는 일이 없어 힘들기만 하다.
　　　친구, 형제에게 손실을 당하는 수이다.
　　　묘지이장, 토지문서 件으로 움직임이 있다.
　　　집안재해 발생件이고, 이로우면서도
　　　뒷탈이 발생한다.
　　　구하고자 하는 것은 모두 구해진다.
　　　서북쪽으로 움직이면 귀신이 침투해서
　　　변고가 생긴다.

亥時 : 급속으로 처리할 일이 있어서 손실이 크다.
관송사 급 구속件이다.
자식으로 인해 집안재해 발생件이고,
여자로 인한 금전 의혹사로 손해가
생기겠다.
계속 같이 살기는 불가능하다.
금전운은 빈주머니이다.
모든 것이 내가 불리하다.
새 각오로 새 출발함이 옳다.
시비가 끊임없이 이어진다.
상대가 쟁쟁하다.
모든 것을 정리하고, 은밀하게 일을
추진함이 옳다.

庚戌日

子時 : 관재사, 자식에 관한 일이다.
금전 구재件, 남녀화합사로 왔다.
색정과욕으로 바람피우다가 들통이 난다.
배신과 이별수도 있다.
결과는 모두 불리하다.

집안에 동자귀가 작해作害를 부린다.
용궁기도를 많이 해야 풀리겠다.
神의 재앙이 두렵다.

丑時 : 구직사, 관송사 件으로 왔다.
결혼문제, 가족 화합사문제이다.
하극상의 배신사로 관재 害해가 발현된다.
처음엔 잘 융화가 되나 후에는 한 사람이
무섭게 돌변하겠다.
시비투쟁사로 바뀌겠고,
추진하는 일이 지체된다.
직장은 구해진다.
하지만 집안에 수술할 사람이 있겠다.
피보고 흉하게 죽은 혈광귀의
귀신이 작해를 부린다.
귀신을 달래서 쫓아야 한다.

寅時 : 이동수가 있다.
직장 취직사, 공무원 시험여부 件이다.
금전손실의 문제이다.
결과는 피해가 크고 나쁘다.
매사 지체되고,
때를 기다리는 것이 현명하다.

결혼이나 화합하는 일은 모두 불성사이다.
자식이 움직일 일이 있다.
남쪽에 숨은 귀인이 있으니
그쪽에 ㄴ,ㄷ,ㅌ 氏를 찾아라.
행운이 따르겠다.

卯時 : 친구, 형제지간의 화합사 件이다.
부모자식 간의 화합사.
색정사로 다툼과 시비가 있다.
관송사 급히 발전하겠다.
결과는 헛 공사가 되고 소모전이다.
이럴 때에는 잠시 잠수를 하는 것이
유리하다.

辰時 : 하극상의 배신사로 좌불안석인 사람이다.
금전거래로 인한 관송사가 발생하고,
구속될 기미도 보인다.
둘이 서로 똑같이 버텨서
이로울 것이 없다.
금전손실이 크다. 이별수도 보인다.
터주신이 발동했기 때문에 이동하면 좋다.
남쪽으로 이사하라!

巳時 : 관재, 불의의 환란사이다.
직장 취직件으로 왔다.
새로운 사업계획은 방해자가 있다.
은혜를 원수로 갚는다.
집안의 재물이 지출되는 일이다.
색정사로 다툼이 있다.
미친 귀신이 집안에 침투했다.
미친귀를 퇴치하지 않으면
집안에 정신병환자가 생긴다.

午時 : 금전구재와 자식문제사이다.
관재수가 곳곳에 도사리고 있다.
여러 명이 화합하여 동업하려한다.
정도正導를 가면 괜찮다.
친정으로 인해 도움도 받고, 지출도 크겠다.
조왕에 정성을 다하면 그 덕이 크다.
남쪽에 가서 구하면 얻을 것이다.

未時 : 관재구설로 골치가 아프다.
형제와 친구가 훼방을 논다.
깨지고 손해 보는 일만 벌어진다.
해결이 어렵겠다.
후원사는 불성사이다.

기대하지마라! 말뿐이다.
자리를 한번 옮겨라!
그대로는 되는 노릇이 없다.
여자동녀귀신의 원한을 풀어줘라!

申時 : 금전구재와 관직 취직사이다.
구하면 얻을 것이다.
자식의 사업문제이다.
귀인은 서남쪽에 있는 친구나
형제에게 부탁해라!
직장은 취업이 된다.
조건을 잘 맞춰라! 이득이 발생한다.
자동차와 관련된 일이다.
돈 들어 올일 있겠다.
자식으로 인해 지출이 크겠다.

酉時 : 관송사, 색정사로 인해
시비다툼이 벌어졌다.
모든 게 흉하고, 꼴도 보기 싫어서 왔다.
취업, 임명, 승진, 친정문제,
결혼문제는 모두 어렵다.
산전수전 다 겪은 사람으로 빠꼼이 이다.
여식女息의 재앙이 염려된다.

진행하는 일이 자꾸 지체되고 세월만 간다.
칠성님께,
부처님께 절실한 기도가 필요한 때이다.

戌時 : 금전투자件, 토지문서거래件의 일이다.
묘지이장일이기도 하다.
속전속결로 처리해야 한다.
시간이 지체되면 관송사로 복잡해진다.
힘든 일은 술술 풀리겠다.
집터가 묘지 터이니
이사를 하는 것이 좋다.

亥時 : 금전구재와 관직 취직사 件으로
급하게 처리할 문제로 왔다.
취직은 된다.
후에 윗상사 때문에 스트레스 받는다.
무리하면 점점 더 어려워진다.
순리대로 풀어나가라!
자식문제로 스트레스가 심하다.

辛亥日

子時 : 색정사 문제로 관송사 시비다툼으로
집안이 시끄럽다.
금전문제로 서로 칼을 휘두르며
더욱 심화된다.
경거망동하지 말고, 고비를 잘 넘겨라!
자식 결혼문제로 다툼이 있다.
자신이 무리하게 밀고 나간다.
북쪽에서 보이지 않는 귀인이 돕는다.
노력한 만큼 결실이 없다.
기도가 많이 필요하다.

丑時 : 관재, 우환질병, 시비투쟁으로
괴이사가 발생한 사람이다.
매사 지체되고, 금전 손실이 크고
낭비가 심하다.
친구나 형제간에 일 도모는 불리하다.
경쟁사, 배반의 일로 시비가 붙는다.
진행하고 있는 일이 있다면 정리하라.
숨겨진 재앙이 도사리고 있다.
조상 묘지탈이다.

괴이한 일이 자꾸 발생한다.
묘 이장을 하면 좋다.
집안에 동자귀가 작해作害를 부린다.
산신기도를 많이 해야 풀리겠다.

寅時 : 문서사건, 부모사건, 취업사 문제이다.
윗사람으로 후원사 도움이 있다.
사업 운은 좋고, 집안에 경사가 있다.
문서를 잡아라!
일이 지체되면 상대에게
굴욕을 당하고 패하겠다.
부부합의는 지체되겠다. 이사는 나쁘다.

卯時 : 양손에 보석을 쥐고
모두 가지려니 욕심이다.
두 개다 놓칠까 염려스럽다.
남편, 남자문제는 끝내는 것이 좋다.
인연이 다되었다.
이동수가 있어서 왔다.
좋은 운은 날아간 상태이다.
사업도 바꾸고, 직장도 이동하는 것이 좋다.
도난사, 도주자, 속임수의 암매 件이다.

辰時 : 자식문제, 상업 손실사 문제로 왔다.
　　　　동료로 인하여 일이 지연된다.
　　　　시간이 필요하다.
　　　　숨겨진 재앙이 도사리고 있고,
　　　　관재사件이다.
　　　　상대는 좋은 상대가 아니다.
　　　　금전손재수, 몸만 힘들고 헛 공사이다.
　　　　빈주머니이다. 출행은 불리하다.
　　　　교통사고로 죽은 귀신이 작해를 한다.

巳時 : 금전 사기, 허위문서로 관재수 발생件이다.
　　　　친구 형제간 동업사件 배신 주의하라.
　　　　아랫사람으로 인해 시비투쟁이 발생하여
　　　　관송사로 시끄러워진다.
　　　　자식이 집 떠날 일이 있겠다.
　　　　터주신이 발동하였다. 이동수이다.
　　　　이사하면 유리하고,
　　　　하지 않으면 동기간의 재앙이 따른다.
　　　　비방하면 이동하지 않아도 된다.

午時 : 금전문제이다. 색정사 件이다.
　　　　배신 주의하라.
　　　　취업, 임명, 승진문제는

모두 좋은 결과가 있다.

다른 사람들의 모함으로

여러명이 결탁하여 나를 害해하려 한다.

지금은 때가 아니다. 모든 게 흉이다.

가족끼리 서로 원망하고 방해한다.

기도가 절실하다.

집안에 원한귀신이 침투했다.

기도정성이 절실히 필요한 때이다.

未時 : 금전문제로 시비다툼이 생겨서 왔다.

관송사로만 안가면 길하다.

양띠나 서남간에 사는 사람이던가,

ㅇ,ㅎ姓氏이면 좋다.

주식투자, 매매件은 속결로 해결된다.

취업, 승진 모두 좋은 운인데

촛불을 밝히고 기도하면

그 공덕이 매우 크다.

申時 : 자식문제, 상업사문제이다.

속전속결로 금전재물을 움직일 일이다.

추진하던 일이 취소가 되겠다.

실물수, 파재 件, 부도 件으로 왔다.

후원사는 모두 막히고,

여자로 인해 지체된다.
아랫사람으로 인해 시비투쟁이 발생하여
관송사로 시끄러워진다. 근신 자중하라!
객사귀가 집안에 침투했다.
천도재를 지내면 풀리겠다.
집안이 편안해야 모든 일이 성사된다.

酉時 : 관직사, 취업문제, 남자문제로 왔다.
금전구재件은 조건만 맞으면 구할 수 있다.
사업상 계약은 이득이 발생한다.
성급하게 서두르지 말고
순서대로 진행하라!
부처님전의 기도정성이 필요하다.

戌時 : 문서합의사, 친정문제件, 후원사 문제이다.
이런 문제에서 도장 찍는 것이
시끄러워진다.
동기간에 서로 헐뜯고 암투가 심하다.
진행하는 일이 자꾸 지체되고 세월만 간다.
사방팔방으로 금전이 흩어진다.
고독하고 헛수고로 몸만 힘들다.
침몰상태, 성과가 없다.
때를 기다려라!

亥時 : 다른 일을 새로 시작하는 문제로
　　　결정이 안서서 왔다.
　　　지금은 상하가 불 화합하니
　　　집안싸움만 일어난다.
　　　집안재해 발생件이고,
　　　우환병고로 지출이 심하다.
　　　처음시작은 크게 벌려 놓고 뒷마무리를
　　　잘 처리 못하겠다.
　　　결혼하고 싶은 사람이다.
　　　용신기도를 하면 그 덕이 아주 크겠다.
　　　이사하면 좀 낫다.

 壬子日

子時 : 문서 합의사, 후원사, 상업화합사,
　　　남녀화합사로 왔다. 길하다.
　　　주식투자, 사업투자件은 속결이 좋다.
　　　지체되면 방해자가 생기고 불리하다.
　　　형제와 동료가 화합이 잘 안 되겠다.
　　　음사건 문제는 느긋하게 대처하라!

丑時 : 가족 화합사, 부부 융합사문제이다.
　　　　화합을 하고 싶어 하고, 하게 된다.
　　　　처음엔 잘 융화가 되나
　　　　후에는 한사람이 배신하겠다.
　　　　시비와 침탈의 해害가 있다.
　　　　결혼은 하면 좋다. 매매물件은 성사되겠다.

寅時 : 남편, 남자의 문제로 왔다.
　　　　두 사람과 바람을 피우고 있다.
　　　　이별수가 있다. 정리하는 것이 좋다.
　　　　매사 지체되고, 금전 손실이 크고
　　　　낭비가 심하다.
　　　　자식이 움직일 일이 생긴다.
　　　　움직이지 않는 것이 좋다.
　　　　괴이한 일로 시비가 붙는다.
　　　　관재수를 조심하라!
　　　　진행하고 있는 일이 있다면 정리하라.
　　　　산신님께 지극정성 기도하라!

卯時 : 급 화합사, 결혼문제로 왔다.
　　　　문서구입 件, 가족합의 件으로 왔다.
　　　　자식의 일에 투자하거나 관여하지마라!
　　　　후원사나 화합하고 싶은 문제는

시간이 걸리겠다.

처음에는 화합이 잘 되다가 후환이 따른다.

辰時 : 이동수가 있어서 왔다.

좋은 운은 날아간 상태이다.

상업문제, 자식문제, 창업관계는

매우 불길하다.

추진하던 일을 조금 미뤄라!

지금은 때가 아니다.

해외로 움직이면 성공하겠다.

부동산에 투자하면 3년 후에

큰 이득이 발생한다.

巳時 : 자식이나 직장 취직件으로 왔다.

돈으로 인한 관송사와 사업관계 일이다.

관송사는 지체되고 불리하다.

밤길 조심해라!

나의 실수로 돌아온다.

午時 : 윗사람, 부모과 언쟁하면서

배반과 모함사이다.

남녀 간 다툼이 있고, 후원사는 불성사이다.

터주신 발동하여 이사, 이동수가

속히 발현했다.
자식문제로 속 좀 썩겠다.
가족 간에 이별수가 있다.
관재구설이고, 직업변동수가 보인다.
직장은 옮기는 것이 좋다.
남자, 남편문제로 돈 나갈 일이 있다.

未時 : 색정사로 인한 구설수가 들었다.
서로 해롭고 일이 지체된다.
관송사로 발전하겠다.
동기일신의 동자귀신이 작해를 한다.
구직이나 시험문제는 방해자가
훼방을 놓는다.
귀인이 돕지 않으니
매사 지체되고 불편하다.
동자귀신의 원한을 풀어줘라!

申時 : 관직사, 취직문제이다.
결혼, 화합사, 경조사 件이다.
속결로 처리할 급한 문제이다.
하나씩 잘 해결이 되겠다.
하지만 우환이 두렵다.
귀인은 서남쪽에 있다.

酉時 : 집안에 피보고 죽은 혈광귀가 침투했다.
자식으로 인해 큰돈을 잃겠다.
여자가 돈을 가지고 도망을 갔다.
딸의 유괴사건이 두렵다.
여자로 인한 색정사는
관재소송사로 이어진다.
이사라도 해라!
그 집에서는 흉한 일만 벌어진다.
조상천도하면 음덕이 있다.

戌時 : 관송사, 후원사, 남자문제 件이다.
질병과 빚쟁이들의 괴롭힘의 문제이다.
여자의 화합사와 사업관계 일이다.
조건만 잘 맞추면 큰 이득을 보겠다.

亥時 : 금전문제, 친정문제, 자식 때문에
관송사로 시끄럽다.
소모전이다. 주변의 모함과 배신이 있어
손해이다.
내 지출만 크다.
상대가 죽이고 싶을 만큼 밉다.
상대에게 굴욕을 당한 뒤,
후회하고 화해한다.

자식에게 도둑을 맞는 수이다.
가깝게 지내는 사람을 주의하라!

 癸丑日

子時 : 형제, 동료 간에 뜻이 맞지 않아
시비다툼이 벌어졌다.
관송사 급 구속件, 사업파산件이다.
부부화합이 안되고,
골치 아픈 문젯거리뿐이다.
매사 지체되고 손실이 크다. 불성사이다.
북쪽에서 보이지 않는 귀인이 돕는다.
노력한 만큼 결실이 없다.
기도가 많이 필요하다.
이동, 이사는 매우 불리하다.
자식에게 관재수, 큰 재앙이 닥치겠다.

丑時 : 금전 손실사, 매매거래사이다.
쌍아리가 졌다.
매사 지체되던 일이 풀리기 시작한다.
가까운 친구나 형제, 동료 때문에

손재수가 생긴다.
불쌍해서 도와주는데 돌아오는 것은
내 희생뿐이다.
동업, 결혼 화합사는 좋은 운이니 해라!

寅時 : 사업문제, 자식문제,
매사 일이 꼬여서 왔다.
돈과 문서로 인해 관재가 발생했다.
전생 업이 많다. 덕을 많이 쌓아야 한다.
흉한 꼴을 당해 손실이 크고,
골치만 아프다.
자신이 무리하게 밀고 나간다. 말려도 한다.
억지로 진행해야 소용없으니
마무리가 최선이다.
숨겨진 재앙이 도사리고 있고,
후환이 따른다.

卯時 : 木神 부정이 들었다. 자식문제로 왔다.
남녀 간 다툼이 있고, 불륜 관재소송사이다.
금전재물을 구하려하나 결과는 흩어졌다.
쉽게 구해질 상황이 아니다. 지체된다.
협상이 되기는 어려워서
정리하는 것이 옳다.

윗사람의 근심과 추궁 질책으로
체면 실추이다.
유산시킨 태자귀를 해원해줘야 한다.

辰時 : 협조사가 있는데 투쟁사로 인연이 끊어진다.
돈 때문에 시비와 다툼이 발생했다.
직장의 문제, 승진문제는
새로운 변화가 필요하다.
동료로 인하여 일이 지연된다.
시간이 필요하다.
잘 되는 듯 하다가 깨진다.
물에 빠져 죽은 수살귀의 작해가 있다.
천도, 해원을 해줘야 덕을 보겠다.

巳時 : 지금은 이동할 시기이다. 이별수도 들었다.
철새처럼 날아가는 운이다.
해외진출이 유리하고,
정도正導를 가면 후원자도 생기고,
이득이 발생하겠다.
새로운 변화가 좋은 때이다.
서쪽에 사는 사람이나 ㅅㅈㅊ姓氏,
酉生과 같이하라!
매사 지체된다.

이동을 하는 것이 제일 좋다.

午時 : 운이 텅 비어있는데
쓸데없는 일로 돌아다니는 사람이다.
색정사는 관재소송사로 이어진다.
소모전이다.
몸만 고달프고 헛 공사만 하고 있다.
일만 실컷 하고 욕만 먹는다.
새 사업 시작은 손실이 크다.
움직이지 마라!
지금은 정성들여 기도하는 때이니
자중함이 옳다.

未時 : 관송사 시비 다툼 건이다.
가정불화, 문서이동 件이다.
터주신이 발동하였다. 이동수이다.
이사하면 유리하고,
하지 않으면 동기간의 재앙이 따른다.
토지거래 件은 성사된다.
묘이장을 하거나 비방하면
이동하지 않아도 된다.
자식 문제로 속 좀 썩겠다.
가족 간에 이별수가 있다.

申時 : 금전과 여자문제로 투쟁이다.
　　　　색정사로 속이고 숨기는 일 생긴다.
　　　　후원사로 이득이 생기나 뒷탈이
　　　　관재수로 이어지겠다.
　　　　자동차로 큰 손해를 보겠다.
　　　　동기일신의 동자귀신이 작해를 한다.
　　　　구직이나 시험문제는 방해자가
　　　　훼방을 놓는다.
　　　　귀인이 돕지 않으니
　　　　매사 지체되고 불편하다.

酉時 : 금전 구재件은 길하다.
　　　　색정사件은 속결이 좋다.
　　　　취업, 시험, 승진 모두 좋은 운이다.
　　　　일이든 사람이든 새로운 것이 유리하다.
　　　　은밀하게 움직이면 좋은 일 있겠다.
　　　　원하는 대로 이루어진다.
　　　　문젯거리는 서쪽에 사는 사람이나
　　　　ㅅㅈㅊ姓氏, 酉生에게 부탁하라!

戌時 : 상호간에 협상, 교섭문제로 왔다.
　　　　협상 안 된다.
　　　　여자로 인한 부정으로 매사불성이다.

관재, 소송, 병재 난으로
손상의 일이 벌어졌다.
하극상의 배신사로 시비투쟁이 벌어졌다.
뭐든 의욕이 없고,
하고 싶지 않은 사람이다.
동북간의 산신님께 기도하라!
기도정성이 절실히 필요한 때이다.

亥時 : 친구, 동료와 동업사, 금전문제로 왔다.
두 가지의 선택의 귀로에 섰다.
해도 좋다.
후원사는 조건을 잘 맞추면 크게
도움을 받겠다.
북쪽에 숨은 귀인이 있다.
자식 때문에 지출이 크겠다.
추진하던 일은 불가능하다.
원행, 여행은 불길하다. 근신 자중하라!
시간이 흐르면 점차적으로 풀린다.

 甲寅日

子時 : 두 가지 문제로 갑갑한 상황이라서 왔다.
자식잉태 件, 금전적인 문제로 왔다.
시기와 조건만 잘 맞으면 성취되겠다.
직장취업은 가능하다.

丑時 : 실물수, 파재 件, 부도 件으로 왔다.
후원사는 모두 막히고,
여자로 인해 지체된다.
관송사 시비다툼으로 집안이 시끄럽다.
매사 일이 꼬이고 되는 노릇이 없고,
지체된다.
잠시 피하는 것이 좋다.
움직이면 손해사만 생긴다.
조상 묘 이장 탈이다.
북쪽으로 여행을 하라!
귀인이 후원하려한다.

寅時 : 직장 진급사, 자식문제,
이동 件, 취업 件으로 왔다.
취업, 임명, 승진 件 결정할 일이다.

후원사의 도움이 있다.
자식문제도 길하게 풀린다.
관재수도 잘 풀리겠다.
산신님의 은혜이다.
산신님께 지극정성 기도하라!

卯時 : 색정사 불륜 문제로 피해야할 입장이다.
자식 결혼문제로 다툼이 있다.
자신이 무리하게 밀고 나간다. 말려도 한다.
동기간에 서로 헐뜯고 암투가 심하다.
처음엔 잘 화합이 되다가 후환이 따른다.

辰時 : 색정사와 금전문제로 급 처리할 문제이다.
직장구직, 취업문제, 자식문제 件으로 왔다.
쉽게 구해질 상황이 아니다. 지체된다.
숨겨진 재앙이 도사리고 있다.
조상 묘지탈이다.
괴이한 일이 자꾸 발생한다.
묘 이장을 하면 좋다.
집안에 동자귀가 작해作害를 부린다.
용궁기도를 많이 해야 풀리겠다.
神의 재앙이 두렵다.

巳時 : 자식과 금전문제로 급 처리할 문제이다.
　　　　돈으로 인한 관송사와 사업관계 일이다.
　　　　문서구입 件, 가족합의 件으로 왔다.
　　　　둘 다 잡아라! 이루어진다.
　　　　재물이 늘어나는 형상이다.
　　　　부부합의는 지체되겠다.
　　　　巳月에 교통사고를 주의하라!

午時 : 먼 이동수가 있다. 이동하는 것이 좋다.
　　　　금전문제로 원망과 다툼이 심하다.
　　　　새로운 변화가 좋은 때이다.
　　　　이사를 하던지 멀리 여행을 갔다 오던지
　　　　변화가 필요하다.

未時 : 금전 사기, 허위문서 발생件이다.
　　　　색정사가 발각되어 망신수가 보인다.
　　　　집안에 위계질서가 뒤죽박죽이다.
　　　　윗사람, 부모, 직장상사로 인해
　　　　스트레스가 크다.
　　　　잠시 쉬었다가 시작하라!

申時 : 터주신이 발동하여 이사수가 있다.
　　　　집안에 피보고 죽은 청춘귀신이 침투했다.

귀신을 풀어내고
　　　이사를 안 하는 것이 좋다.
　　　관재구설이고, 직업변동수가 보인다.
　　　직장은 옮기는 것이 좋다.
　　　남자, 남편문제로 돈 나갈 일이 있다.

酉時 : 관송사, 후원사, 우환 질병사로 왔다.
　　　상업사는 방해자가 있어 지체되고,
　　　돌아오는 것은 원망과 욕설뿐이다.
　　　서로 뜻이 맞지 않아
　　　미워하고 원망한다.
　　　남녀 간에 서로 방해자가 되어
　　　훼방을 놓으니,
　　　뜻대로 이루어지지 않는다.
　　　사납고 앙칼진 처녀귀신의 작해이다.
　　　미륵불께 기도하면 음덕이 있다.

戌時 : 관송사, 하극상의 배신사로 왔다.
　　　질병과 빚쟁이들의 괴롭힘의 문제이다.
　　　전화사기를 조심해라! 후환이 생기겠다.
　　　색정사로 인한 구설수가 들었다.
　　　청춘에 죽은 조상귀가 발동을 했다.
　　　급히 발생한 관재수도 보인다.

결과는 지체되다가 해결된다.

亥時 : 급히 처리할 금전문제, 남자문제,
자식 때문에 관송사로 시끄럽다.
직장, 친구, 동료, 형제와 같은 일을
도모하지마라!
속결처리가 유리하다. 뒷탈이 예상된다.
후원사는 모두 막히고,
여자로 인해 지체된다.
관송사 시비다툼으로 집안이 시끄럽다.
병환은 쉽게 치료되지 않는다.
이사는 할 때가 아니다.

 乙卯日

子時 : 부모자식 간에 서로 뜻이 맞지 않아
미워하고 원망한다.
서로 방해자로서 훼방을 부린다.
자식의 불효이다.
형제, 동료 간에 뜻이 맞지 않아
시비다툼이 벌어졌다.

관송사 급 구속件, 사업파산件이다.
상하가 불화합하고, 가정은 색정사로 깨진다.
자식에게 큰 재앙이 닥치겠다.
매사 지체되고 손실이 크다.

丑時 : 금전 구재件, 주식투자, 매매 件은
속전속결이 좋다.
구하고자하는 돈이 들어온다.
단 조건을 맞추어라!
매사 지체되던 일이 풀리기 시작한다.
직장구직, 취업은 가능하다.
아르바이트라도 해라!
부인을 통해야 금전이 해결된다.
동북간으로 움직여라!
동업, 결혼 화합사는
좋은 운이니 해도 좋다!
가정에 우환이 있어, 눈물 흘릴 일이 있다.

寅時 : 여자문제, 자식문제이고,
매사 일이 꼬여서 왔다.
돈과 문서로 인해 관재가 발생했다.
전생 업이 많다. 덕을 많이 쌓아야 한다.
흉한 꼴을 당해 손실이 크고,

골치만 아프다.
협상은 이루어지지 않는다.
일은 지체되고 소모전이다.
일의 결과는 凶하다.
부처님전에 기도공덕이 필요한 때이다.

卯時 : 금전 손재수 문제이고, 자식문제로 왔다.
나 혼자서는 버티기 힘들지만
잘 참고 견디면 승리할 수 있다.
정도正導를 가라!
직장구직, 취직件은 이루어진다.
상업사의 협상 件도 길흉하다.
자식이나 임신여부를 묻는다면 가능하다.
유산시킨 태자귀를 해원해줘야 한다.

辰時 : 색정사로 가정파탄 위험하다.
방해자가 끼어있다.
여자로 인한 부정으로 매사불성이다.
돈 때문에 시비와 다툼이 발생했다.
관송사, 금전 손실, 우환 질병사 문제이다.
모함과 구설이 뒤따른다.
웃음 속에 칼이 숨어있다.
뜻하는 바가 헛공사가 되겠다.

물에 빠져 죽은 수살귀의 작해가 있다.
천도, 해원을 해줘야 덕을 보겠다.

巳時 : 이동사 문제인데 지금은 움직이면 안 된다.
윗사람으로 후원사 도움문제인데 어렵겠다.
금전문제는 사기모함과 배반이 뒤따른다.
청춘에 죽은 조상귀가 산소탈을 부린다.
묘를 이장하는 것이 좋겠다.
지금 진행하고 있는 일은
정리하는 것이 좋다.

午時 : 화합사, 후원자가 있고, 상업사도 좋다.
문서구입 件, 가족합의 件으로 왔다.
잡아라! 이루어진다.
재물이 늘어나는 형상이다.
뭔가 새로 시작하고 싶어서 왔다.
속 처리가 좋다. 질질 끌면 깨진다.
잔병으로 고생하겠다.

未時 : 새로운 일을 도모해 보지만
운이 날아간 상태이다.
직장 변동수가 있고, 집도 이사수가 있다.
관재구설로 재수가 없다.

잠시 피하는 것이 좋다.
되는 일은 없고 매사 꼬이는 수이다.
후後에 가족 간의 속임수로
서로 상처받고 깨지겠다.
일은 지체되어 헛고생만 한다.
이동수가 들었지만 이동을
안 하는 것이 더 좋다.

申時 : 허위문서나 금전운은 흉하다.
급히 처리할 일이 있지만
일은 지체되어 헛고생만 한다.
색정사로 속이고 숨기는 일 생긴다.
문서를 잡으면 사기모함과
구설이 뒤따른다.
금전 환란이 예상된다.
새로 출발하는 것이 좋다.
빈주머니이다. 출행은 불리하다.
교통사고로 죽은 귀신이 작해를 한다.

酉時 : 두 가지 일이 쌓아리가 져서 바쁘다.
직장 변동수가 있고, 집도 이사수가 있다.
가까운 사람의 배반이다.
아랫사람의 우환질병 件이다.

터주신이 발동했다. 이사, 이동수가 있다.
자식이 집 떠날 일이 있겠다.
손재수가 강하게 들어 금전손실이 크다.

戌時 : 색정사 件이다. 배신 주의하라.
　　　가정이 화목한 듯, 하지만 서로 방해하고,
　　　형제간에 암투가 도사리고 있다.
　　　서로 미워하며 원망하고,
　　　관재구설로 집안이 시끄럽다.
　　　부모의 힘과 충고가 필요하다.
　　　동북간의 산신님께 기도하라!
　　　숨은 귀인이 돕는다.
　　　기도정성이 절실히 필요한 때이다.

亥時 : 친구, 동료와 동업사, 자식문제로 왔다.
　　　여자의 상업사 일문제이고,
　　　매매수도 보인다.
　　　구하고자하는 것은 구해진다.
　　　돼지띠나 북쪽에 있는 사람에게 부탁해라!
　　　움직이려면 북쪽으로 움직여라!
　　　결혼사는 진행, 10월에 결혼식 올려라!

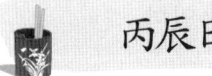 ## 丙辰日

子時 : 금전 손실문제, 자녀학업문제로 왔다.
　　　　돈은 손해나고 힘은 들어 소모전이지만,
　　　　원하는 대로 잘 해결된다.
　　　　대길한 운이다.
　　　　서둘지 말고 천천히 추진하라!
　　　　임신은 좋지 않다.

丑時 : 실물수, 파재 件, 부도 件으로 왔다.
　　　　후원사는 모두 막히고,
　　　　여자로 인해 지체된다.
　　　　자식문제로 시비다툼으로 집안이 시끄럽다.
　　　　조상 묘 이장 탈이다.
　　　　객사귀가 집안에 침투했다.
　　　　천도재를 지내면 풀리겠다.
　　　　집안이 편안해야 모든 일이 성사된다.

寅時 : 금전 구재件, 여자 상업 件으로 왔다.
　　　　조건을 잘 맞추면 성사되겠다.
　　　　조건을 제시하는 후원사의 도움이 있다.
　　　　취업, 임명, 승진, 남편문제, 친구문제는

동쪽에서 귀인이 돕는다.

卯時 : 금전문제, 여자문제件, 자식 문제이다.
　　　문서문제에서 도장 찍는 것이
　　　시끄러워진다.
　　　동기간에 서로 헐뜯고 암투가 심하다.
　　　진행하는 일이 자꾸 지체되고 세월만 간다.
　　　가족 간의 속임수로
　　　가정이 깨질 일이 있고,
　　　이사하면 나쁜 害를 피할 수 있겠다.

辰時 : 다른 일을 새로 시작하는 문제로
　　　결정이 안서서 왔다.
　　　지금은 상하가 불 화합하니
　　　금전문제가 지체된다.
　　　처음시작은 크게 벌려 놓고
　　　뒷마무리를 잘 처리 못하겠다.
　　　결혼문제하고 싶은 사람이다.
　　　용신기도를 하면 그 덕이 아주 크겠다.

巳時 : 새 사업 件으로 금전문제로
　　　급 처리할 문제이다.
　　　상업상으로 급전이 필요하다.

급전은 안 빌리는 것이 좋다.
뒷탈이 크다.
취직, 승진문제는 길하다.
건강 조심해야하고,
일처리 뒷 끝마다 스트레스 받는다.

午時 : 친정과 자식문제로 원망과 다툼이 심하다.
형제, 동료 간에 미움이 커져
관재수로 속 썩는다.
타협하면 좋고, 정리하는 것도 좋다.
여자의 바람기 때문에
가정불화가 악화되었다.
객사한 조상이 산신고에 막혀
구천을 헤매고 있다.
조상천도재가 시급하다.

未時 : 금전 구재件, 결혼 남녀화합사로 왔다.
길하다.
서남간에 귀인이 있어 후원사로
도움을 받겠다.
주식투자, 매매件은 속결은 좋고,
지체되면 방해자가 생기고 불리하다.
금전이득이 생기면,

부모님에게 재앙이 미치겠다.
잠시 잠수를 타는 것도 유익하다.

申時 : 이동수가 있어서 왔다.
좋은 운은 날아간 상태이다.
관송사, 우환 질병사로 흉하고,
나쁜 상태여서 왔다.
시험은 불합격이고, 취업도 어렵다.
남편의 바람문제와
직장에 복잡하게 얽힌 일이 있다.
두 사람과 얽혔다면 속히 정리하라!
선조상의 두 분 할머니의 원한 작해이다.
어머니와 합심하여 천도재를 지내야
집안이 안정되겠다.

酉時 : 금전손재수, 몸만 힘들고 헛 공사이다.
허위문서나 금전운은 흉하다.
급히 처리할 일이 있지만
일은 지체되어 헛고생만 한다.
색정사로 속이고 숨기는 일 생긴다.
재혼은 길하다. 빈주머니이다.
새로운 일 시작이 좋은 기회이다.

戌時 : 금전 사기, 여자문제로 관재수 발생件이다.
　　　　터주신이 발동했다. 이사, 이동수가 있다.
　　　　터주신이 노했기 때문에
　　　　이집에서는 되는 노릇이 없다.
　　　　이사를 하는 것이 현명하다.
　　　　아랫사람의 우환질병 件이다.
　　　　앞뒤가 다 막혀서 답답한 노릇이다.
　　　　자식이 집 떠날 일이 있겠다.

亥時 : 금전 손재수문제, 관송사 때문에 왔다.
　　　　길흉의 희비가 엇갈린다.
　　　　윗사람의 재해 件이다.
　　　　모든 게 헛수고이고 지체된다.
　　　　서로 뜻이 맞지 않아 미워하고 원망한다.
　　　　남녀 간에 서로 방해자가 되어
　　　　훼방을 놓으니,
　　　　뜻대로 이루어지지 않는다.
　　　　사납고 앙칼진 처녀귀신의 작해이다.

丁巳日

子時 : 부모자식 간에 서로 뜻이 맞지 않
미워하고 원망한다.
서로 방해자로서 훼방을 부린다.
자식의 불효이다.
누군가로부터 후원을 받고 싶지만
어렵겠다.
모든 일이 재해가 생기니 시간을 끌어라!

丑時 : 금전 구재件은 길하다.
관재수는 해결되겠다.
주식투자, 매매 件은 속결이 좋다.
가정에 화합할 일이 있고,
눈물 흘릴 일도 있다.
윗사람으로 후원사 일로 왔다. 도움이 있다.
집안 내에 움직이지 않는 답답한 문제가 있다.
직장 구직, 시험문제로 왔다.
시험은 합격한다.
아랫사람의 우환질병이 발생된다.

寅時 : 관송사, 색정사로 모함과 구설수가 있다.

손재수로 인해 피해가 커서
　　　급하게 움직일 일 때문에 왔다
　　　진행하는 일이 자꾸 지체되고 세월만 간다.
　　　뭐든 의욕이 없고 하고 싶지 않은 사람이다.
　　　움직이면 재앙이 두렵다.
　　　원행, 여행, 출장 모두 불리하다.
　　　깨질 일이 있고, 이사하면 나쁘다.
　　　때를 기다리는 것이 현명하다.

卯時 : 금전문제로 속고 있어서 왔다.
　　　금전구재 件은 가능하다.
　　　취업, 임명, 승진사는 어렵다.
　　　조건이 붙는 좋은 계약이 성립되겠다.
　　　직장 구직, 시험문제로 왔다.
　　　시험은 합격한다.
　　　아랫사람의 우환질병이 발생된다.

辰時 : 색정사로 가정파탄 위험하다.
　　　방해자가 끼어있다.
　　　여자로 인한 부정으로 매사불성이다.
　　　관재, 소송, 병재 난으로
　　　손상의 일이 벌어졌다.
　　　살고 있는 집에 상문이 들어서

변고가 자꾸 생긴다.
취업, 임명, 승진, 남편문제, 친구문제는
모두 어렵다.
일이 꼬이기만 해서
지긋지긋하게 살기 싫다.
고생 많이 한사람이다.
진행하는 일이 자꾸 지체되고 세월만 간다.
깨질 일이 있고, 이사하면 좋다.

巳時 : 금전구재와 관직 취직사이다.
구하면 얻을 것이다.
이득이 있으니 투자하면 좋다.
돈은 구할 수 있다.
얻고 난 후 바로 지출된다. 소모전이다.
별것도 아닌 것 가지고
시비다툼이 되어 관재를 부른다.
북동쪽에 귀인이 있다.
직장문제나 사업문제가
속전속결로 변화하겠다.
불의의 환란이 도사리고 있다.
원행, 여행은 불길하다.
빚쟁이에게 관재를 당하겠다.

午時 : 금전문제件, 후원사, 친정문제로 왔다.
뭔가 새로 시작하고 싶어서 왔다.
어차피 말려도 할 사람이다.
오기가 대단한 사람이다.
남녀문제는 관송사로 복잡해지겠다.
열 받는 일이 발생, 혈압상승 위험,
화재주의를 요한다.
때를 기다려라! 기도가 요망된다.

未時 : 매사 지체되고, 금전 손실이 크고
낭비가 심하다.
친구나 형제간에 다툼과 시기가
관재구설로 커진다.
문서상 문제로 괴이한 일이 발생한다.
사업을 하고 있다면 정리하라.
마무리를 잘 해야 할 사람이다.
매사 일이 꼬여서 복잡하고,
부딪쳐서 답답한 사람이다.
결혼도 둘 중 하나를 골라야 하는데
결정이 안서서 왔다.
산신기도가 매우 절실한 사람이다.
꼭 촛불을 밝혀라!

申時 : 결혼사, 화합사는 이루어지는 듯 하다가
깨진다.
윗사람으로 후원사 도움문제인데 어렵겠다.
문서를 잡으면 사기모함과
구설이 뒤따른다.
집안의 어른에게 병액이 침투한다.
속결로 치료하지 못하면 변고를 당한다.
관직사는 유리하고,
관재구설은 설상가상이다.

酉時 : 새로운 일을 도모해 보지만
운이 날아간 상태이다.
하는 일과 자식일 때문에
돈 나갈 일이 생겼다.
직장 변동수가 있고, 집도 이사수가 있다.
관재구설로 재수가 없다.
잠시 피하는 것이 좋다.
가족 이별수가 예상된다.
새로 출발하는 것이 좋다.

戌時 : 금전구재와 관직 취직사이다.
준비해오던 일을 새롭게 시작하는 운이다.
하지만 술술 풀리지는 않고

지체되면서 풀린다.
들어오는 문서는 허위문서이다.
구설수만 생긴다.
모든 일이 시간이 흘러야 한다.
화합이 되는 듯, 하다가 깨진다.

亥時 : 급변동이 있어 왔는데
지금은 이사할 때이다.
터주신이 발동하여 이사수가 있다.
부정을 풀어내고 이사를 안 하는 것
더 좋다.
윗사람, 부모님 일문제이고,
매매수도 보인다.
형제, 친구, 동료문제로 돈 나갈 일이 있다.

 戊午日

子時 : 급 이동사이다. 터주신이 발동했다.
금전 구재 件, 직장이동件이고,
집안이 우왕좌왕 불안하다.
이동하는 것이 유리하다. 금전손실이 크다

그 집에 그냥 살면
시비다툼사가 끊이질 않는다.
북쪽에 숨은 귀인이 있으니
그쪽에 ㅁ,ㅂ氏를 찾아라.
후환을 막을 수 있겠다.

丑時 : 매사 일이 손해나고, 지체되고,
방해자가 있다.
직장에서 윗 상사와도 암투가 심하다.
색정사로 집안에 원망과
미움으로 가득 찼다.
객사귀가 집안에 침투했다.
천도재를 지내면 풀리겠다.
새로운 일은 때를 기다렸다가 해라!

寅時 : 관재구설로 속 썩는 일이 있어서 왔다.
합의 봐야 할 문제, 해결해야 할 문제는
모두 해결된다.
결혼화합사는 좋다.
취업, 임명, 승진, 남편문제, 친구문제는
동쪽에서 귀인이 돕는다.

卯時 : 여자의 색정사로 집안에 배신과

미움으로 가득 찼다.
형제, 친구, 동료 간의
시비다툼이 발생했다.
진행하는 일이 자꾸 지체되고 세월만 간다.
가족 간의 속임수로
가정이 깨질 일이 있고,
이사하면 나쁘다.

辰時 : 사업문제, 자식문제로 손실이 크다.
금전 구재件, 여자 상업 件으로 왔다.
조건을 잘 맞추면 성사되겠다.
동남간의 후원사가 도움이 된다.
관직사나 취업사는 길하다.

巳時 : 취업도 안 되고, 하는 일마다 꼬이고
골치가 아프다.
속결 처리해야한다.
손재수로 모든 게 소모전이다.
괴이사가 발생하겠고,
병액으로 고통을 받게 된다.
새로운 일은 저지르지 마라!
고생문이 열렸다.

午時 : 금전구재와 후원사이다.
　　　 친정문제까지 얽혀서 왔다.
　　　 새로운 사업계획은 방해자가 있어
　　　 관재수가 보인다.
　　　 은밀하게 조용히 일처리를 해라.
　　　 화재조심, 화병 조심해야겠다.
　　　 자식이 없어서 천신기도가
　　　 간절한 사람이다.
　　　 칠성기도하면 그 덕이 아주 크다.
　　　 촛불을 밝혀라!

未時 : 급변동이 있어 왔는데 지금은 때가 아니다.
　　　 집안에 경사스런 일이 생기겠다.
　　　 직장상사의 괴롭힘으로
　　　 복잡하게 얽힌 일이 있다.
　　　 사표내면 안 된다.
　　　 인내하며 기다리면 다시 희망이 보인다.

申時 : 급히 자식의 변동이 있어 왔는데
　　　 지금은 때가 아니다.
　　　 관재구설로 골치가 아프다.
　　　 금전지출만 많다.
　　　 남편의 바람기 문제와

직장에 복잡하게 얽힌 일이 있다.
두 사람과 얽혔다면 속히 정리하라!
깨끗이 정리하면 다시 희망이 보인다.
자동차를 조심해야하겠다.

酉時 : 관직 件, 취업 件, 화합사로 온 것이다.
상하간의 극尅, 윗사람과의 배신으로
관재구설 발생한다.
화합하는 듯, 하다가
다시 경쟁사로 돌변한다.

戌時 : 이동 운은 좋다. 움직여라!
속결로 움직이는 것은 좋고,
나중 것은 모두 날아 간다.
금전 구재件, 여자 상업 件으로 왔으나
되는 일은 없다.
이미 날아간 운이다. 지금은 구할 수 없다.
거주 목적인 집문서는 잡아라!
투자문서는 위험하다.
시비가 끊임없이 이어진다.
상대가 쟁쟁하다.
모든 것을 정리하고,
은밀하게 일을 추진함이 옳다.

亥時 : 급한 금전구재 件으로 왔는데 허송사이다.
친구나 형제의 후원사 도움이 필요한데
아직 때가 이르다.
상하간의 극剋, 아랫사람과의 배신으로
금전손실이 크다.
오해로 벌어진 일이다.
후원사는 이루어지지 않는다.
애만 쓰고 소득은 없다. 빈주머니이다.
용궁기도를 하면 덕이 크겠다.

己未日

子時 : 사업상 동업의 화합사 件이다.
형제간의 금전문제, 실물사 件으로 왔다.
화합사는 불성사이고,
가족 간에는 등 돌리게 된다.
매사 헛 공사이고, 지체된다.
빈주머니이다.
지금은 방해자가 있어 성사가 안 된다.

丑時 : 터주신이 발동하였다.

부모형제간에 다툼이 있다.
이별수이다. 이사하면 유리하고,
하지 않으면 동기간에 재앙이 따른다.
비방하면 이동하지 않아도 된다.
가족의 이별수도 보인다.
멀리 떠나는 것이 좋다.
정리하고, 헤어져
새로 시작하는 것도 괜찮다.
이대로는 계속 불가능하다.
산신기도하면 덕이 크겠다.

寅時 : 색정사로 모함과 구설수가 있다.
상업사에 방해자가 있어 일이 꼬인다.
금전구재문제로
급히 처리할 일이 있어서 왔다.
자존심만 상하고 구하기가 힘들다.
객사귀의 작해이다.
조상천도재가 특효이다.

卯時 : 금전 구재件은 길하다.
주식투자, 매매 件은 속결이 좋다
화합사, 동업사는 해도 좋다.
직장 구직, 시험문제로 왔다.

시험은 합격한다.

아랫사람의 우환질병이 발생된다.

유산된 태자귀가 작해를 부린다.

辰時 : 색정사로 가정파탄 위험하다.

방해자가 끼어있다.

여자로 인한 부정으로 매사불성이다.

관재, 소송, 병재 난으로

손상의 일이 벌어졌다.

뭐든 의욕이 없고,

하고 싶지 않은 사람이다.

움직이면 재앙이 두렵다.

원행, 여행, 출장 모두 불리하다.

매사 지체되고, 금전 손실이 크고

낭비가 심하다.

巳時 : 금전구재와 관직 취직사이다.

쌍아리가 진 일이다.

이득이 있으니 투자하면 좋다.

돈은 구할 수 있다.

얻고 난 후 바로 지출된다. 소모전이다.

직장문제나 사업문제가

속전속결로 변화하겠다.

불의의 환란이 도사리고 있다.
원행, 여행은 불길하다.

午時 : 자식문제, 화합사, 후원사로
일이 얽히어서 왔다.
관재구설로 골치가 아프다. 금전문제이다.
헛수고로 몸만 힘들다. 백사무효이다.
매사 일은 지체되고 보람, 성과가 없다.
때를 기다려라! 기도가 요망된다.

未時 : 매사 일이 꼬여서 복잡하고, 부
딪쳐서 답답한 사람이다.
결혼도 둘 중 하나를 골라야 하는데
결정이 안서서 왔다.
둘 다 괜찮다.
산신기도가 매우 절실한 사람이다.
동쪽에 있는 산신님께 촛불을 밝혀야만
큰 것을 얻겠다.
사업자금으로 인해 지출이 크겠다.

申時 : 관재구설로 골치가 아프다.
모든 게 꼴도 보기 싫다.
질병우환의 탈과 금전문제로 흉한 꼴을

당해 손실이 크다.
깨지고 손해 보는 일만 벌어진다.
해결이 어렵겠다.
후원사는 불성사이다. 기대하지마라!
말뿐이다.
동쪽으로 가서 구하라!
한 가지씩 풀리겠다.
윗사람과의 관재수가 예상된다.
되는 듯, 하다가 후에
다시 스트레스 받는다.

酉時 : 돈으로 인해 아랫사람이
손윗사람을 배신했다.
엎친 데 덮친 격으로 가족끼리
합심이 안 되어 다툼만 한다.
위아래가 불 화합이다.
관재구설로 골치가 아프다.
모든 문제는 안 풀린다.
구천을 헤매는 조상귀신의 원한이다.
총칼에 간 청춘귀신을 천도해줘야 한다.
그냥은 무슨 일이든 꼬여서 해롭다.

戌時 : 금전구재와 관직 취직사이다.

합의사, 교역사, 결혼문제로 왔다.
자식 화합사에서 마음이 안 맞고,
도움이 안 된다.
화합이 되는 듯, 하다가 깨진다.
문서로 투자해서 묻어두면 후에 효자 된다.
움직이면 재앙이 두렵다.
원행, 여행, 출장 모두 불리하다.

亥時 : 급변동이 있어 왔는데
지금은 이사할 때이다.
두 사람이 같이 움직이는 것이 좋다.
해외여행도 좋고, 새 출발은 유리하다.
사업상 투자는 하여도 금방 이득은 없다.
직장은 옮겨도 좋다.
금전문제는 관재로 이어질 수 있다.

 庚申日

子時 : 관재사, 자식에 관한 일이다.
관직사과 후원사의 일이다.
처음엔 지체되는 듯, 하다가 활기를 얻는다.

멀리 이동을 하면 행운이 따르겠다.
관재수나 병고의 액이 노리고 있다.
색정과욕으로 바람피우다가 들통이 난다.
배신과 이별수도 있다.
결과는 모두 불리하다.
집안에 동자귀가 작해作害를 부린다.
용궁기도를 많이 해야 풀리겠다.

丑時 : 구직사, 관송사가 발생했다. 일이 지체된다.
부모의 우환 질병사로 고심하고 있다.
흉하다.
운이 텅 비어있다. 빈주머니이다.
새로운 일은 때를 기다렸다가 해라!

寅時 : 급 이동사이다. 터주신이 발동했다.
부부불화, 직장이동件이고,
집안이 우왕좌왕 불안하다.
이동하는 것이 유리하다. 금전손실이 크다
동남간 쪽에 숨은 귀인이 있으니
그쪽에 ㅇ,ㅎ氏를 찾아라.
행운이 따르겠다.

卯時 : 후원사문제, 부모자식 간의 화합사,

색정사로 다툼과 시비로 골치 아파서 왔다.
자식에게 객사동자귀가 붙었다.
모함과 구설이 뒤따른다.
금전 손재수 있고,
남자의 직장에 방해자가 있다.
무모한 행동을 하고 있다.
때를 기다려라!

辰時 : 하극상의 배신사로 좌불안석인 사람이다.
금전거래로 인한 관송사로,
구속될 기미도 보인다.
둘이 서로 똑같이 버텨서
이로울 것이 없다.
금전문제는 해결된다.
해외로 진출하면 유리하다.
몸만 고달픈 소모전이다.
이럴 때에는 잠시 잠수를 하는 것이
유리하다.
관직사나 취업사는 길하다.

巳時 : 옳고 그른 것을 가리는 급한 일로 왔다.
여자로 인해 손재수가 발생했고,
배신당하겠다.

집안의 재물이 지출되는 일이다.
결혼, 화합사는 불성사이다.
색정사로 다툼이 있다.
미친 귀신이 집안에 침투했다.
미친귀를 퇴치하지 않으면
집안에 정신병환자가 생긴다.
동남쪽 방향에 가서 도움을 청하라!

午時 : 자식문제사이고, 관재수가 곳곳에
　　　도사리고 있다.
　　　금전구재와 관직 취직사이다.
　　　금전은 구해지고, 취직도 가능하다.
　　　동남쪽에 가서 구하면 얻을 것이다.
　　　조건만 잘 맞추면 금전은 구해지겠다.
　　　관송사는 질질 끌며 지체되겠다.

未時 : 자식문제, 직장문제이다.
　　　헛수고로 몸만 힘들다.
　　　매사 일은 지체된다. 의지할 곳을 잃었다.
　　　때를 기다려라! 지금은 최악의 상태이다.
　　　자리를 한번 옮겨라!
　　　그대로는 되는 노릇이 없다.
　　　산신님께 기도하면 풀리겠다.

업장이 두터운 사람이다.

申時 : 금전구재와 관직 취직사이다.
두 가지가 얽혀서 왔다.
자식의 사업문제이다.
귀인은 동남쪽에 있다.
새로운 사업계획은 방해자가 있어
관재수가 보인다.
일이 지체되니, 망신당하기 전에
꼼꼼히 살피며 추진하라!
친정식구나 후원사는 도움이 되지 않는다.
자동차를 조심해야하겠다.

酉時 : 관송사, 색정사로 인해 시비다툼
벌어졌다.
취직사, 관직사는 불성사이다.
새로운 일을 도모하고 있다.
말려도 할 사람이다.
시작하고 난 후 스트레스 받는다
시비와 침탈의 해害를 입고, 복잡한 사람이다.
칠성님께,
부처님께 절실한 기도가 필요한 때이다.

戌時 : 금전손실사, 직장구직, 취업문제,
자식문제 件으로 왔다.
쉽게 구해질 상황이 아니다. 지체된다.
숨겨진 재앙이 도사리고 있다.
조상 묘지탈이다.
괴이한 일이 자꾸 발생한다.
묘 이장을 하면 좋다.
집안에 동자귀가 작해作害를 부린다.
용궁기도를 많이 해야 풀리겠다.
모든 것을 정리하고,
은밀하게 일을 추진함이 옳다.

亥時 : 금전구재와 자식문제 件이다.
부모자식 간의 화합사, 금전지출의 일이다.
성실함을 인정받아 여기저기에서
도움의 손길이 온다.
근신 자중함이 현명하다.
자식에 일은 점차적으로 풀린다.
취직사 件은 순조롭다.

辛酉日

子時 : 사업상 동업의 화합사 件이다.
부모자식 간의 화합사 문제이다.
서로 화합이 되는 듯하다가
害해하고 파破한다.
물질적 손실이 따르고 도주하겠다.
경거망동하지 말고, 고비를 잘 넘겨라!
용신기도를 하면 덕이 크겠다.
기도할 때이다.

丑時 : 이동수가 있다. 직장 이동수이다.
가족의 우환질병이 예상된다.
멀리 떠나는 것이 좋다.
정리하고, 헤어져
새로 시작하는 것도 괜찮다.
이대로는 계속 지체되고 불가능하다.
조상 묘지탈이다.
괴이한 일이 자꾸 발생한다.
묘 이장을 하면 좋다.
집안에 동자귀가 작해作害를 부린다.
조상천도 해원을 해서 풀어야겠다.

寅時 : 금전구재문제로 급히 처리할 일이
　　　　있어서 왔다.
　　　　친구, 형제간에 시비 침탈의 害 件이다.
　　　　아직은 때가 아니니 기다려야 한다.
　　　　자존심만 상하고 억울한 일만 생긴다.
　　　　후원사는 이루어지지 않는다.
　　　　애만 쓰고 소득은 없다. 빈주머니이다.
　　　　집안의 성주님이 노하셨다.
　　　　부부합의는 지체되겠다.
　　　　이사는 나쁘다.

卯時 : 터주신이 발동하여
　　　　가정의 이동수 있어서 왔다.
　　　　결혼과 화합사는 지체되지만 성사된다.
　　　　속이고 암매하고 뒤로 모해하고,
　　　　움직이는 일이 발생한다.
　　　　양손에 보석을 쥐고 모두 가지려니
　　　　과욕, 욕심이다.
　　　　두 개다 놓칠까 염려스럽다.
　　　　도난사, 도주자, 속임수의 암매 件이다.
　　　　자식으로 인해 금전손실이 크다.
　　　　유산된 태자귀가 작해를 부린다.

辰時 : 자식문제, 상업 손실사 문제로 왔다.
원수처럼 미움으로 등
돌리게 된 일 발생했다.
친구간의 금전관계는 주의하라!
움직이면 재앙이 두렵다.
원행, 여행, 출장 모두 불리하다.
매사 지체되고,
금전 손실이 크고 낭비가 심하다.

巳時 : 금전 사기, 허위문서로 관재수 발생件이다.
이득이 있으니 투자하면 좋다.
돈은 구할 수 있다.
얻고 난 후 바로 지출된다. 소모전이다.
직장문제나 사업문제가
속전속결로 변화하겠다.
결혼, 재혼은 진행하라! 좋은 배필이다.
일을 질질 끌면 관송사로 돌변한다.

午時 : 금전문제이다. 색정사 件이다.
배신 주의하라.
여자로 인해 손실도 크고,
더욱 복잡하게 시끄러워진다.
색정사로 도주할 수도 있다.

이사는 할 때가 아니니 뒤로 미루라!
가족끼리 서로 원망하고 방해한다.
기도가 절실하다.
집안에 원한귀신이 침투했다.
기도정성이 절실히 필요한 때이다.

未時 : 금전문제로 시비다툼이 생겨서 왔다.
관송사로만 안가면 길하다.
금전은 조건만 맞추면 구해지겠다.
딸자식의 변고를 조심하라!
취업, 승진 모두 좋은 운이다.
서남쪽의 산신님께 촛불을 밝혀야만
큰 것을 얻겠다.

申時 : 관재구설로 골치가 아프다.
모든 게 꼴도 보기 싫다.
질병우환의 탈과 남자문제로
흉한 꼴을 당해 손실이 크다.
돈 깨지고 손해 보는 일만 벌어진다.
해결이 어렵겠다.
후원사는 불성사이다.
기대하지마라! 말뿐이다.
집안에 피보고 죽은 청춘귀신,

객사귀가 침투했다.
귀신을 풀어내고 해원해줘야 한다.

酉時 : 돈으로 인해 아랫사람이
손윗사람을 배신했다.
엎친 데 덮친 격으로 가족끼리
합심이 안 되어 다툼만 한다.
위아래가 불화합이다.
일이 겹쳐서 어찌할 바를 모르는 상황이다.
우환질병까지 발생했다.
조금 지체되다가 풀리겠으니
계속 진행함이 옳다.
칠성님, 미륵님께 정성을 다해 기도하라!

戌時 : 뭔가 시작하고 싶어서 왔다.
말려도 한다.
문서합의사, 친정문제件, 후원사 문제이다.
이런 문제에서 도장 찍는 것이
시끄러워진다.
묘지이장, 토지문서 件으로 움직임이 있다.
집안재해 발생件이고,
이로우면서도 뒷탈이 발생한다.
구하고자 하는 것은 모두 구해진다.

서북쪽으로 움직이면
귀신이 침투해서 변고가 생긴다.

亥時 : 급속으로 처리할 일이 있어서 손실이 크다
후원사 급 금전구재 件이다.
자식으로 인해 집안재해 발생件이고,
여자로 인한 금전 의혹사로 손해
생기겠다.
계속 같이 살기는 불가능하다.
모든 것이 내가 불리하다.
새 각오로 새 출발함이 옳다.
시비가 끊임없이 이어진다.
모든 것을 정리하고,
은밀하게 일을 추진함이 옳다.

壬戌日

子時 : 관재사, 문서 합의사,
후원사에 관한 일이다.
금전 구재件, 남녀화합사로 왔다.
모두 불가능하다.

골치 아프게 꼬이기만 한다.
색정과욕으로 바람피우다가 들통이 난다.
배신과 이별수도 있다.
결과는 모두 불리하다.
집안에 동자귀가 작해作害를 부린다.
용궁기도를 많이 해야 풀리겠다.
神의 재앙이 두렵다.

丑時 : 구직사, 관송사 件으로 왔다.
　　　결혼문제, 가족 화합사문제이다.
　　　하극상의 배신사로 관재 害해가 발생된다.
　　　처음엔 잘 융화가 되나 후에는
　　　한사람이 무섭게 돌변하겠다
　　　시비투쟁사로 바뀌겠고,
　　　추진하는 일이 지체된다.
　　　직장은 구해진다.
　　　하지만 집안에 수술할 사람이 있겠다.
　　　피보고 흉하게 죽은 혈광귀의
　　　귀신이 작해를 부린다.
　　　귀신을 달래서 쫓아야 한다.

寅時 : 이동수가 있다.
　　　직장 취직사, 공무원 시험여부 件이다.

금전손실의 문제이다.
결과는 피해가 크고 나쁘다.
두 사람에 의해 움직일 일이 진행된다.
옛것을 버리고 새것을 택해라!
자식이 움직일 일이 있다.
남쪽에 숨은 귀인이 있으니
그쪽에 ㄴ,ㄷ,ㅌ 氏를 찾아라.
행운이 따르겠다.

卯時 : 친구, 형제지간의 화합사 件이다.
부모자식 간의 화합사.
색정사로 다툼과 시비가 있다.
관송사 급히 발전하겠다.
후원사나 화합하고 싶은 문제는
시간이 걸리겠다.
처음에는 화합이 잘 되다가 후환이 따른다.
결과는 헛 공사가 되고 소모전이다.
이럴 때에는 잠시 잠수를 하는 것이
유리하다.

辰時 : 자식이나 직장 취직件으로 왔다.
자식문제로 속 좀 썩겠다.
가족 간에 이별수가 있다.

관재구설이고, 직업변동수가 보인다.
직장은 옮기는 것이 좋다.
금전손실이 크다. 이사수이다.
터주신이 발동했기 때문에 이동하면 좋다.
남쪽으로 이사하라!

巳時 : 관재, 불의의 환란사이다.
　　　직장 취직件으로 왔다.
　　　새로운 사업계획은 방해자가 있다.
　　　은혜를 원수로 갚는다.
　　　집안의 재물이 지출되는 일이다.
　　　색정사로 다툼이 있다.
　　　미친 귀신이 집안에 침투했다.
　　　미친귀를 퇴치하지 않으면
　　　집안에 정신병환자가 생긴다.

午時 : 윗사람, 부모과 언쟁하면서
　　　배반과 모함사이다.
　　　남녀 간 다툼이 있고, 후원사는 불성사이다.
　　　관재수가 곳곳에 도사리고 있다.
　　　여러 명이 화합하여 동업하려한다.
　　　친정으로 인해 도움도 받고, 지출도 크겠다.
　　　조왕에 정성을 다하면 그 덕이 크다.

남쪽에 가서 구하면 얻을 것이다.

未時 : 색정사로 인한 구설수가 들었다.
　　　 깨지고 손해 보는 일만 벌어진다.
　　　 해결이 어렵겠다.
　　　 후원사는 불성사이다.
　　　 기대하지마라! 말뿐이다.
　　　 자리를 한번 옮겨라!
　　　 그대로는 되는 노릇이 없다.
　　　 귀인이 돕지 않으니 매사 지체되고
　　　 불편하다.
　　　 여자동녀귀신의 원한을 풀어줘라!

申時 : 관직사, 취직문제이다.
　　　 결혼, 화합사, 경조사 件이다.
　　　 속결로 처리할 급한 문제이다.
　　　 자식의 사업문제이다.
　　　 자식으로 인해 지출이 크겠다.
　　　 귀인은 남쪽에 있는 친구나
　　　 형제에게 부탁해라!
　　　 직장은 취업이 된다.
　　　 조건을 잘 맞춰라! 이득이 발생한다.
　　　 자동차와 관련된 일이다.

돈 들어 올일 있겠다.

酉時 : 관송사, 색정사로 인해
시비다툼이 벌어졌다.
모든 게 흉하고, 꼴도 보기 싫어서 왔다.
취업, 임명, 승진, 친정문제,
결혼문제는 모두 어렵다.
산전수전 다 겪은 사람으로 빠꼼이 이다.
여식女息의 재앙이 염려된다.
진행하는 일이 자꾸 지체되고 세월만 간다.
칠성님께,
부처님께 절실한 기도가 필요한 때이다.

戌時 : 금전투자件, 후원사 件의 일이다.
묘지이장일이기도 하다.
속전속결로 처리해야 한다.
시간이 지체되면 관송사로 복잡해진다.
힘든 일은 술술 풀리겠다.

亥時 : 금전문제, 친정문제,
자식 때문에 관송사로 시끄럽다.
소모전이다.
주변의 모함과 배신이 있어 손해이다.

내 지출만 크다.
상대가 죽이고 싶을 만큼 밉다.
취직은 된다.
후에 윗 상사 때문에 스트레스 받는다.
무리하면 점점 더 어려워진다.
순리대로 풀어나가라!

癸亥日

子時 : 형제, 동료 간에 뜻이 맞지 않아
시비다툼이 벌어졌다.
금전문제로 서로 칼을 휘두르며
더욱 심화된다.
경거망동하지 말고, 고비를 잘 넘겨라!
자식 결혼문제로 다툼이 있다.
자신이 무리하게 밀고 나간다.
동쪽에서 보이지 않는 귀인이 돕는다.
노력한 만큼 결실이 없다.
기도가 많이 필요하다.

丑時 : 관재, 우환질병,

시비투쟁으로 두 가지로 겹쳐진 일이다.
매사 지체되고,
금전 손실이 크고 낭비가 심하다.
친구나 형제간에 일 도모는 불리하다.
경쟁사, 배반의 일로 시비가 붙는다.
진행하고 있는 일이 있다면 정리하라.
숨겨진 재앙이 도사리고 있다.
조상 묘지탈이다.
괴이한 일이 자꾸 발생한다.
묘 이장을 하면 좋다.
집안에 동자귀가 작해作害를 부린다.

寅時 : 문서사건事, 부모사건事, 취업사 문제이다.
윗사람으로 후원사 도움이 있다.
사업 운은 좋고, 집안에 경사가 있다.
문서를 잡아라!
일이 지체되면 상대에게 굴욕을 당하고
패하겠다.
부부합의는 지체되겠다. 이사는 나쁘다.

卯時 : 木神 부정이 들었다. 자식문제로 왔다.
남녀 간 다툼이 있고, 불륜 관재소송사이다.
남자문제는 끝내는 것이 좋다.

인연이 다되었다.
이동수가 있어서 왔다.
좋은 운은 날아간 상태이다.
사업도 바꾸고, 직장도 이동하는 것이 좋다.
도난사, 도주자, 속임수의 암매 件이다.
윗사람의 근심과 추궁, 질책으로
체면 실추이다.
유산시킨 태자귀를 해원해줘야 한다.

辰時 : 돈 때문에 시비와 다툼이 발생했다.
직장의 문제, 승진문제는
새로운 변화가 필요하다
동료로 인하여 일이 지연된다.
시간이 필요하다.
숨겨진 재앙이 도사리고 있고,
관재사件이다.
상대는 좋은 상대가 아니다.
금전손재수, 몸만 힘들고 헛 공사이다.
빈주머니이다. 출행은 불리하다.
물에 빠져 죽은 수살귀의 작해가 있다.
천도, 해원을 해줘야 덕을 보겠다.

巳時 : 금전 사기, 허위문서로 관재수 발생件이다.

친구 형제간 동업사件 배신 주의하라.
아랫사람으로 인해 시비투쟁이 발생하여
관송사로 시끄러워진다.
자식이 집 떠날 일이 있겠다.
터주신이 발동하였다. 이동수이다.
이사하면 유리하고,
하지 않으면 동기간의 재앙이 따른다.
비방하면 이동하지 않아도 된다.

午時 : 금전문제이다. 색정사 件이다.
배신을 주의하라.
취업, 임명, 승진문제는
방해자가 있어 힘들다.
다른 사람들의 모함으로
여러 명이 결탁하여 나를 害해하려 한다.
지금은 때가 아니다. 모든 게 흉이다.
가족끼리 서로 원망하고 방해한다.
기도가 절실하다.
집안에 원한귀신이 침투했다.
기도정성이 절실히 필요한 때이다.

未時 : 가정불화, 문서이동 件으로 관송사
시비 다툼 건이다

관송사로만 안 가면 길하다.
양띠나 서남간에 사는 사람이던가,
ㅇ,ㅎ姓氏이면 좋다.
주식투자, 매매件은 속결로 해결된다.
취업, 승진 모두 좋은 운인데
촛불을 밝히고 기도하면
그 공덕이 매우 크다.

申時 : 후원사로 이득이 생기나
뒷탈이 관재수로 이어지겠다.
속전속결로 금전재물을 움직일 일이다.
추진하던 일이 취소가 되겠다.
실물수, 파재 件, 부도 件으로 왔다.
후원사는 모두 막히고,
여자로 인해 지체된다.
아랫사람으로 인해 시비투쟁이 발생하여
관송사로 시끄러워진다.
근신 자중하라!
객사귀가 집안에 침투했다.
천도재를 지내면 풀리겠다.
집안이 편안해야 모든 일이 성사된다.

酉時 : 취업, 시험, 승진 모두 좋은 운이다.

일이든 사람이든 새로운 것이 유리하다.
은밀하게 움직이면 좋은 일 있겠다.
금전구재件은 조건만 맞으면 구할 수 있다.
사업상 계약은 이득이 발생한다.
성급하게 서두르지 말고
순서대로 진행하라!
부처님전의 기도정성이 필요하다.

戌時 : 형제나 친구로 인한 부정으로
매사불성이다.
관재, 소송, 병재 난으로
손상의 일이 벌어졌다.
하극상의 배신사로 시비투쟁이 벌어졌다.
동기간에 서로 헐뜯고 암투가 심하다.
진행하는 일이 자꾸 지체되고 세월만 간다.
사방팔방으로 금전이 흩어진다.
고독하고 헛수고로 몸만 힘들다.
침몰상태이고, 성과가 없다.

亥時 : 친구, 동료와 동업사, 금전문제로 왔다.
두 가지의 선택의 귀로에 섰다.
해도 좋다.
후원사는 조건을 잘 맞추면

크게 도움을 받겠다.

북쪽에 숨은 귀인이 있다.

처음시작은 크게 벌려 놓고

뒷마무리를 잘 처리 못하겠다.

결혼하고 싶은 사람이다.

용신기도를 하면 그 덕이 아주 크겠다.

우환 병고를 주의하라!

| 철학관·역술원을 개업할 때 |
| 꼭 읽어야 할 지침서 |

3쇄인쇄	2019년 8월 19일
초판발행	2010년 12월 16일
저 자	조영신
편 집	한국학술정보(주)
전 화	041)943-6882
발 행 처	상상신화북스
출판등록	318-2009-00026
주 소	충남 청양군 대치면 시전리 296-1
이 메 일	Begcho49@naver.com
북디자인	(주)이모션티피에스
ISBN	978-89-6863-251-8

값 38,000원

* 잘못된 책은 바꾸어 드립니다.
* 저자와의 협약으로 인지는 생략합니다.
* 본사의 허락없이 무단전재와 무단복제를 금합니다.

백초귀장술 특비판 /전2권 세트

이 책을 읽는 순간 당신도 전생을 알 수 있다.
역사상 최초 사주로 전생 보는 비법 대공개!
사주로 전생을 본다!

제1권
前生透視論
전 생 투 시 론

靑山 白超스님 著

신간 안내

제2권
십자성래점술

靑山 白超스님 著

이제부터 만세력을 뽑지 않고도
사주팔자와 운명의 길흉을 알 수 있다.
상담온 시간만으로 왜 왔는지 아는 비법 대공개!

신국판 / 양장본 제1·2권 SET 구성

 百超律曆學堂